堀川貴司【著】

古典籍を見る・知る・読む

文様見本

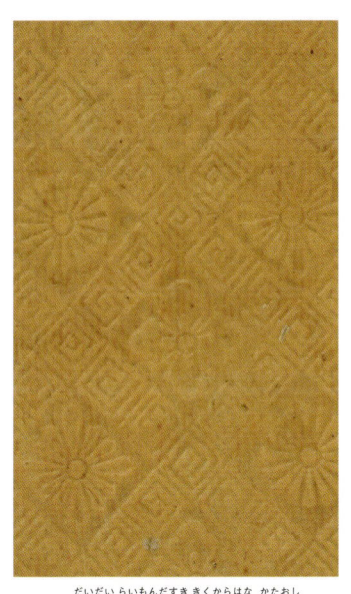

1 朽葉色雷文繋地桐唐草型押※
地文様と植物

2 橙色雷文襷菊唐花型押
地文様と植物

3 紺色四つ菱繋地松梅桜型押※
地文様と植物

図番号に※を付しているものは、文様を鮮明に表現するため、角度を付けて撮影している。

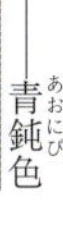

4 朱色雷文襷雨龍（あまりゅう）型押
地文様と動物

5 砥粉色（とのこいろ）巻雲地（まきくもじ）丸龍鳳凰（まるりゅうほうおう）艶出（つやだし）※（裏側）
地文様と動物

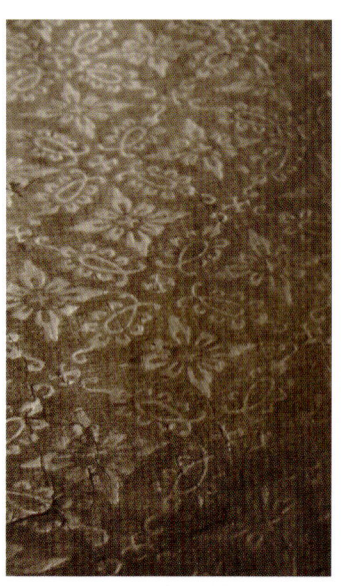

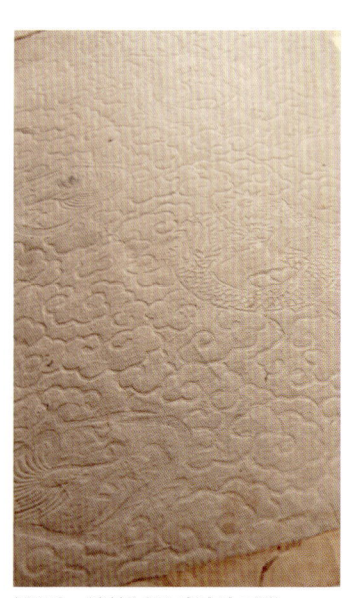

6 黒色小葵（こあおい）艶出（つやだし）※
地文様と植物

7 緑色菊花文（きっかもん）艶出（つやだし）※
植物

焦茶色（こげちゃ）

朽葉色（くちば）

香色（こう）

砥粉色（とのこ）

代赭色

小豆色

黄檗色

山吹色

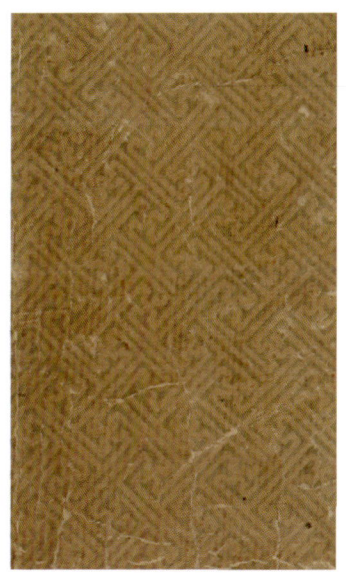

10 浅葱色卍繫（刷）
地文様のみ

8 小豆色布目型押松皮菱繫艶出※
地文様二種

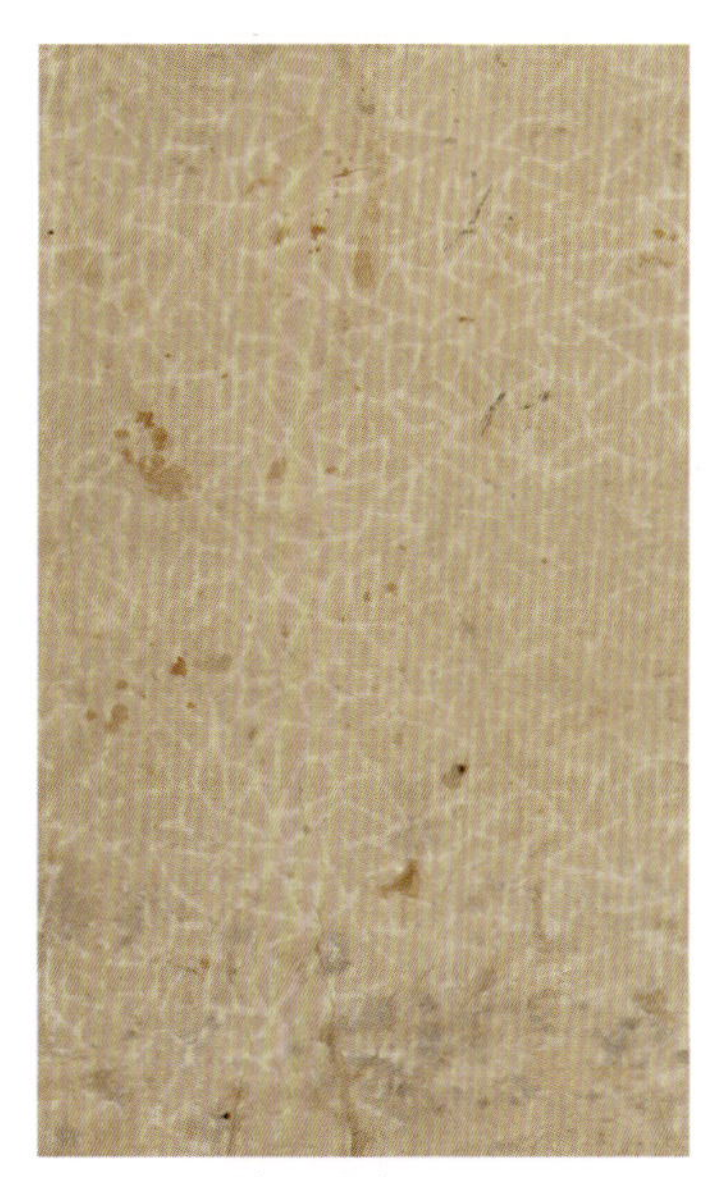

11 香色氷割れ（刷）
地文様のみ

9 緑色布目型押三重襷花菱艶出
地文様二種と植物

14 布目型押襷丁字引

12 金茶色地牡丹唐草文（織）
植物

15 多色刷

13 縦刷毛目

金茶色

萌黄色

海松色

はじめに――書誌学の目的と対象

書誌学(しょしがく)とは耳慣れないことばでしょう。書物そのものを対象とする学問として、その目的をしっかりと認識した上で実践に取りかかって下さい。

一、書物の発生と自立

人間が一生のあいだに見聞きしたり考えたりしたことは、その一部は頭の中に記憶として残っていきますが、その人が死ぬと消えてしまい、永遠に失われます。

もし生前に他の人に話していれば、伝えられた人の記憶として残りますが、そのわずかな可能性も、伝えられた人の死によって途絶えてしまいます。しかし文字のない時代にはそれが唯一、人間の知識や知恵を伝える手段でした。特に大勢の人にとって重要な内容は、神話や伝説の形をとって語り伝えられてきました。

これを文字にして書き残せば、口伝えで伝えるよりも確実に、その人が死んだ後まで伝わります。さらにそれを書き写すことによって、より多くの人にも伝わることになります。話すだけの時代よりずっと伝わりやすいのです。

ここに、**複製され、時間・空間を越えて広がっていく**、という書物の大きな特徴があります。

しかし、現代のわれわれにも経験があることですが、メモ用紙のようなものに書いておいても、どこかに紛れ込んでしまったり、間違えて捨ててしまったりして、いつの間にか無くなります。また、内容を順序立てて整理しておかないと、後で読んだとき、自分でもどういうものかわからなくなったりもします。これは使い捨てではなく、保存しておくべきものなのだ、ということを、視覚的にも、実質的にも明確にしておく必要があるのです。すなわち、何らかの形でひとまとまりにして表紙を付ける、という作業によって、情報を保存する入れ物としての書物が成り立ちます。

ひとたび書物という入れ物（形式）が成り立つと、何かを記録することだけではなく、今までこの世に存在しなかったテクスト、例えば文学作品、哲学的思索といったものが書物を作ることを目的に書かれるようになります。いわば人間の想像力や思考をふくらませる場として書物が機能するようになるのです。

二、書物の二面性

一般に、文化財あるいは視覚的な芸術作品（絵画・彫刻）は、オリジナルなものに唯一絶対の価値があり、複製品はその価値には及びません。しかし書物は、たとえば現代作家の小説ならば、書店に並ぶ何万冊という書物がどれも等しい価値を持っています。これは、内容（テクスト）が同一であるからです。

しかし、同じ内容でも価値（この場合は値段のこととしておきます）が異なる場合があります。例えば、単行本と文庫本、特製本（豪華限定版）と普通本、といった場合です。

書物は、モノとしての形や大きさ、紙などの材料といった物質と、そこに記されている内容（テクスト）という文字情報のふたつから成り立っています。同一の情報を伝えることができれば、どのような形態をしていても、どんな紙を使っていても、テクストの価値は変わりません。しかし、書物の価値は、それだけではなく、物質的側面に左右されるのです。単純に製作コストの違いだけではなく、読者の側がどのような形態を望んでいるか、ということでも変わってきます。

作る側からは、内容に応じた形態を考えるでしょう。しかし、文庫本のように、一定の形態の中にさまざまな書物を押し込めるようなこともあるでしょう。決して内容が主、形態が従、ということばかりではありません。

書物を見る、研究する、というときには、常にこの二面性を意識する必要があります。

三、読まれる書物・読まれない書物

引き続き現代作家の小説を例に挙げると、同じ書物なのに、新刊書店と古書店とでは値段が違います。通常は古書店で売られるものは、汚れや傷、書き込みがあったりして、新刊本より状態がよくないため、値段が下がっていますが、逆に著者のサインが入っていたりすると、新刊本より高い場合もあります。これらは、その書物が出版後に受けた変化が、価値に影響を及ぼしているためです。

さきほど、書物の特徴として、複製されるということを挙げましたが、世の中にはただ一冊だけ、オリジナルだけの書物も存在します。芸道や武道などの秘伝書、親から子へ、師匠から弟子へと伝えられる職業上の秘密を書いた書物、誰にも見せない日記帳、などです。これらは、存在すること、所有すること、一冊しかないこと、特定の人間以外には読まれないこと、に価値があるもので、情報を広く伝えるという目的で作られてはいません。

このように、読む、あるいは所有する、といった享受の側面から書物を見ることも、その書物の性格を知るために重要な視点なのです。

四、書誌学の目的

以上述べてきたように、書物にはモノとしての側面と情報としての側面があること、制作の過程のみならず、その後どのように読まれてきたか、という享受の側面も重要であること、がおわかり頂けたと思います。書誌学は書物について記述することを目的としています。その記述の対象とは、主としてモノとしての側面です。内容については、文学作品であれば文学研究の立場から、歴史書であれば歴史学の立場から精密な検討が加えられていくはずです。しかし、ある程度は形態とも関わって、内容の理解や検討を必要とすることがあります。

制作と享受の過程を考えるときにも、内容の理解は欠かせません。

また、一点一点の書物の検討、同一テクストを持つ複数の書物の比較検討、といったミクロの調査とは別に、享受の過程を大きく捉え、ある蔵書家や所蔵機関の蔵書の特徴、あるいは書物の流通や制作をマクロの視点から考えることも、書誌学の範囲にはいるでしょう。

このように、対象に応じて研究の方法や内容がさまざまに変化するのですが、いずれも書物という、人間の文化的な活動において重要な位置を占めるものを総体的に捉えること、すなわち、その書物の成立と伝来を跡づけて、人間の歴史という時間と空間の中に位置づけること、が目的です。

そして、最終的には、他の人文科学の分野と同様に、過去の人間がどのように生きてきたか、何を考えてきたか、ということを正確に知り、それによって現在及び未来の人間がよりよい社会を作るためのヒントを得たいと思っています。

五、本書において対象とする書物

本書では、日本の古典籍(こてんせき)（和本(わほん)）、すなわち江戸時代までに日本で作られた和綴(わと)じの書物をまずは中心的な対象とします。念のために言っておけば、古典とは概念が異なります。同じ『源氏物語』でも、一五〇〇年前に出版されたものは対象になりますが、今年出版されたもの（洋装本）は対象になりません。

内容（テクスト）が日本人の著作であるかどうかは問いません。日本には、中国・朝鮮において著された書物を日本で書写・刊行したものが多数残っています。これらを排除して、日本人の著作に限定してしまっては、古典籍の十分な理解はできません。

また、次の二つの点で、範囲を拡張する必要があります。

一つは明治期成立の書物です。洋装・活版という近代の形態に切り替わる過程で、江戸時代の書物の形態を受け継いでいるものが、明治二〇年代まではかなり出版されています。これらも必要に応じて対象とすべきでしょう。

もう一つは、江戸時代までに中国・朝鮮から輸入された書物（唐本(とうほん)・朝鮮本(ちょうせんぼん)）です。享受の側面から見れば、これらも日本古典籍同様に読まれてきたもので、何ら排除する理由はありません。それどころか、日本の書物を理解する上で重要なヒントを与えてくれるでしょう。

したがって、もう一度まとめると、

・江戸時代までに日本で作られた書物
・江戸時代までに日本に存在していた書物
・それらの影響下で明治中期頃までに日本で作られた書物

を対象とすることとします。

［本書で用いる用語について］

書誌学の専門用語についてはそのつど説明しますが、頻繁に使われるものはここにまとめておきます。

＊書物…形態面と内容面を合わせて指し示す場合に用います。形態のみを指す場合は「モノとしての」「形態としての」といった形容を付します。

＊テクスト…書物に記されている文字・絵画などの情報。「本文（ほんぶん・ほんもん）」ということばは、例えば本文と注、本文と前付（まえづけ）・後付（あとづけ）、といった具合に用います。

＊和本（わほん）・唐本（とうほん）・朝鮮本（ちょうせんぼん）…モノとしての書物がどこで作られたか、という点に注目した呼び名です。

＊和書（わしょ）・漢籍（かんせき）…テクストがどこで作られたか、という点に注目した呼び名です。日本であれば和書、中国であれば漢籍と呼びます。なお、日本で刊行された漢籍を特に和刻本（わこくぼん）と呼びます。

＊版本（はんぽん）・写本（しゃほん）…テクストが印刷されている書物を版本（刊本（かんぽん））、手書きで記されている本を写本と呼びます。木版を整版（せいはん）とも呼びます。活字や拓本（たくほん）（文字部分を彫った板や石に濡れた紙を密着させ、上から墨を付けて文字部分を白ヌキにする方法。正面摺（しょうめんずり）ともいう）による印刷も版本に含みます。なお、「版」は「板」と書くこともあります。

＊丁（丁数）…張（張数）とも書きます。日本の古典籍で冊子体のものは、一枚の紙の表裏を合わせて1丁と数えます。2ページ＝1丁です。各ページを区別するときは表・裏を用います。第1ページは第1丁表（略して1オ）、第2ページは第1丁裏（1ウ）と表記します。

＊版式・写式…版本・写本において、本文をどのようにレイアウトしているか、どのような文字を用いているか、といった形式のことを指します。

＊版下…版木を彫るとき、薄い紙に書かれた原稿を裏返しに版木に貼りつけて、その墨の部分を残すように彫っていきます。この紙（原稿）を版下と呼びます。

＊書体・字体・字様…楷・行・草といった区別を書体、同じ文字で正字・異体字などの区別を字体、同じ書体・字体の中での明朝・ゴシックなどの違いを字様と呼びます。なお、ワープロソフトで使うフォントという語には書体・字様の両方が含まれていますので、本書では用いません。

＊伝本…同一と見なされるテクストが記されている書物の総体。「『〇〇』という物語の伝本は現在約三〇本が知られている」といった具合に用います。

＊時代区分…通常の歴史区分に従いますが、安土桃山時代を室町末期とも呼び、江戸時代（近世）のうち、慶長〜寛永（一六四三まで）を初期、正保〜元禄（一七〇三まで）を前期、宝永〜天明（一七八八まで）を中期、寛政〜天保（一八四三まで）を後期、弘化〜慶応を末期（幕末）とします。

第一部——古典籍を見る（実践編）

習うより慣れよ、ということわざがありますが、まずは古典籍を手に取り、五感を働かせて、その書物がいかなるものかを感じ取り、それを的確にことばにしていくという、書誌学の最も大事な作業を体験してもらいます。

最初に書物の構成とそれぞれの部分の役割について理解した上で、外見から入って、表紙を開き、中身を順番に見ていきながら、それぞれ注意すべきポイントを認識し、記述します。

次に、参考情報として、古典籍の書誌に関するデータベースや参考文献によって、その書物の他の伝本の存在や書誌情報を探り、自分の記述を点検していきます。

もし可能であれば、実際に他の伝本も調査して、その結果を比較することも行います。

なお、古典籍の姿や内容は千差万別ですので、本当はそれぞれの特徴に合わせた記述のしかたがあるはずですが、ここでの説明は、皆さんが図書館などで閲覧しやすいと思われる、江戸時代・明治時代の版本を念頭に置いています。ただし、それより古い版本やさまざまな写本についても、大事な点、異なる点を中心に触れていきます。

1 調査用具と参考書

書誌学は具体的なモノに即して考える学問です。しかも一〇〇年以上の歴史を経てきた書物を取り扱うのですから、そのための道具と心構えが必要です。

一、準備

＊用意する道具・参考書

筆記具…鉛筆がよい。ペン、ボールペン、サインペンなど消すことの出来ないものは不可。ＨＢ以上の濃い（軟らかい）ものが書きやすく読みやすいでしょう。数本用意し、**携帯用鉛筆削り**も持っていきます。なお、シャープペンシルも可ですが、所蔵機関によっては禁止しているところもあります。消しゴムの使用も避けた方がよいと思います。使用可の場合も、カスを散乱させたり古典籍に付着させたりしないように注意します。

書誌カード・ノート…多くの研究者は自分の専門や調査対象に応じて工夫をした**書誌カード**を用いていますが、調査項目が明確であれば、単に罫線が引かれたルーズリーフ、大学ノートの類でも可。**パソコン**のデータベースソフト・表計算ソフトなどに直接入力していく人もいますが、その場合、入力できない情報については撮影・模写によって補う必要があります。本書では付録の書誌カードを用いて話を進めます。

物差し・メジャー…三〇センチメートルの物差し、または一メートル以上の巻尺（メジャー）のどちらかを用意します。所蔵機関によっては金属製のものを禁止しているところもあるので注意します。

参考書…和暦（年号および干支）と西暦の換算ができる年表類（『東方年表』平楽寺書店、『歴史手帳』吉川弘文館など）、色や文様の手引書（第4章参照）など。大部の書物の丁数計算が必要な場合は電卓もあった方がいいでしょう。くずし字の解読には『くずし字解読辞典』『くずし字用例辞典』（以上東京堂出版）『五体字類』（西東書房）などが定番の辞典です。他に、東京大学史料編纂所のホームページには「電子くずし字字典」があります（www.hi.u-tokyo.ac.jp/ships/）。

＊調査対象についての予備調査

調査対象を所蔵する機関が刊行している目録やＯＰＡＣなどで請求番号や基本的な書誌情報をあらかじめ調べておきます。特に請求番号は、事前の閲覧請求等の問い合わせのときに必要な場合もあるので、必ず調べておきましょう。

閲覧の手続きは所蔵機関によってまちまちです。学部生には見せないところもありますし、指導教員や所属大学の図書館の紹介状が必要な場合もあります。ホームページを見るか、問い合わせるなどして確認します。

調査時間に余裕があるときは、当面の目的とは関係なくても、参考のために他の書物も閲覧してみるといいでしょう。書誌調査は何より多く見ることが大事ですので、所蔵機関の迷惑にならない範囲で貪欲に見ましょう。

二、調査

＊開始前の注意点

基本的には素手で扱うので、手洗いなどして清潔にしておきます。また、机の上には必要なもの以外は置かないことも大事です（カバンや他の持ち物をロッカー等に入れるよう指示されることもあります）。

＊調査対象の取り扱い方

基本的に①机から持ち上げない、②両手で取り扱う、の二つを常に守ります。複数点同時に出された場合でも、並べて比較する必要があるときを除いて、一点ずつ開きます。書物を開くスペースを十分に取り、筆記具や参考書と接触しないようにします。箱・帙等の保存容器（第10章参照）に入っているものは、書物を取り出した後、邪魔にならない場所によけておきましょう。

冊子本の場合…背を常に机に接触させて安定させるようにし、めくるときは、文字のない余白部分をつまみます。開いた状態で安定しない場合は、文鎮等で押さえます（所蔵機関で貸してくれます）。

巻子本（巻物）の場合…巻緒（巻いてある紐）を解いたら軽く結んで見返し部分に入れておき（長いままにして出しておくと紙に巻き込まれて書物を傷つける恐れがある）、自分の肩幅程度を開いて見ていきます。巻き戻しも同様に肩幅程度ずつ行い、ずれ・よじれがないか常にチェックし、上下を整えます。慣れないうちは司書・学芸員の方に巻き戻しを依頼しましょう（複製本などで練習する必要があります）。

軸装（掛け軸）の場合…机に置いて見る場合は巻子本と同じ。壁に掛けて見る場合は、巻緒を外して鉤(かぎ)に掛け、ゆっくりと軸を下ろして広げていきます。巻き戻すときは途中で鉤から外し、平らなところに置き、巻き終えて結びます（これも練習する必要あり）。

＊その他

調査対象を丁寧に取り扱うことはもちろん、所蔵機関で出納(すいとう)や応対をしてくれる方への敬意と謝意を忘れずに閲覧しましょう。閉館（閉室）時刻よりも一五分程度早めに閲覧を終えるのがよいでしょう。

❷ 構成要素と記述項目

書物には長い歴史を経て形作られてきた構造が備わっています。各部分の調査に取りかかる前に、その全体を大まかに把握しておく必要があります。

一、構成

多くの書物は次のような構成を持っています。

表紙	書物の顔。
前付	導入部分。成立や内容に関わる重要な情報がある。
本文	書物の中心部分。本文そのものの内容と共に、形態的な特徴も重要。
後付	まとめ部分。やはり成立や内容に関わる情報がある。
表紙	表表紙（前表紙）に対して、裏表紙（後表紙）。

一編の文章に「はじめ（序論）―なか（本論）―おわり（結論）」があるように、書物にも大きく三つの部分があり、それを両側から表紙が挟み込んでいる形になっています。したがって、書誌の記述もこの構成を意識し、この流れに沿って行う必要があります。本書では記述項目を次のように立てました。

構成	記述項目	
①②表　紙	①表紙　②外題（げだい）	⑧書き入れ・蔵書印等
③　前　付	③前付	
④⑤本　文	④本文冒頭　⑤本文の構成	
⑥⑦後　付	⑥後付　⑦刊記・奥書	
表　紙	（特に必要があれば①に記述）	

②外題④本文冒頭⑦刊記・奥書はそれぞれ①⑤⑥の中に含まれているのですが、書物の成立や同定（その書物を何と呼べばよいか）ということに関して最も重要な要素なので、独立した項目としました。また、⑧のみは享受に関わる記述を行う項目で、対象は書物全体にわたります。なお、①表紙や②外題がオリジナルでない（所蔵者によって改変されている）場合もありますが、その場合も⑧ではなく①②に記述して下さい。

二、各要素の概略

それでは、各要素について見ていきます。基本的に版本を念頭に置き、適宜写本にも触れます。また書誌カードの項目①～⑨との対応関係を「↓項目①」というように示しました。

1 （表）表紙　付・概観（第3・4・5章参照）

表紙は、書物という一つのまとまりをまとまりとして成り立たせている目印でもあります。表紙のないただの紙の集まりは書物という秩序だった形態になっていません（あるいはまだ未完成の状態）。同時に、本文を中心とする中身の保護という役割も持っています。表紙が取れてしまった書物は、そうでないものと、保存状態がまるで違います。

また、閉じた状態で見える部分でもあることから、内容を端的に指し示す情報（外題や簡単な目録など）や、人目を引きつける装飾が施されることもあります。

一方で、外界に触れているため、さまざまな原因で痛んだり、所蔵者の好みと異なったりしたために、取り換えられることがよくあります。成立当時のオリジナルを原装、取り換えられたものを改装（あるいは後補）と呼びます。

表紙の調査のときに、タテヨコの長さをミリメートル単位まで測ります。

装訂の方法も多くは外観から判断できますが、難しいものは中身の調査をしながら考えます。中身に用いられている紙を料紙と呼びます。この料紙がどのような種類の紙かということも同時に判断します。

表紙に記された書名を外題（げだい）と呼びます。これもそのまま記述します。

→記述事項…原装か改装か、色・文様（もんよう）、大きさ、装訂、料紙→項目①

外題の形態と内容→項目②

書き入れ・印その他→項目⑧

2　前付（第6章参照）

この部分には次のような要素があります。複数ある場合は1・2・3と通し番号で区別するとよいでしょう。

・見返（みかえし）（扉）…表紙の裏側を見返と呼びます。ここに著者名・書名・刊年などが記されている場合があります（書物によってはそれが最初のページにある場合があり、このときは扉と呼びます）。写本では装飾が施されている場合があります。

→記述事項…印刷されている文字を写し取る。装飾について記述する。→項目③

・口絵（くちえ）…冒頭にある絵画。書物全体の内容と関わるものが多い。

→記述事項…画者・内容・版式（はんしき）・丁数→項目③

・題詞（だいし）…数文字あるいは漢詩などの短いフレーズによってその書物を称賛したもの。

→記述事項…年時・作者・筆者・版式・丁数→項目③

・序文（じょぶん）…まえがき。内容をよく読む必要があります。

→記述事項…題・内容（抄出）・年時・作者・筆者・版式・丁数→項目③

・凡例（はんれい）…本文を読むための手引き。
　↓記述事項…題・年時・作者・版式・丁数↓項目③
・目録（もくろく）…目次のこと。本文全体の内容がわかります。万一落丁や欠巻などがある場合も、ここと照合することによって確認できるので、目を通しておきます。
　↓記述事項…題・版式・丁数↓項目③
なお、版式については、本文と同一の場合、記述を省略します。

3　本文（第5・7・8章参照）

より深い研究のためには、本文全体を把握し、他の伝本との校合（きょうごう）（比べ合わせて異なる点を調べること）を行いますが、取りあえず書誌調査の最初の段階では、版式・写式を正確に記述することが大事です。匡郭（きょうかく）のない場合は字高（じこう）（一行の長さ）を記します。なお、版式・写式の記述は本文第1丁表を対象にするのが原則です。複数巻・冊のものは、第二巻（冊）以降については異なる点のみを記します。

↓記述事項…題・題次行・本文冒頭↓項目④
　匡郭（形式・大きさ）または字高・行数・字数・注の形式↓項目⑤
　版心（はんしん）（白口（はっこう）／黒口（こっこう）・魚尾（ぎょび）・題・丁付（ちょうづけ）その他）↓項目⑤
　用字（漢字／かな／カナ）・訓点・字様・丁数↓項目⑤
　尾題↓項目⑤

4　後付（第6・9章参照）

・跋文…あとがき。後序（こうじょ）ともいいます。序文と同様、内容を理解する必要があります。
　↓記述事項…題・内容（抄出）・年時・作者・版式・丁数↓項目⑥

・広告…江戸時代の版本には見られます。
　↓記述事項…丁数・内容（出版者名など必要に応じて適宜記述）。↓項目⑥

・刊記（奥書）…成立を示す最も重要な情報。
　↓記述事項…位置（どこにあるか）を記し、そのまま全体を写し取る。↓項目⑦

なお、裏表紙の裏側を裏見返（うらみかえし）といい、ここに刊記・広告等がある場合もあります。

5　裏表紙

表表紙と色・文様が異なる場合は項目①に追加、何か書かれている場合は項目⑧に記しますが、それ以外は、特に記述の必要なし。

6　書き入れ・蔵書印等（第10・11章参照）

書き入れや**蔵書印**などはあちこちにあるので、そのつどカードの終わりの方に書いていくとよいでしょう。

蔵書印のうち現蔵者の印は原則として省略しますが、所蔵の経緯がわかるような印・メモなど（登録年月日・寄贈者あるいは購入先・価格など）は記述しましょう。

書物を収めている**帙**・**箱**なども、伝来に関する情報を持っている場合は、材質・外題・箱書（はこがき）などを適宜記

述します。↓すべて項目⑧

なお、事前事後に、参考図書・データベースによって調査した参考情報は、項目⑨に記します。

7 その他の項目

書誌カードには、以上の九項目以外に、次のような項目を立てておくとよいでしょう。これらも含めたカードの実例は巻末附録を参照して下さい。

（#は調査前に、＊は調査終了後に①～⑨をもとに記す）

#調査年月日・調査者氏名

#所蔵者…所蔵機関名を正確に記す。文庫名が付いている場合はそれも。

#請求番号（わかれば登録番号・登録年月日等も）

#所蔵者整理書名…所蔵者の目録やカードに記されている書名。通常の書名と大きく異なる場合に記す。

＊書名

＊巻冊数・判型（大きさ）

＊編著者名

＊成立（刊年または書写年、刊行者または書写者）

＊特記事項…当該書の特色を簡潔に記す。

大きさと装訂　付・残存状況

いよいよ書物の調査に取りかかります。まずは外観を観察し、大きさや装訂について記述します（紙については第13章を参照のこと）。

一、四つ半本・六つ半本

中世までの和文の写本で用いる呼称ですが、二、で説明する呼称で代用してもよいでしょう。

四つ半本（半紙本か大本）

六つ半本（枡形本）

鳥の子紙の長辺を二等分、それを中央で折って綴じたものが四つ半、三等分すれば六つ半になります。

二、大本・半紙本ほか

美濃紙(みのがみ)二つ折りの大きさの本を美濃本または大本(おおほん)（縦二七センチメートル前後）、半紙二つ折りの大きさの本を半紙本(はんしぼん)（縦二三センチメートル前後）といいます。近世の書物はこの二つの大きさ（判型(はんけい)）が基準となってその他の大きさが決まっています。

大本の半分→中本(ちゅうぼん)（ほぼB5とB6の関係）

半紙本の半分→小本(こほん)（ほぼA5とA6の関係）

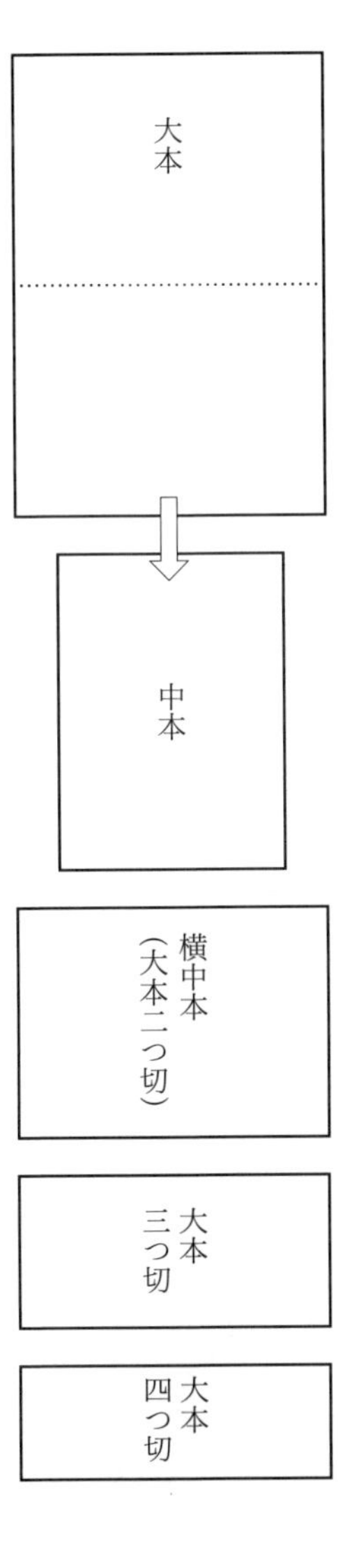

横長のものは全て横本(よこほん)と呼んでもよいでしょう。また、半紙本でも同様に横小本（半紙本二つ切）・半紙本三つ切・半紙本四つ切があります。

このように半分にしても縦横(タテヨコ)の比率が変わらないのは、現在のA判・B判と同じく$\sqrt{2}$対1だからです。

なお、このような比率から外れている場合は次のように呼びます。

図1　縦長本（江戸前期の版本）

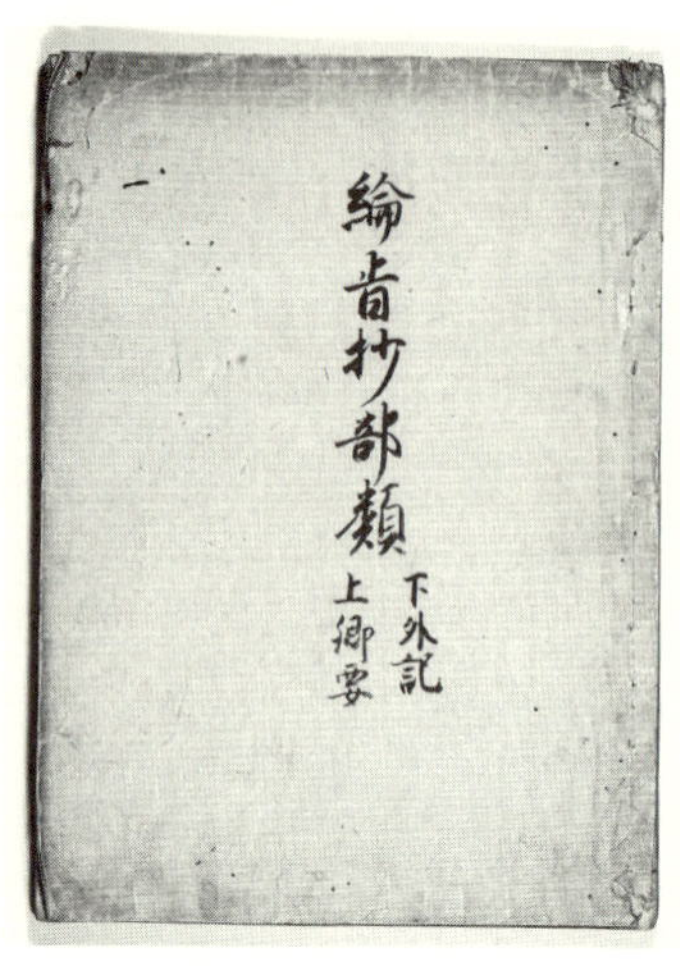

図2　幅広の本（江戸前期の写本）

図3　枡形本

図4　横本（横中本）

図5　横本（大本三つ切）

＊タテヨコの比率が2対1に近いか、それ以上のもの…縦長本（なお主として室町から江戸前期の写本で、逆に標準の比率よりも横幅が長いものが見られますが、これには特に名称はありません）

＊タテヨコの比率が1対1に近いもの…枡形本

また、大本より大きいものは特大本、小本より小さいものは特小本と呼ぶこともあります。

三、内容との関連

大まかには次のような関係がありますが、例外も多いので、調査のときには、なぜこの大きさなのか、内容とどのような関係があるのか、ということを考えましょう。

大本…仏書・漢籍・和歌・物語など学問の対象になるような書物。余白も大きいので、書き入れされている本も多い。

半紙本…大本と同ジャンルでやや一般向けのもの、唐本風のもの、俳諧、子供や女性向けの絵本など。写本では稿本・備忘など。

中本…草双紙（くさぞうし）、実用書（旅行案内、薬や食物に関するものなど）。

小本…携帯用の辞書類、洒落本（しゃれぼん）、噺本（はなしぼん）、雑俳（ざっぱい）など。

横本…実用書、特に薬学関係書・人名録・出納帳など。

四、装訂（1）…糊によるもの

本は紙を順序立ててまとめることによって成り立っています。これを装訂といいます（装丁・装幀とも表記しますが、本書では装訂で統一します）。その方法は時代・目的によってさまざまです。細かく分類するとまだまだありますが、主なもののみを取り上げます。

＊巻子本（かんすぼん）…紙の末尾裏側と次の紙の冒頭表側とを糊付けして繋げていくもの。おそらくは木簡・竹簡の形態（第14章参照）を模して始まった最も古い装訂。最初の紙の前に表紙を、表紙の端に八双（はっそう）と呼ばれる

竹ひごと巻緒と呼ばれる紐を、最後の紙の末尾に軸を取り付け、保存や巻き取りに便利なように工夫されています。表紙や軸のない状態のものは継紙といいます。片面使用、ただし裏側に注記を施すことがあります（裏書）。数え方は軸。

特徴…保存性にすぐれ、連続した大画面を得られるが、閲覧・検索に不便。書物の原初的形態であることから、権威的・神秘的というイメージが付与されます。

用途…仏教経典・絵巻物・秘伝書・書簡など。

＊折本（帖装本）…巻子本と同様の繋げ方をした後、等間隔で谷折り・山折りを繰り返して、蛇腹状に折りたたみ、最初と最後にやや厚手の紙などで表紙を取り付けたもの。多くは片面使用、数え方は帖。

特徴…閲覧・検索に便利、開いた形が安定し長さが自由に調節できます（従って、よく使う巻子本を一時的に折本にしておくこともありました）。ただし折り目が切れてばらばらになりやすいのが欠点。

用途…仏教経典・書道手本など、小型のものでは作詩・作歌の手引書など。

なお、これには次のような類似の装訂があります。

＊経摺装…裏表紙が左右に長く伸び、全体を包んで保護するもの。巻子本同様、八双と巻緒が付いているものもあります。中世までの仏教経典に見られます。

＊旋風葉…表裏の表紙が一続きにつながっている、あるいは別の紙や布を背に当ててつなげているもの。折り目から切れてもバラバラにならないための工夫でしょう。

＊画帖仕立（折帖）…一丁単位の谷折りした紙を用い、前の紙の末尾裏側と後の紙の冒頭裏側を糊付けしたもの。別の紙を裏から当てて糊付けした場合を除き、継目は完全に平らには開きません。見開き

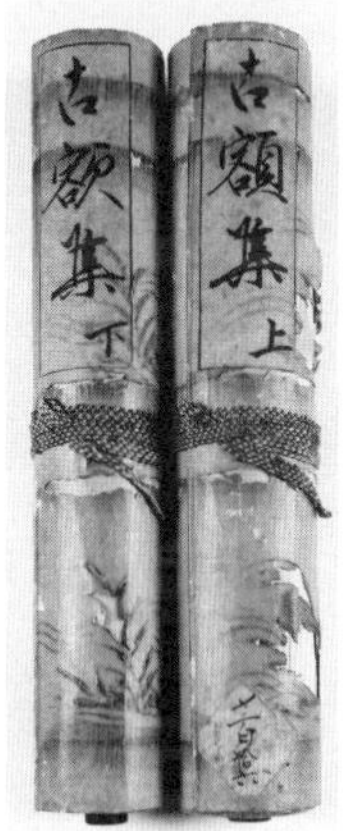

巻首　　見返　　表紙

図6 巻子本
寺社の扁額を模刻したもの。

図8 経摺装
(右) 閉じた状態 (左) 開いた状態

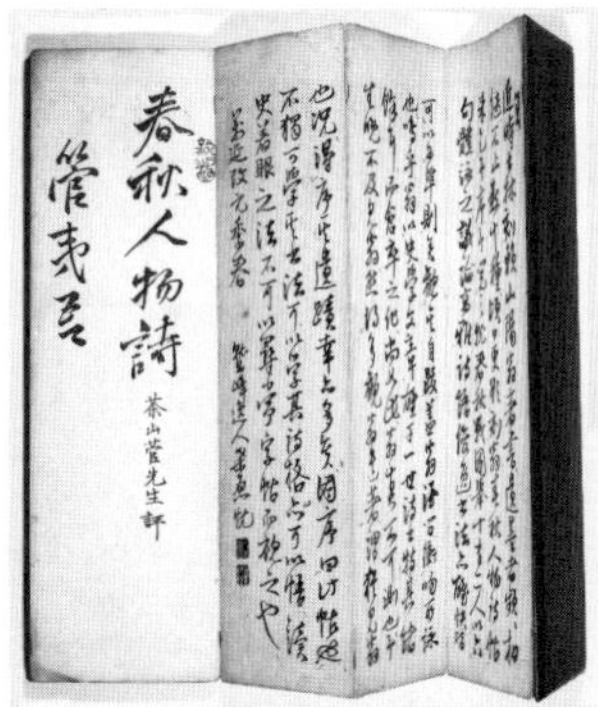

図7 折本
板表紙の付いた書道手本。

の一面単位で独立した画面であれば長く開く必要はないので、画帖に多く用いられます。

＊粘葉装（でっちょうそう）…紙を谷折りし、折り目付近に糊を付けて繋げていきます。旋風葉を折り目ですべて切り離したらこの形になります。見た目から胡蝶装（こちょうそう）ともいいます。通常、糊代（のりしろ）を一センチメートル近く取っているので、糊付けのため完全に開かないところと、谷折りしてある折り目まで完全に開くところとが交互に出現します。多くは厚手の料紙で両面使用。唐本やそれを模したものは片面使用。数え方は**帖**。

特徴…装訂が簡単、分量の調節も自由ですが、糊付け部分が虫食いなどで痛みやすい。

用途…真言宗・天台宗など仏教関係の書物、中世までの物語や和歌などの一部。江戸時代の画帖にも稀に見られます（この場合糊代がほとんどなく、片面使用）。

＊畳物（たたみもの）…広げると一枚の紙になるものを縦に蛇腹に折り、横に二つあるいは三つ折りし、前後に表紙を付けたもの。折りたたんでいないもの、あるいは表紙が付いていないものは一枚物（いちまいもの）といいます。片面使用（一枚物では両面使用もある）、数え方は**鋪**（ほ）。

用途…地図、年表、さまざまな図表など。

五、装訂（2）…紙縒（こより）または糸によるもの（いずれも数え方は冊（さつ））

＊列帖装（れつじょうそう）…綴葉装（てつようそう）とも。数枚の紙をまとめて谷折りしたもの（この一束を折（おり）または括（くく）りと呼ぶ）の折り目部分に穴を開け、糸で綴（つづ）り、更に折同士を糸で綴り合わせていったもの。日本固有の装訂と言われていましたが、中国に古い遺品があります。主として鳥の子紙・両面使用。これも帖で数えることがあります。

3. 大きさと装訂　付・残存状況

図10 画帖仕立

図9 旋風葉

図91と同じ本を立てて撮影した。

図11 粘葉装

図12 畳物

特徴…折の数で分量を調節できるのは便利ですが、紙が厚手で重いため、糸に負担がかかり切れやすいのが欠点です。

用途…和歌や物語の上等な写本として最もよく見られるもの。

なお、これには次のような類似の装訂があります。

＊折紙列帖装…両面書写ができない薄手の紙を横長に二つ折りし、折り目を下にして、後は列帖装と同様の手順で装訂したもの。江戸時代の帳簿類などに見られます。

＊袋綴（線装本）…山折りした紙の折り目と反対側を綴じる。まず折り重ねた紙の右端上下二カ所に二つずつ穴を開け、紙縒（和紙を細く裂いてきつくねじり、一本のヒモにしたもの）を通して結び（これを下綴と呼ぶ）、本体を安定させてから表紙を糸でかがる（表紙を掛ける、とも言う）。片面使用。一部鎌倉時代から見られますが、本格的に普及したのは室町時代に入ってからで、江戸時代には版本・写本ともこれが主流です。なお、小さくて薄い書物の場合、多くは下綴が省略されています。ちなみに唐本の下綴は、一箇所に穴を開け、紙縒を通して木槌で打って曲げる、という違いがあります。

なお、綴じの部分の上下端が、保護と装飾を兼ねて小さな布で覆われているものがあります。この布を角裂（包角）と呼びます。これも「縹色角裂あり」などと記します（色の名称については第4章参照）。

特徴…最も丈夫で安定性がある。料紙が粗悪でもよい。

糸のかがり方によって次のように呼び分けます。

・四つ目綴（四針眼訂法）…明朝綴とも。綴じ穴が四つ。日本では等間隔、中国は中央二つの間が他より狭いことが多い。なお、横本には三つ目綴も見られます。

・五つ目綴（五針眼訂法）…朝鮮綴とも。綴じ穴が五つ。朝鮮本に多い。

・六つ目綴（六針眼訂法）…康煕綴とも。四つ目綴の上下端の穴と本の角の間にそれぞれもう一つ穴があるもの。清代の本に多かったので、清の皇帝の名を取ってこう呼ぶ。

なお、これにも次のような類似のもの、あるいは略式のものがあります。

＊包背装…くるみ表紙とも。袋綴の下綴の後、一枚の表紙を表・背・裏全体に糊付けしたもの。糸は用いていない。

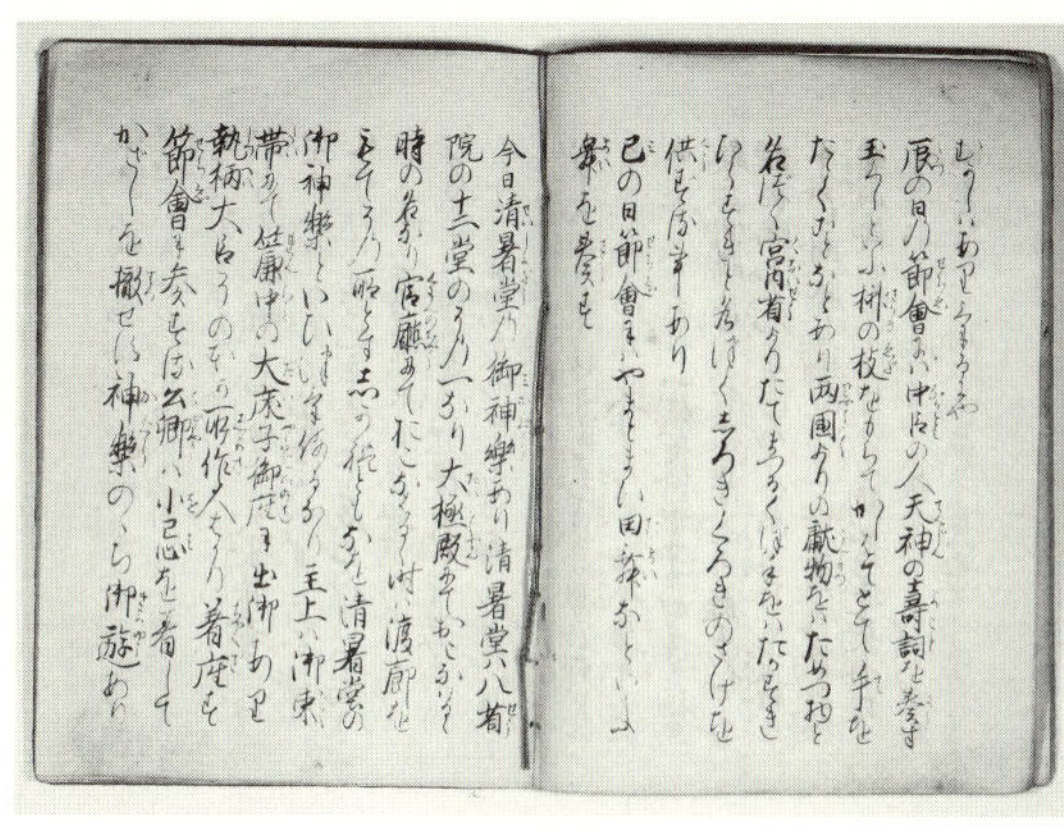

図13 列帖装
最後の折の中央、綴じ糸を結んである。

図14 角裂

図16　五つ目綴

図15　四つ目綴

図18　包背装

図19　長帳綴

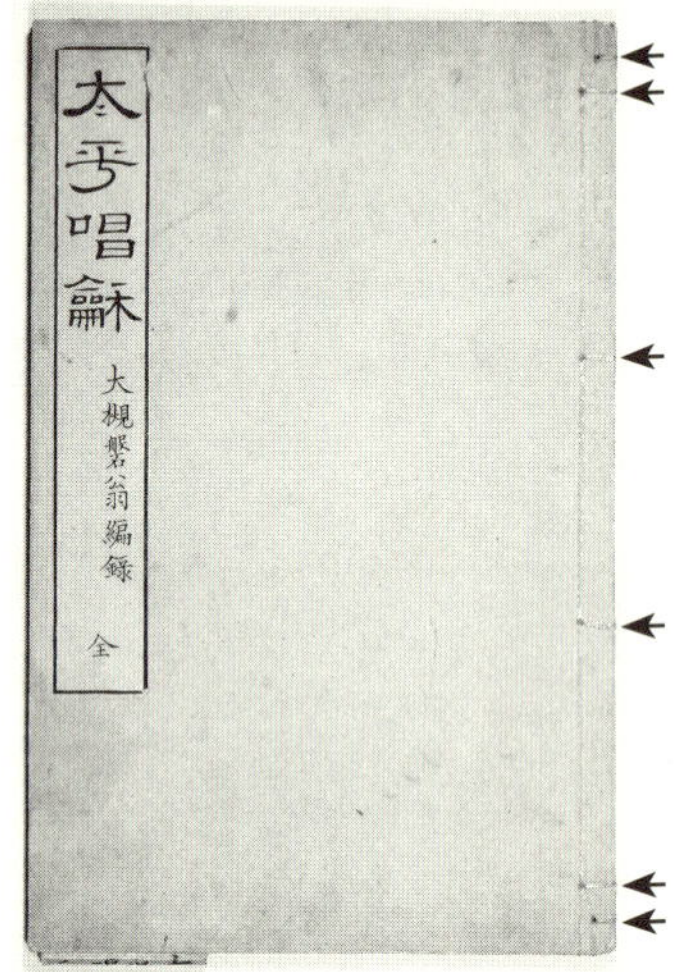

図17　六つ目綴

＊長帳綴…折紙列帖と同様、横長に二つ折りし、折り目を下にして重ね、そのまま右端を下綴した袋綴。大福帳やメモ帳などの横長の写本に用いられる。

＊紙釘装…袋綴の下綴の変形。二〜四箇所穴を開けて紙縒を釘のように打ち込んで頭をつぶす。多くは本文共紙表紙の簡便な写本類。

＊紙縒綴…袋綴の下綴状態のもの。表紙がない状態であれば仮綴といいます。表紙があっても、多くは本文と同じ料紙（本文共紙）ですが、厚みを持たせるため、二枚重ねにしたもの、あるいは奉書紙（第13章参照）など厚めの紙を用いるものもあります。これも簡便な版本やノート類など。

＊大和綴…紙縒綴と同じやり方ですが、表紙を付け、紙縒の代わりに美麗な糸や紐を用いた装飾的な装訂。近代以降の画帖、アルバム類に多い。近年は結び綴と呼ぶことが多い。

＊単葉装…紙を折らずに一枚のまま重ねて紙縒で綴じたもの。両面使用。厚手料紙を用いた仏教関係の書物などに稀に見られます。

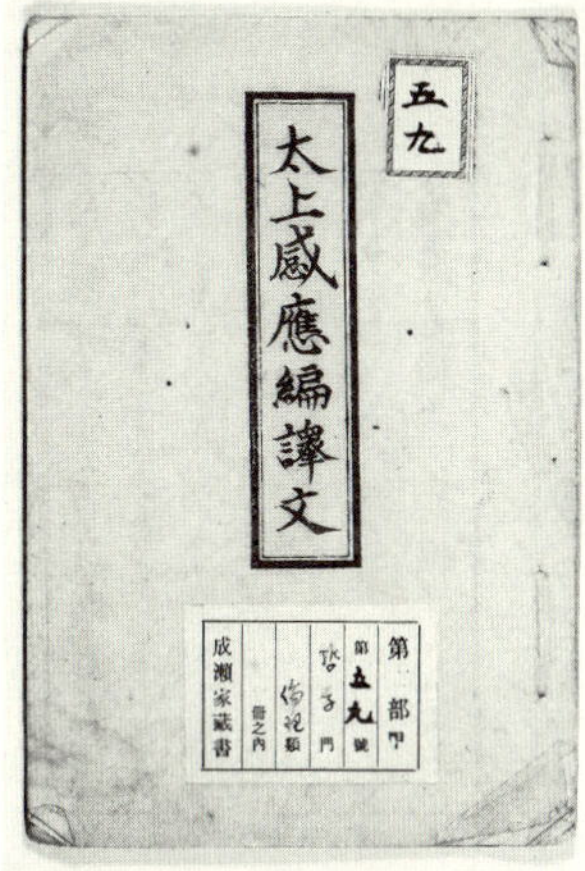

図20　紙縒綴
外題直刷の施印本（第5・20章参照）。

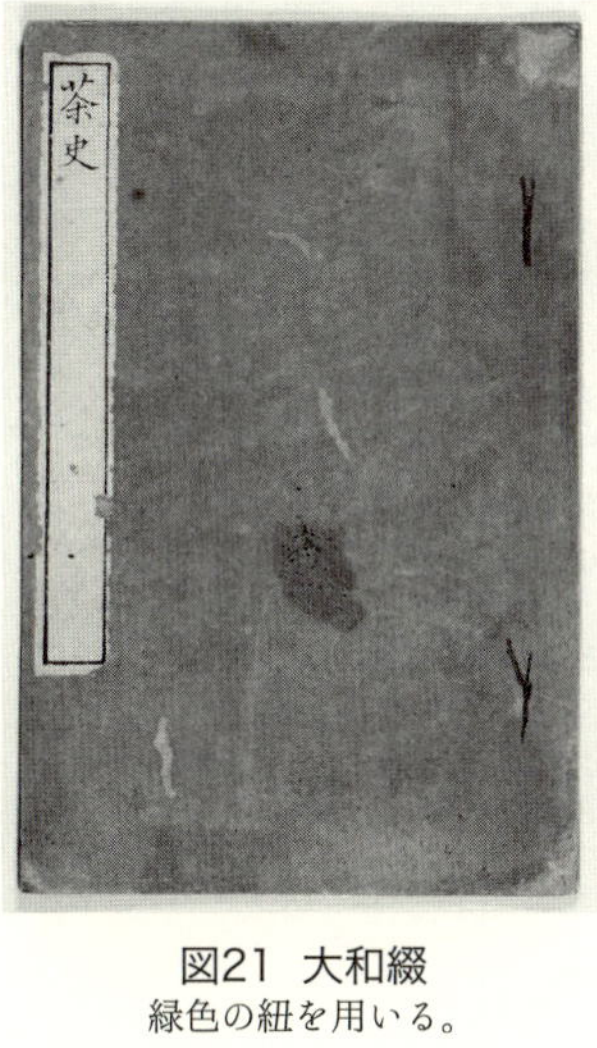

図21　大和綴
緑色の紐を用いる。

六、装訂が意味するもの

装訂の歴史的変遷（巻子本・折本から粘葉装・列帖装へ、さらに袋綴へ）は、扱いやすさ（読むときの利便性）、丈夫さ、経済性などを追求した結果であり、結果的には江戸時代に入ってほとんどが袋綴（およびその類似形）になりますが、古い装訂にも捨てがたい利点や歴史的権威があるため、一部の書物ではそのまま使い続けられました。

例えば、和歌や物語の写本には、江戸時代に入っても列帖装のものが多いのですが、一方で袋綴じのものもある、といった具合で、同じ内容でも、書写者の階層・職業、制作の目的などで装訂が変わってきます。また、もともと列帖装や袋綴で作られた古い写本を、さらに権威付けるためにわざわざ巻子本に改装する、ということも行われます（その場合、折り目や綴じ穴などの痕跡があるはずです）。

その本の装訂がいかなる理由で選択されているのかを考えることも、その本の性格を見極める方法の一つになりますので、原装か改装か、という点も含めてよく観察しましょう。

七、記述のしかた

それぞれの装訂の名称を記します。改装の場合は、

巻子本（粘葉装改装）

といった具合です。大きさは、タテ・ヨコをミリメートル単位まで計ります。なお、巻子本・折本の場合は、表紙の大きさの他に一紙の長さと紙数・全長も記します。判型は巻冊数に書き添えるのがよいでしょう。

付・残存状況

古典籍は長い間、さまざまな人の手に渡りつつ伝来してきたものなので、途中で一部分が失われたり、別の伝本によって補われたりする場合もあります。欠けている部分があるものを**欠本**（ほとんどが欠けていて、残っている部分が僅かな場合は零本、1丁分またはそれ以下しかない場合は零葉・断簡）、補った部分があるものを**取り合わせ本**と呼びます。また、もともと三冊だったものを一冊に綴じ合わせたりなど、冊数を少なくする改装を**合冊**、逆に多くする改装を**分冊**といいます。なお、製本のとき、小口（折り目以外の三方）を切り揃えることを化粧裁といいますが、合冊のときにも行われることがあります。

合冊の痕跡は、小口に段差がある、小口書（第10章参照）が一冊なのに複数並んでいる、外題の巻次表示（第何巻であるかという表示）が不自然である（原題簽の表示を書き換えている）、冊の途中に蔵書印がある、綴じ穴跡がある、下綴の紙縒が途中までで結ばれている、などを観察して判断します。分冊も、逆に小口書の文字が分かれている、綴じ穴跡がある、などの痕跡があるはずです。取り合わせについても、冊同士の取り合わせでは、大きさが微妙に異なる、汚れ具合や表紙などの外見に違和感がある、蔵書印が異なる、などによって判断します。いずれも書物全体から総合的に判断すべきものなので、次章以降の各要素を見ていくときにも注意して下さい。

カードには「四冊合一冊」（図23の場合）などと記します。

図22 取り合わせ本
（右）巻1〜3、（左）巻4〜6。大きさ・表紙が異なる。

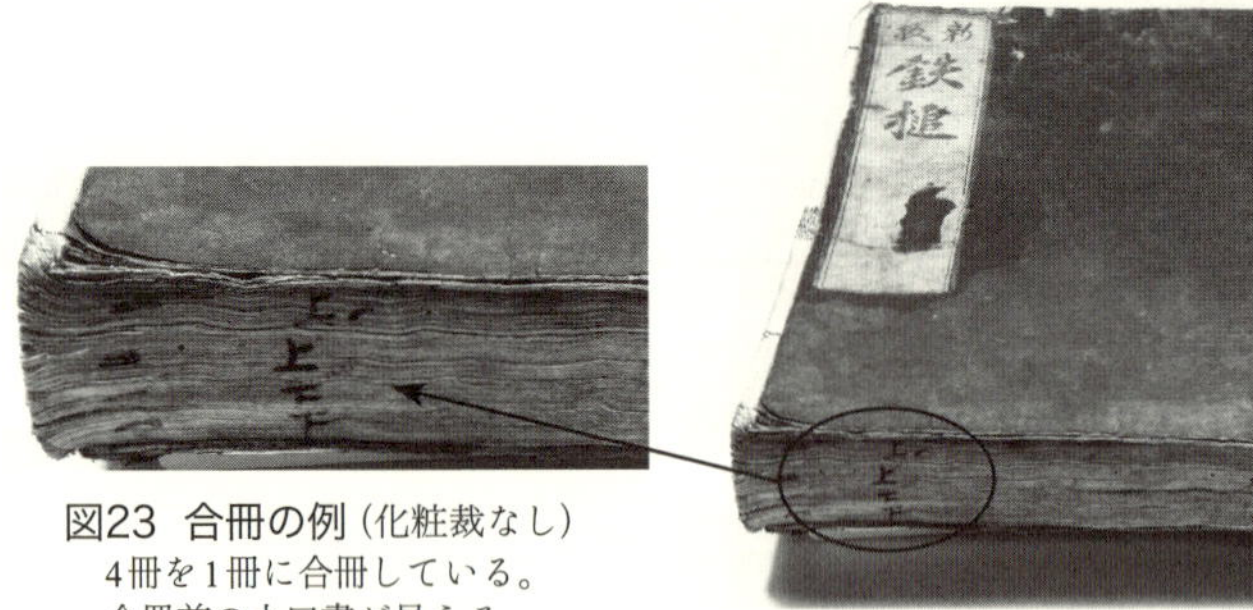

図23　合冊の例（化粧裁なし）
4冊を1冊に合冊している。
合冊前の小口書が見える。

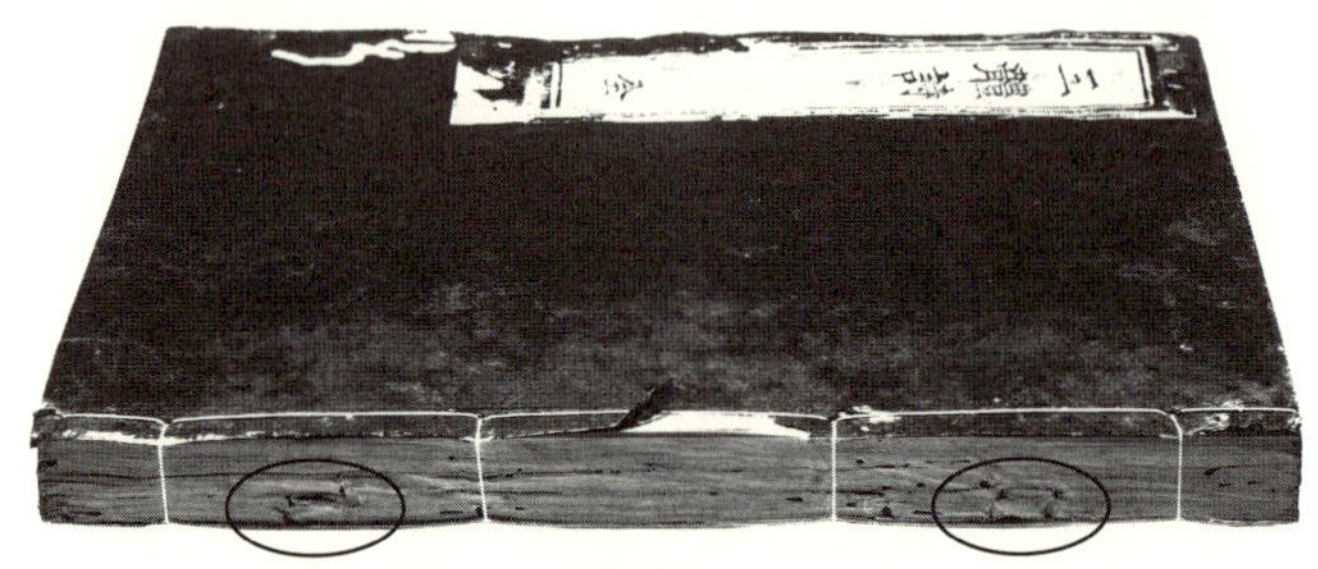

図24　合冊の例（化粧裁あり）
3冊を1冊に合冊している。下冊の下綴の穴の痕跡がある。他は虫食いの穴。

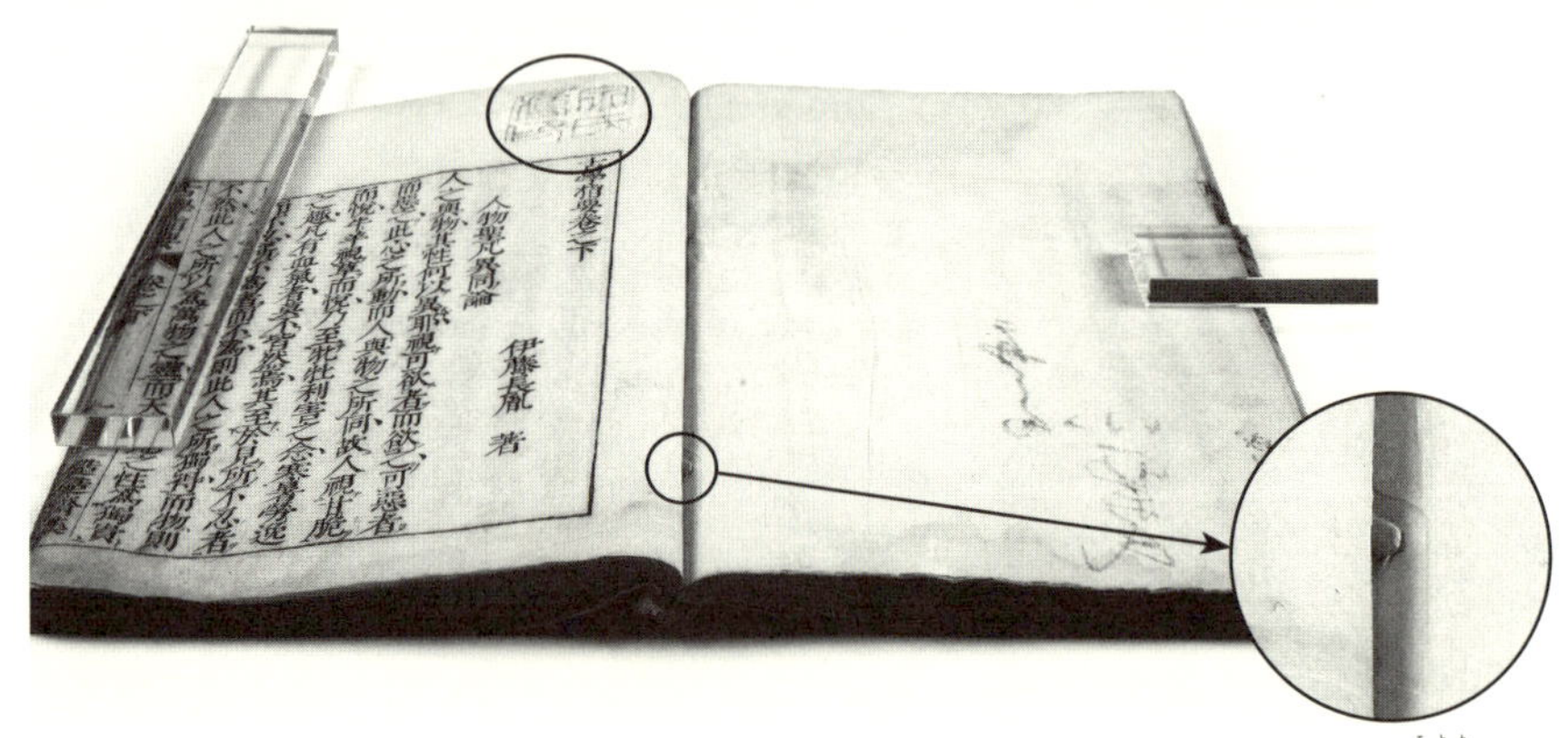

図25　合冊の例（元の下綴と蔵書印）
2冊を1冊に合冊している。

上冊の紙縒

◆4 表紙

表紙は書物の顔です。日本の古典籍は色や文様など、実にさまざまな顔を持っていて、それがその書物の個性となっています。

一、原装か改装か

表紙はその書物の性格や伝来を端的に示す重要な部分であり、原装か改装かを見極めるのは極めて重要です。室町時代までの古い写本・版本の場合は、原装はまずないと考えた方がよいでしょう。江戸時代以降のものでも、表紙の傷みや所蔵者の趣味に応じて改装が行われることも多いので注意が必要です。

冊子本の場合、次のようなポイントを見ます。

＊本体とよくなじんでいるか（大きさや堅さ、汚れ具合など）

＊表紙を開いた綴じ目部分（ノド）に綴じ穴の跡がないか（もしあれば、現在の表紙は付け替えた後のものということになります）

＊表紙裏側の折り込み部分が自然であるか（通常、原装であれば、紙の耳のギザギザ部分がそのまま残っています。改装だと切り落とされている場合や、折り直した痕があったりして、これらは他の書物から流用してきた証拠です）

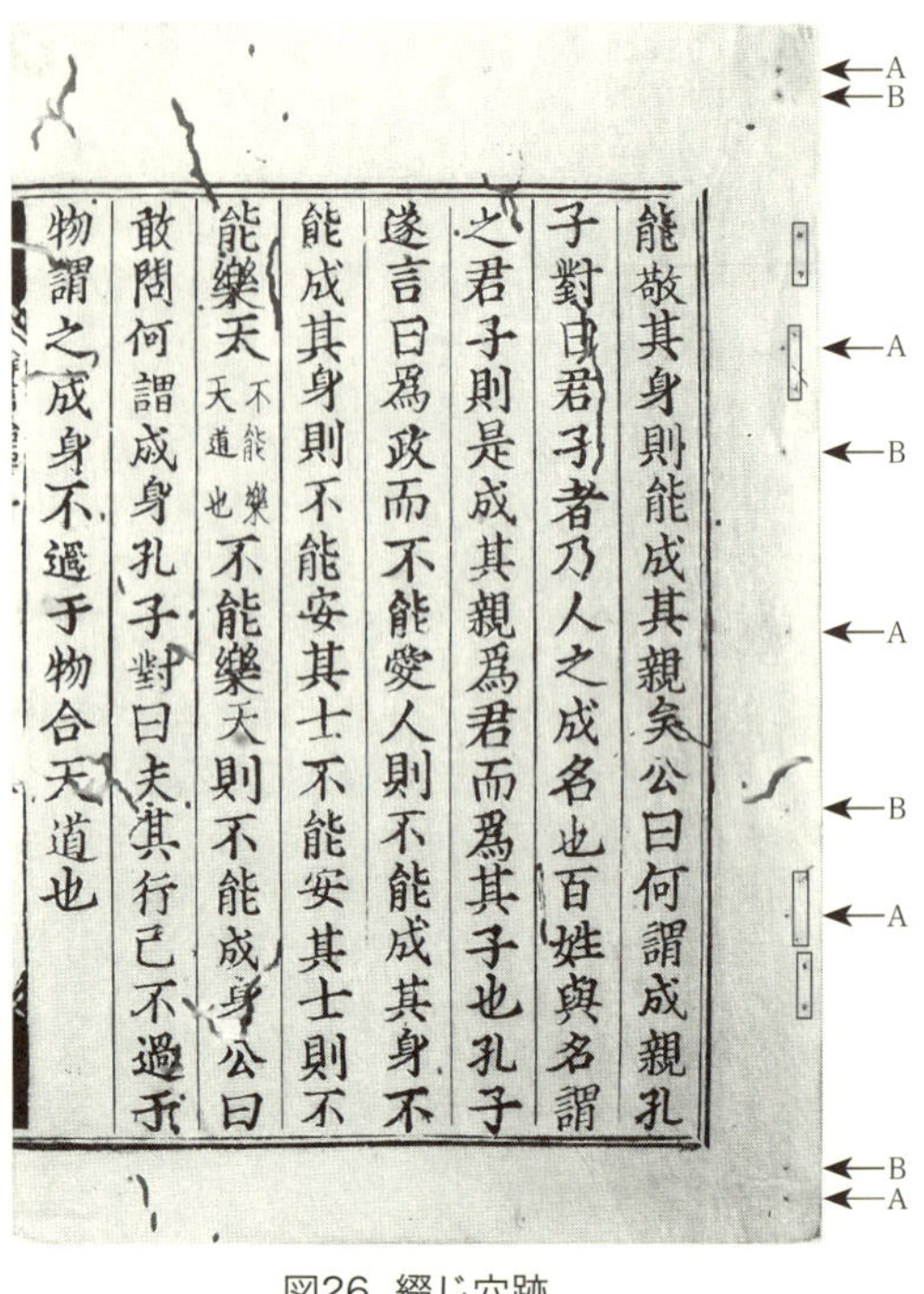
能敬其身則能成其親矣公曰何謂成親孔
子對曰君子者乃人之成名也百姓與名謂
之君子則是成其親爲君而爲其子也孔子
遂言曰爲政而不能愛人則不能成其身不
能成其身則不能安其土不能安其土則不
能樂天（不能樂天道也）不能樂天則不能成身公曰
敢問何謂成身孔子對曰夫其行己不過乎
物謂之成身不過乎物合天道也

図26　綴じ穴跡
A—五つ目綴の綴穴
B—四つ目綴の綴穴
□—それぞれの下綴の綴穴
（2穴×2ヶ所が2種ある）

二、材質

紙…版本のほとんど、写本の多くは紙製です。本文料紙と同じ紙を用いる簡便なもの（本文共紙表紙）から、特製の美麗なものまで多種多様です。

唐本の表紙は一般的に薄く、朝鮮本はそれより厚く、和本は更に厚いものが多いのですが、ただし、厚くなったのは江戸前期からで、室町までの紙表紙は唐本とそれほど変わりません。江戸初期には裏張りに反故紙を用いたものが多く（未知の版本の一部など貴重な資料が見つかることもあります）、それが次第に漉き返し（使用済みの紙をもう一度漉いた灰色の紙）などに変わって、厚みを増しますが、唐本風を狙ったものなど、新しい紙を用いた薄手のものもあります。

裏側を見ると、多くは耳のギザギザ部分を残した状態のままにして、これを折り込んで本体の大きさに合わせています（三方折込表紙）。こうすると折り込み部分の厚みがなだらかに減って、本体とよくなじむからです。

また、初めから上下を切り落とし、綴じ目と反対側だけを折り込んだ表紙を**切付表紙**といい、版本でも簡便なものや、これも唐本風を狙ったものなどに見られます。多くは薄手の表紙です。

布（裂）…高級な写本や一部の版本に用います。平織の薄いものから、**金襴・緞子**などの豪華なものまで

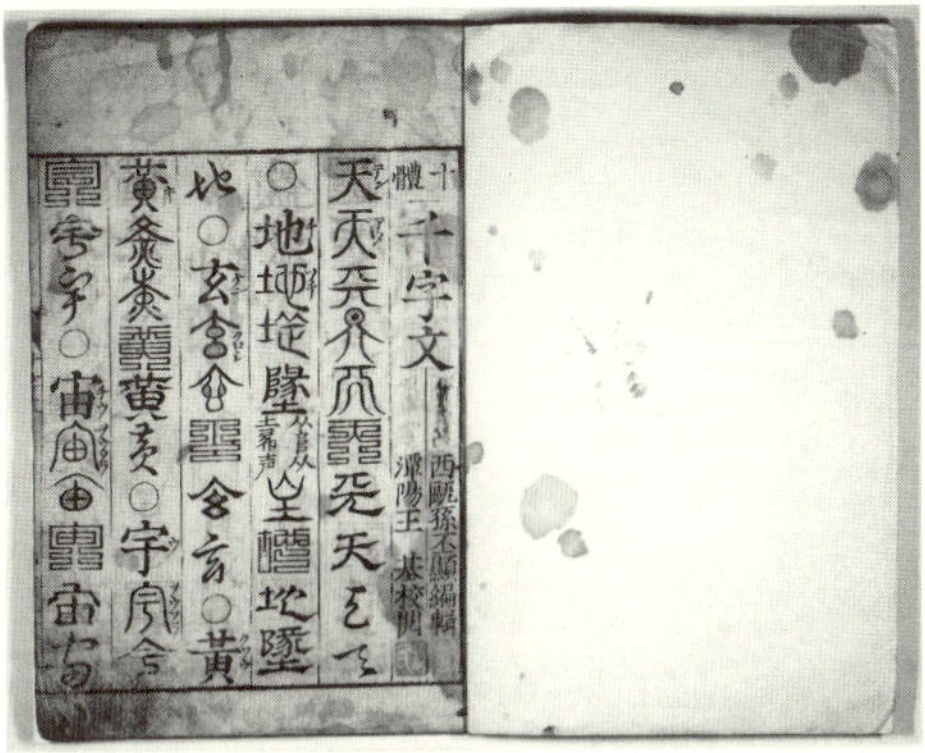

図27　改装表紙（見返と冊首）
紙の色や汚れ具合が明らかに異なる。

図28　三方折込表紙（裏見返紙を剥がした状態）
隠れて見えないが、綴じ目部分も折り込んでいる。

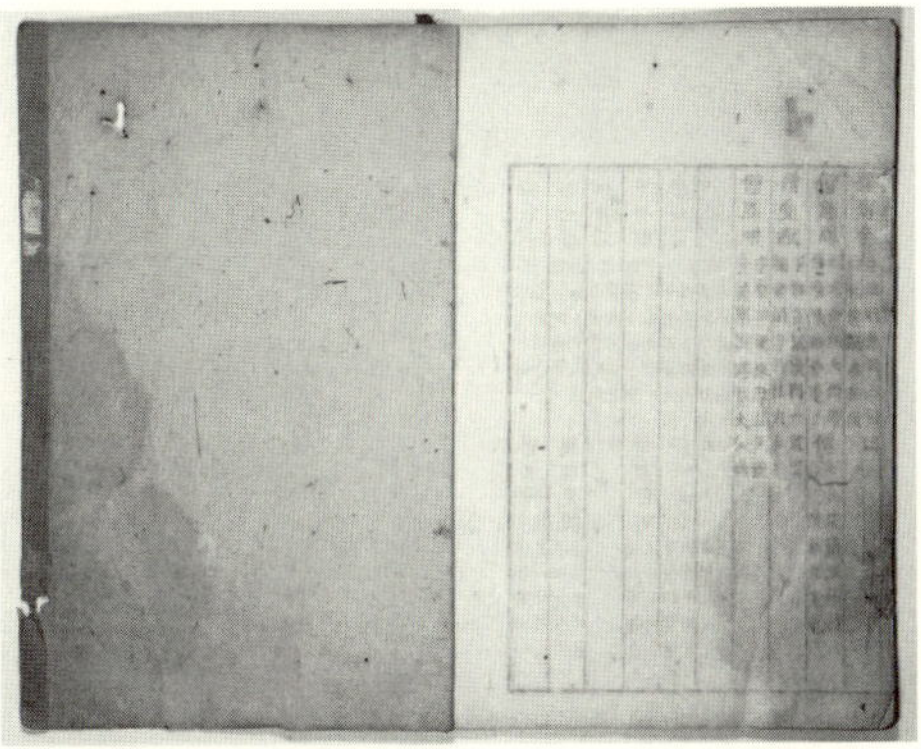

図29　切付表紙（裏見返紙を剥がした状態）
草双紙などもこのタイプ。

さまざまですが、紙同様、豪華・装飾的になったのは室町末期以降と言われ、茶の湯での掛軸の表装や仕覆（しふく）（茶入を入れる袋）の影響かもしれません。ここでは詳しくは触れません。文様や色も含め、専門的な解説書を参照して下さい。

木…書道手本などでは、板の表紙が用いられることがあります。

三、色（原料と名称）

布類の染色や絵画の絵の具、道具や建物の防水塗料などに用いられるものを応用しています。名称は多種多様ですが、一案として次のように絞り込むことを考えています（代表的な色は口絵に見本を掲げました）。

＊青系統…藍を用いたもの。防虫効果のためでしょう。室町時代から見られ、江戸時代を通じて多く用いられます。色の濃さに応じて、**紺色**（こんいろ）↓**縹色**（はなだ）↓**浅葱色**（あさぎ）の三種類ぐらいに分類すればよいでしょう。灰色がかったものは**青鈍色**（あおにび）といいます。

＊茶系統…柿渋または丁字（ちょうじ）（クローブ）などを用いたもの。これも防虫など、本体の保護が目的。黒に近い色から肌色ぐらいの色までさまざまですが、濃い方から**焦茶色**（こげちゃ）↓**朽葉色**（くちば）↓**香色**（こう）↓**砥粉色**（とのこ）の四段階程度に分けましょう。なお、渋をたっぷり塗って、表面につやがある無地（模様がない）表紙を特に**栗皮表紙**（くりかわびょうし）と呼び、江戸前期の仏書・漢籍などに多く見られますが、前期の中でも時代が下ると色が薄くなっていきます。

＊赤系統…朱（硫化水銀）を用いたものは江戸前期にわずかに見られ、**丹表紙**（たんびょうし）と呼ばれます。化学変化を起こして銀や黒に変色したものもあります。ほか多くは酸化鉄（ベンガラ）などで、ややくすんで黒

みがかったものを代赭色といいます。ほかに、江戸後期になると、漢籍などに小豆色（くすんだ赤茶色）が見られます。

＊黄系統…黄檗による染色は、防虫のため古くから経典の料紙などに行われました。他に梔子なども用います。通常の黄色を黄檗色（あるいは黄色）、やや赤みのあるのを山吹色、さらに赤いのを橙色、金に近いのを金茶色と呼び分ければよいでしょう。この系統は江戸後期になると青系統と同じくらい増えてきます。

＊緑系統…刈安などの植物染料を用います。あざやかな黄緑を萌黄色、紺色に近いものを海松色と呼び分け、通常の緑は緑色でよいでしょう。

＊黒系統…墨などを用いたもので、薄いものは灰色、通常は黒色でいいでしょう。

四、文様

文様のないものは無地と呼びます。

＊文様の付け方（紙の表紙に限定します）

刷…印刷による。通常の色のほか、雲母刷は雲母の粉を膠（コラーゲン）で溶いて刷り付けたもの。きらきら光って美しい。草双紙などでは、全体を人物などの多色刷にしているものが多く見られます。

描…手描きによる。通常の色のほか、金泥・銀泥・鍮泥（それぞれ金粉・銀粉・真鍮を膠で溶いたもの）によるものもあります。霞・草花・浜辺など具象的に描かれている場合は下絵と呼びます。なお、装飾として箔を併用することもあります（第13章参照）。

型押（空押）…文様を凸型に彫りつけた板を、湿らせた表紙に押し当てて、表面に凹凸を作る技法。これとは別に、檀紙という、もともと皺のある紙が用いられていることもあります。

艶出…型押とは逆に、裏側から板を押し当てて、乾いたまま上からこすり、表面に光の反射具合の違いで文様を浮き立たせる技法。よく見えないことがあるので、その場合は裏側から確認する必要があります。

型押・艶出は江戸初期から見られ、朝鮮本の影響ではないかと考えられます（唐本には文様はほとんど見られず、茶色系統の色が付いている程度です）。同じ表紙に型押・艶出両方など、複数の技法が施されていることもあるので注意して下さい。なお、布表紙は通常織によって文様を付けています。

＊文様の種類（口絵参照）

地文様…**布目**（細かい格子）・**卍繋**（卍と直線が連続している）・**雷文繋**（四角い渦巻きが連続している）・**亀甲繋**・菱繋など、表紙全体に連続して付いているもの。

植物文様…地文様の上に散らしてあるか、これのみを連続させているもので、散らしの場合、花＋唐草（蔓状のもの）というパターンが多い。主な花に**桐**（家紋と同じ形）・**蓮華**（大ぶり、花びらが尖っているものが多い）・**牡丹**（大ぶり、花びらが不定形）・**菊**（大小いろいろ、花びらが中心の円のまわりに放射状に並び、細くて多い）・梅（花びらが五枚で丸い）・桜（花びらが五枚でギザギザがある）などがあり、特定できないものは**唐花**としておけばよい。ほかには松・竹（笹）・信夫（シダ類）など。

動物文様…龍が多い。多くは雷文繋や雲と一緒になっていて、火災除けのまじない的な意味があります。
　他に鳳凰・鶴・雁・蝶・トンボなど。

その他…有職文様（平安以来貴族の衣装に用いられる文様）の浮線綾（大きな円の中に花や幾何学文様が繰り返されているもの）・立涌（相対する曲線が連続し、その間に雲などの文様が入っているもの）、また蜀江錦（八角形と正方形が連続し、その中に唐花が入っている）など織物由来のもの、雲・霞などの絵画由来のもの、柿渋を刷毛でさっと塗ったような刷毛目、丁字の染料（あるいは柿渋等で代用）で細かい縞模様を描いた丁字引などがあります。

五、記述のしかた

原装／改装＋色＋文様（地文様＋散らし文様）と表記し、タテヨコの長さを添えます。例えば、

　原装縹色布目型押牡丹唐草艶出表紙、27・1×18・5
　改装横刷毛目表紙、22・2×15・4

といった具合です。

六、その他

＊多色刷

　草双紙と呼ばれる絵画中心の小説類では、表紙全体が多色刷の絵になっているものが多くあります。この場合はどういう絵なのかを説明しておきましょう。

図31　副題簽
本文は女性用書簡文例集。鼇頭（第7章参照）に収める内容を副題簽に記す。

図30　押八双

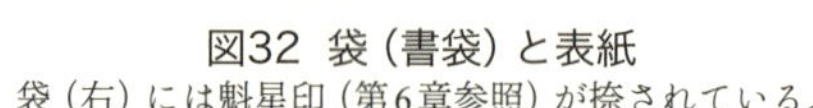

図32　袋（書袋）と表紙
袋（右）には魁星印（第6章参照）が捺されている。

＊押八双（押発装）

江戸前期（まれに中期まで）までの冊子本で、表紙左端に直線のへこみを付けているものがあります。これは巻子本の表紙の端に取り付ける八双（押さえ竹）の名残と見られるもので、これがあると原装表紙である証拠となります。

＊副題簽・絵題簽

副題簽は、外題の書かれた題簽以外に、目次的な役割を果たすために中央に貼られているもの。絵題簽は、草双紙などで題名と絵とが一体になった大きな題簽のこと。

＊袋（書袋）

ほとんどが筒状（底がない）。江戸中期以降の版本では、売り出しのときに袋に入れられていることがあり、著者名・書名・刊年・出版者名など、見返や刊記と同様の情報が印刷されています。草双紙の場合は多色刷の美しいものが多く、これも書誌学上貴重です。

以上の要素も表紙の形状と合わせて記述して下さい。

このほか、所蔵者による書き入れや貼付されたものがある場合は第10章参照のこと。

5 外題と内題

次は外題ですが、ここでは合わせて内題についても触れ、書名の決定という大事な作業について、概略を述べます。第11章も参照して下さい。

一、書名の重要性

古典籍を調べていくと、同名異書（同じ書名なのに内容が異なる書物）や異名同書（書名が異なるのに内容は同じ書物）が案外多いことに気づきます。また、一点の書物に複数の異なる書名が記されていることもあります。書名はその書物を特定し、また同一のテキストを持つ伝本群を一括する（同定）するための最も重要な目印ですから、慎重に正確に判断する必要があります。

そこで、書物の中のどの位置に書名が現れるか、全体をここで押さえておきましょう。

二、外題

表紙上に記された書名を**外題**（げだい）といいます。多くは左端上部（左肩と呼ぶ）（ひだりかた）ですが、一部の物語・和歌などで**中央**にあるものがあります。折本など極端な縦長本の場合は中央にあるのが普通です。**題簽**（だいせん）と呼ばれる細長い紙片を用いるものと、表紙に直接記されるものとがあります。後者を**直書**（じかがき）または

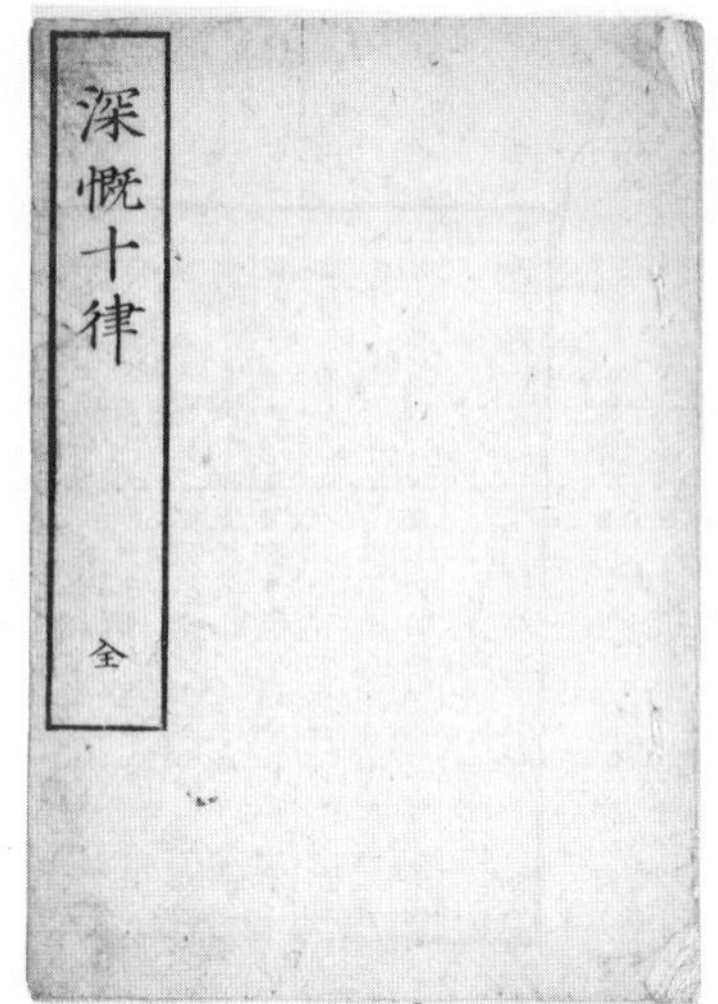

図34 直刷の外題

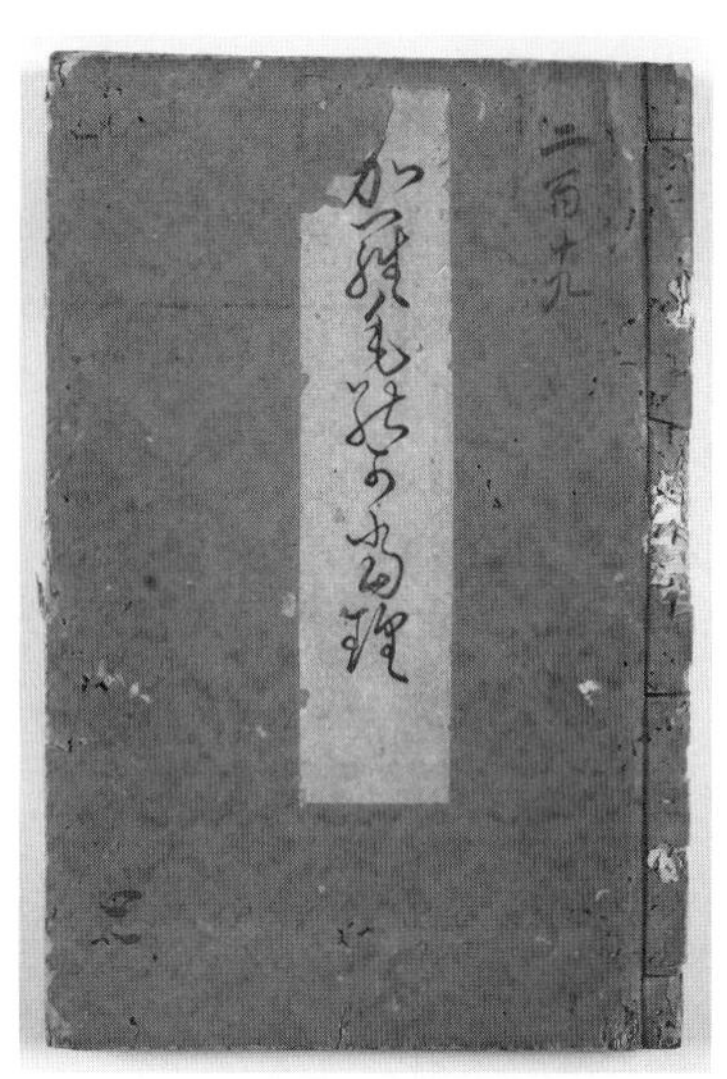

図33 中央にある題簽

図36 枠を刷った題簽に墨書した後補外題

図35 合冊本の外題
巻次表記部分を削除している。

打付書（印刷の場合は直刷）と呼びます。

題簽には枠がある場合があります。本数により単辺・双辺などと呼び分けます（第7章の匡郭の項目を参照）。また、豪華な写本などでは、染色したり金箔・銀箔などを散らしたりした装飾的な料紙を用いることもあります。これも適宜記述します。

複数冊に分かれるものは、外題とともに「上」「下」、「乾」「坤」、「巻一」「巻二」などの巻次表記があります。これも合わせて記述して下さい。合冊のものでは、ここを改造していることがあるので注意しましょう。

外題についても、成立当時のオリジナルのものか、後の所蔵者によって付けられたものか、という重大な問題があります。版本の場合、原装表紙で印刷された外題であれば、まず間違いなく原外題でしょう。改装でもオリジナルの題簽を改めて貼付していることもあります。しかし、題簽は剥がれてなくなりやすいので、改装表紙の多くは後補の外題です。枠のみを刷った題簽に手書きしてある場合もあります。後補外題の場合は、オリジナル通りに記すとは限らないので、これを書名とするのは危険です。

記述のしかたは、例えば、

左肩後補双辺題簽（刷・黄色料紙）に墨書「○○○○」

中央打付墨書（原か）「○○○○　全」

といった具合です。複数冊の場合は、冊ごとに変化する部分だけを記述していきますが、巻数が連続して変化する場合は、例えば「○○○○　一（〜五止）」とすれば、二・三・四は省略できるわけです。この「○（〜○）」という記述のしかたは、巻数や丁数が表示される部分（巻首尾・版心など）の記述に応用できます。

なお、書物の外側ですが表紙ではない部分、主として地（手前の側面）に書名が記されていることがあります（背にあることもある）。これを小口書といいます（第10章参照）。

＊文字を写し取るときの注意

「　」（カギカッコ）は書物に記されている文字をそのまま写し取るときに用います。これは、前付・本文・後付すべてに共通するルールですので、覚えておきましょう。また、「そのまま」というのをどの程度徹底させるかというのも難しいところですが、ふりがなや踊り字はもちろん、字体もできるだけ忠実に写しておくと、伝本の比較の際に役立ちます。書体は楷書体、字様はそれぞれ自分の書き方でよいでしょう。

三、内題

書物の内部に記される書名を内題といいます。第6章以降に説明する各部分のどこにでも書名は現れます。順に挙げると、

○見返・扉…商業目的のため誇張されたり、逆にわかりやすく簡略化した書名が記される場合がある。
△序…序の作者が勝手に名付けている場合や、確定以前の書名を用いている場合がある。
◎目録…巻首題に準じるもの。
◎巻首…狭義の「内題」はこれを指す。
○巻尾…巻首題に準じるが、やや簡略化されていることがある。
△版心…スペースの関係で簡略化されていることが多い。

△　跋…序と同様の事情が考えられる。
○　奥書・識語…これも簡略化された書名を用いている場合がある。

などです。このなかで◎を付けたものは、比較的信頼が置ける書名が記される部分です。著者自身の関与が強いのと、スペースが豊富で、長い書名も省略されずに記されるからです。○は、◎に準じて参考にできる部分です。

これらはそれぞれの項目に記述しておき、最終的に書名を決定する際に参照します。

四、書名の決定――外題か内題か

唐本の世界では外題が無い場合が多く、あっても省略されたり不正確だったりするので、まずは巻首題を第一候補とします。しかし、注釈書などの場合、巻首題がもとの書名のみを記していることもあるので、見返・扉や目録の題も参照したり、適宜ことばを補ったりして書名を決定します。といっても自分勝手に付けるわけではなく、過去の書誌学者が蓄積してきた膨大な目録類を参考書として活用しながら考えるのです。この（狭義の）内題第一主義は、日本の古典籍でも漢籍系統のものに応用できます。

しかし、日本の古典籍のうち、特に和文のものには、逆に巻首題がなかったり不正確だったりするものがあり、しかも前付・後付のない書物だったりすると、外題に頼らざるを得ません。江戸時代の版本は、外題第一主義で書名を決めるべきだという主張もあります。たしかに表紙が書物の顔であれば、外題は名刺のようなものでしょう。戸籍の表記と違っていても、その人が日常用いているのがその人の名前であるのと同様、内題と違っていても、刊行者がこう呼んで欲しいと思って付けている外題を優先すべきだというのも一理あります。

その書物の性格を考えて、ケースバイケースで決めるのがいいのですが、むずかしい場合は、第11章で紹介するデータベースや参考書を利用しましょう。

巻首題　序題　外題

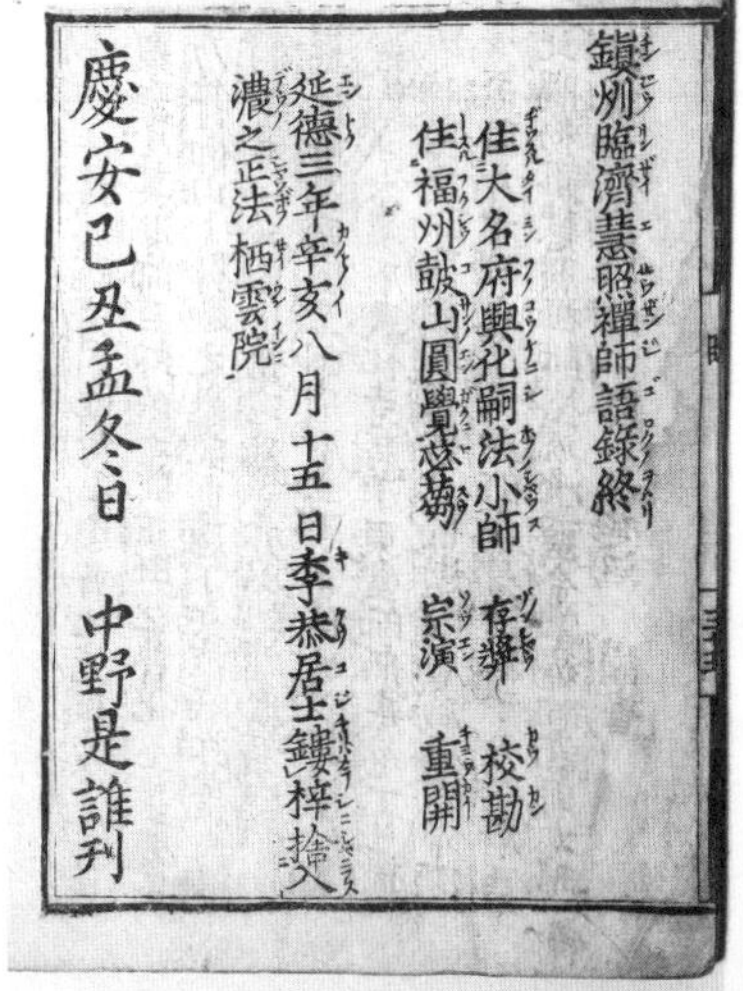
鎭州臨濟慧照禪師語録終
住大名府興化嗣法小師　存奬　校勘
住福州皷山圓覺宗演　重開
延徳三年辛亥八月十五日李恭居士鏤梓捨入
濃之正法栖雲院
慶安己丑孟冬日　中野是誰刊

巻尾題　版心題

図37　外題と内題のいろいろ

❻ 前付と後付

表紙を開いてから本文の始まりまでの間に置かれる前付、本文の終わりから裏表紙までの後付は、いずれもその書物の性格を知る上で重要な要素です。版本に多く用いられるので、主として版本を念頭において説明します。

一、全体的な注意事項

前付や後付は、それぞれの要素の性格によって、本文とは異なる多様な版式・写式を用いていますので、それに注意するとともに、それぞれの丁数も記して下さい。現代の書物ではノンブル（ページ表記）が本文とは別個に付されていることが多くありますが、古典籍でも同様です。そこにも注意しましょう。これらのことは第7章でも詳しく述べます。

書体については、漢文では楷書体、和文では行草体（くずし字）が普通ですので、それ以外が用いられている場合は記述します。字様は、楷書の場合、**明朝体**（現代の書物の標準的な字様と同様のもの）か**筆写体**（手書き文字を再現したもの）かの区別程度を、わかる範囲で記述すればよいでしょう（第8章参照）。なお、**本文についても同様の記述が必要です。**

二、前付

＊見返

表紙の裏側です。表裏両方にあるので、区別する必要がある場合は**表見返**・**裏見返**と呼びますが、ふつう「見返」と言った場合は表見返（複数冊ある書物の場合、特に第一冊の表見返）を指します。

主として漢籍の版本には、唐本の封面（第14章参照）の影響から、ここに著者名・書名・出版者名（あるいは蔵版者名）・刊行年などが記されていることが多く、巻末の刊記がない場合、これが刊行に関する重要な情報になるので、忘れずに記述し、カードの⑦刊記・奥付の項目には「③見返参照」と書いておきましょう（同様のものが第1丁表にある場合は「扉」と呼びますが、役割は同じです）。

本文料紙とは異なる紙質や赤・黄などの色の付いた紙が用いられている場合、そのことも記します。

ここには、刊行時すでに捺印されていることがあります。上部に、鬼のような絵が描かれた朱印が捺されている場合、それは**魁星印**と呼び、やはり唐本の影響です。他に、出版者名のところに印が捺されていることがあります（版元印）。

写本や一部の版本では、表紙が布や金銀泥下絵のような豪華なものである場合、見返も金箔で布目型押だったり、下絵が描かれていたりと、何らかの装飾がある場合が多い（図6参照）ので、表紙同様記述します。

なお、版式に関しては第7章を参考に記述して下さい（以下も同じ）。

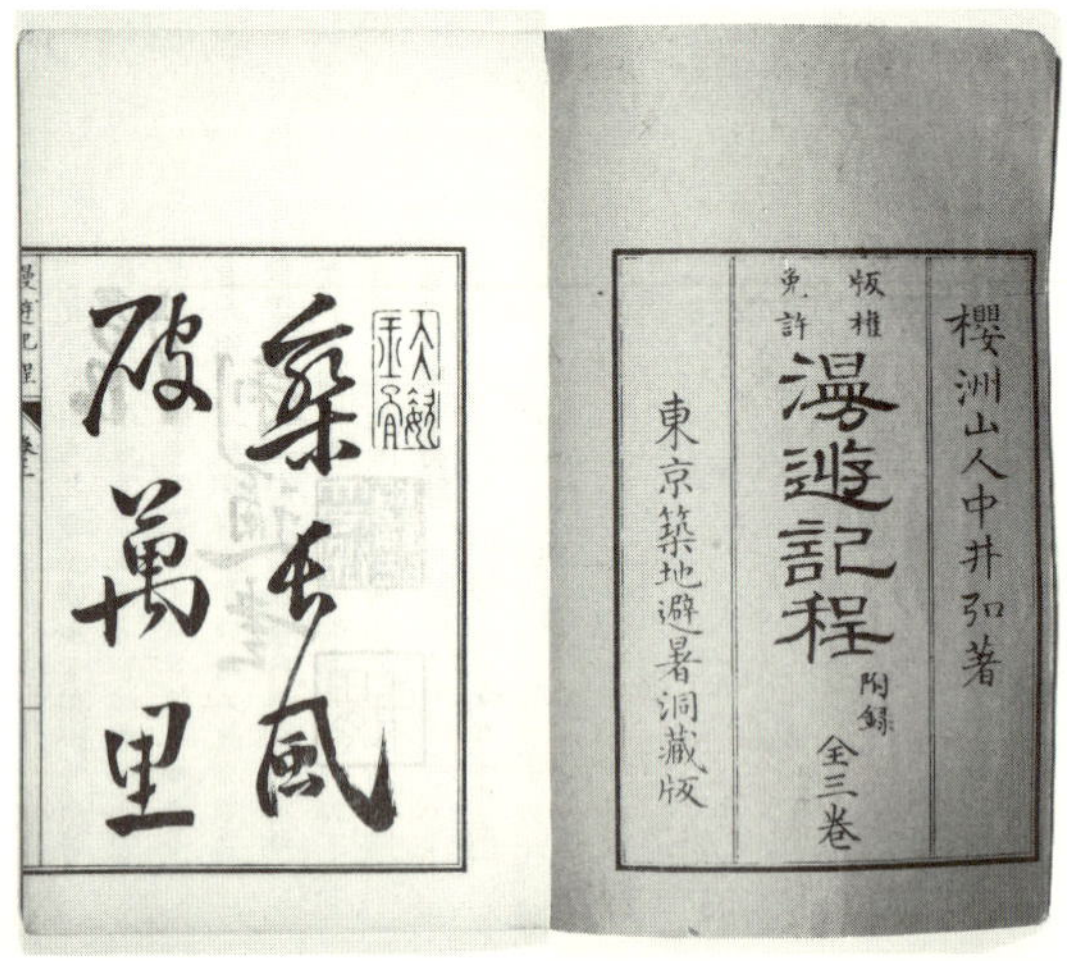

図38　見返と題詞
見返は赤色料紙に刷る。

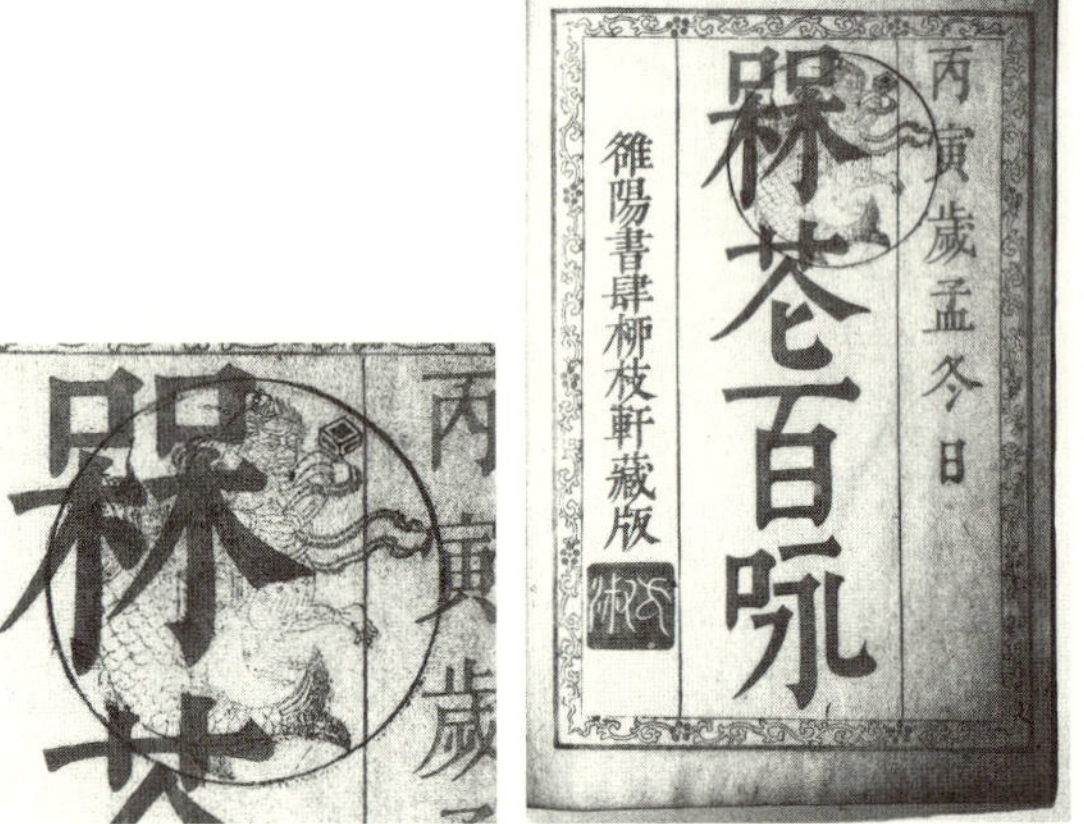

図39　魁星印
見返全体は香色刷。印は朱の実捺。

＊題詞

題辞・題字・題詩なども言いますが、これは、文章のようなある程度の長さのものから、数文字の故事成語の類、また漢詩・和歌などの韻文作品などさまざまなものが書かれるためで、すべてひっくるめてここでは題詞と呼んでおきます。幕末明治期の版本にはよく見られます。

多くは編著者が、著名人や自分の師匠・先輩などに依頼して、その書物への賛辞となるような文言を揮毫してもらい（あるいは書家の代筆）、それを版下にして刷ったもの。現代の書物で言えば帯に書かれる宣伝文句や推薦文のようなものでしょう。書の作品としても鑑賞に堪えるものが多く、署名や印が入っています。編著者周辺の人間関係を知る上でも大事なので、年時・作者・筆者の情報はできる限り読みとって記述します。

（捺印と刻印…実際に朱肉を用いて押捺してある場合は捺印（なついん）、印の形通りに版木に彫って印刷してある場合は刻印（こくいん）、と呼び分けます。版本でも、ごく少部数印刷する場合、わざわざ一点ずつ捺印することがあります）

＊口絵

草双紙や読本（よみほん）で登場人物の紹介を行うもの、教訓書や仏教関係の書物などで有名な学者や僧侶の肖像画を掲げるものなど、口絵を備える書物があります。絵の内容について概略を説明しておきましょう。何かタイトルが付いていればそれをそのまま写し取ります。

＊序文

編著者以外が書いたものを他序（たじょ）、編著者自身のものを自序（じじょ）といいます（通常、他序の場合は「○○序」、自序のみを「○○自序」と呼びます）。また、漢籍の和刻本や、和書でも注釈書などで、元の書物にすでにあった序を原序（げんじょ）と呼びます。

内容は、その書物のジャンルについての一般論、著者の紹介、著者と序文作者との関係、その書物の成立経緯、その書物の紹介・評価などさまざまです。書誌学にとってはその書物（テクストとモノ両方に関して）の成立に関する情報が大事ですが、一般論の部分も、学問的には価値が高いことがあるので注意しま

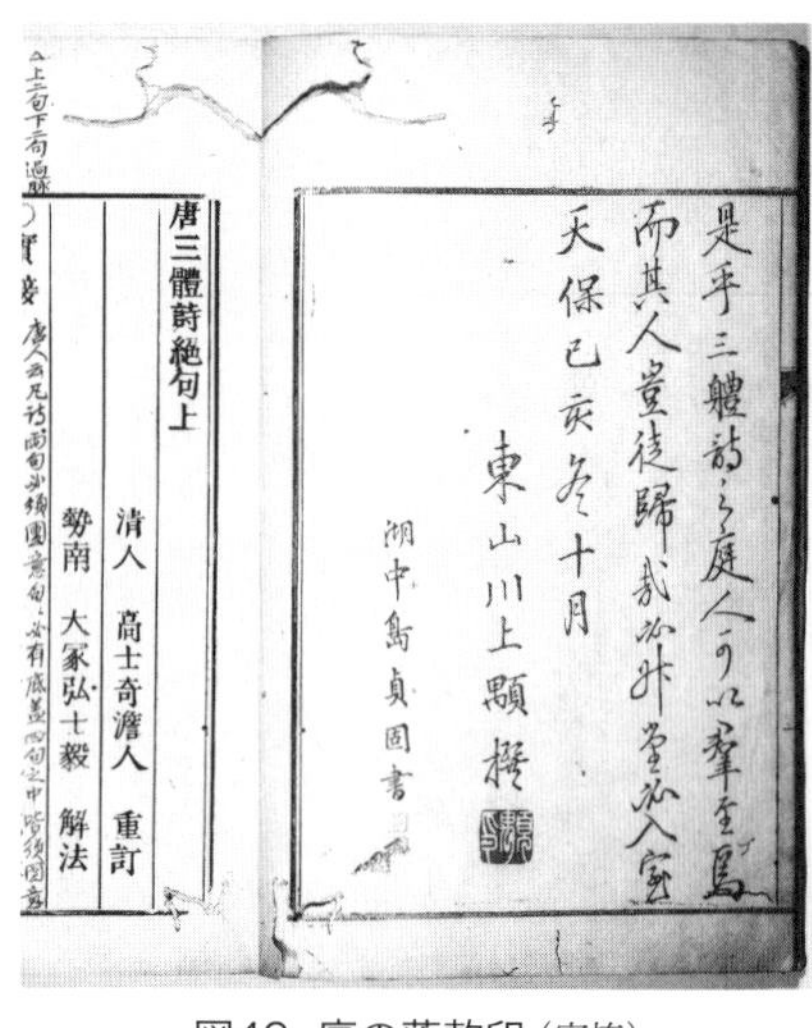

図40　序の落款印（実捺）
序は整版薄墨刷、本文は近世木活字版。

す。これも自筆あるいは別の筆者による版下で、多くは本文とは異なる版式（行数・字数が少なくゆったりとしていて、行草体である、など）ですので、そのことも記述します。

序文には、このように重要な情報が書かれているので、よく読むことが必要ですが、漢文だったり、くずして書いてあったりして、文字の判読と内容の理解がともに大変困難な場合が多くあります。最低限、冒頭の序題と末尾の年時・署名（印を含む）は解読し、読めない場合も模写するようにしましょう。

人物の特定ができれば、編著者とその周辺人物の伝記研究にも貢献することになります。

版本の場合、序文の年時は通常、刊年の少し前ですが、数年以上前という場合は、すぐに刊行できなかった事情があるとか、刊行を予定せずに序文をもらった（書いた）というようなことが考えられます。逆に、刊年より後の年時だった場合、いったん刊行したものにそれを増補したから、あるいは刊年よりも実際の刊行がずれ込んだから、といった可能性があります。いずれにせよ、成立・刊行に関わる重要な情報であることに変わりありません。

なお、和文の書物、特に俳諧・和歌などは、巻首・巻尾・柱などの題がなく、題簽も無くなっていて、唯一、序文の中（冒頭ではなく、文章の途中）に書名が書かれているという場合もあります。これは第5章で述べたことからすると例外的なケースですが、他に書名の手がかりがない場合は序文に注目して下さい。

*凡例

その書物全体の利用法や約束事が書かれています。自序が無い場合は、その代役となっていることもあります。編著者の考え方が端的に表れる場所ですので、内容に関わる研究をするときにはよく読むことが必要です。版式は本文と同じことが多いでしょう。

*目録

これにより書物全体の内容が示されるので、落丁・欠巻などの発見に役立ちます。ここも版式は多くの場合本文と同じです。なお、複数巻の書物では、それぞれの巻の冒頭に目録が付されていることもあります。この場合は便宜的に「⑤本文の構成」に記述してかまいません。

*遊紙

写本（および版本）のなかには、表紙を開くと空白のままの丁がまずあり、その次から書写（印刷）を始めている場合があります。また、末尾にも空白の丁が残されていることがあります。これらを**遊紙**（ゆうし）（遊び紙（あそびがみ）、副葉子（ふくようし））と呼びます。冒頭の遊紙（前遊紙（まえゆうし））は前付に、末尾の遊紙（後遊紙（あとゆうし））は後付にそれぞれ丁数を記述します。ノート類などでは、本文の途中に現れる場合もありますので、これは本文についての記述に含めます。なお、完全な空白ではなくても、蔵書印や所蔵者の署名程度のものがあるだけでしたら、遊紙として取り扱います。なお、遊紙に対して文字が記されている部分を墨付といいます。

草双紙などの版本で、本文の2〜3丁目に半丁分の白紙が綴じ込まれている場合があります。これは売り出し時、裏見返紙とつながって中身を見せないようにしていたもので、**封切紙**と呼びます。

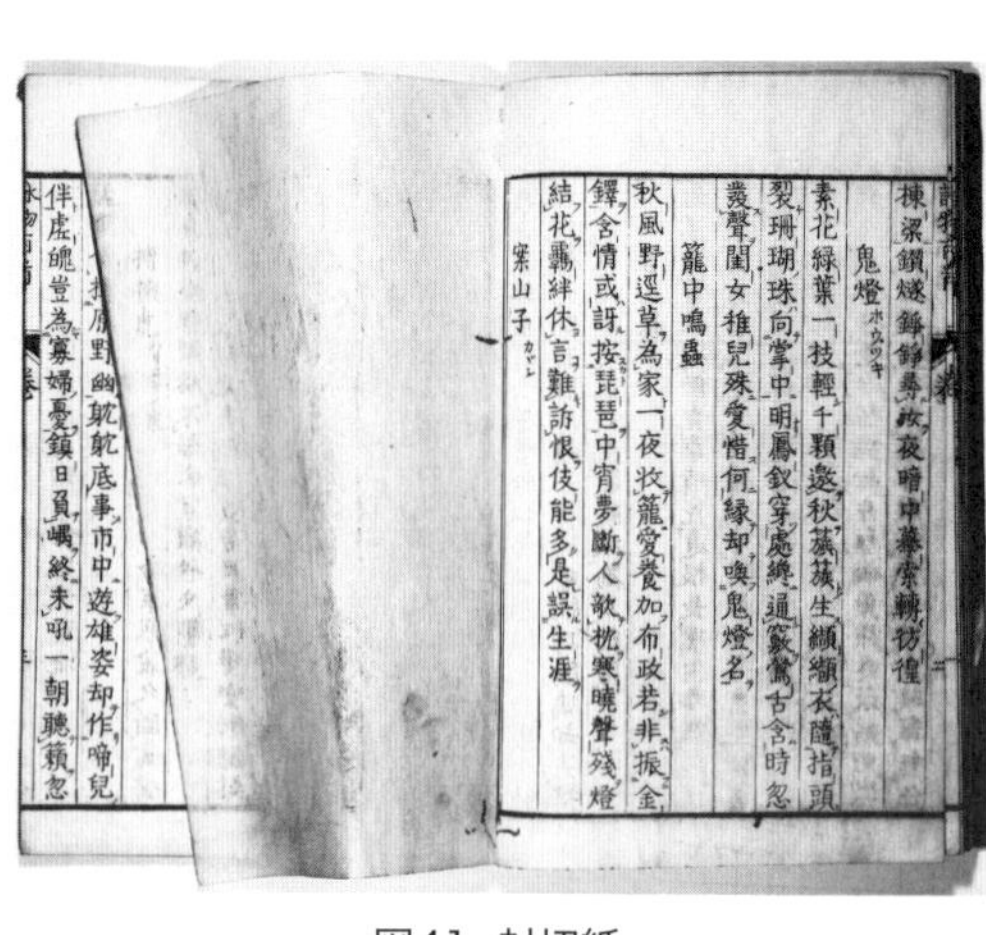

図41　封切紙
本文第2丁と第3丁の間にある。

三、後付（刊記・奥書は第9章参照）

＊跋文

内容・著者は序文とほぼ同じですが、より身近な人、例えば子孫や弟子などが刊行の経緯を記していることがあるので注意し、序文同様、題・年時・作者・筆者ほか重要な情報は写し取ります。

＊広告

版本の場合、刊記と同じ面の一部分に続編や関連書の広告が載っていることがあります。また、「○○屋○兵衛蔵版目録」などと冒頭に記して、一丁あるいは数丁の広告を付けていることもあります。広告は、現代と同様、既刊のものだけではなく、近刊のものも載っていますので、それらを調べることによって、その広告が印刷された年時が判明します。もし、その書物が刊記の年時よりも後になって印刷さ

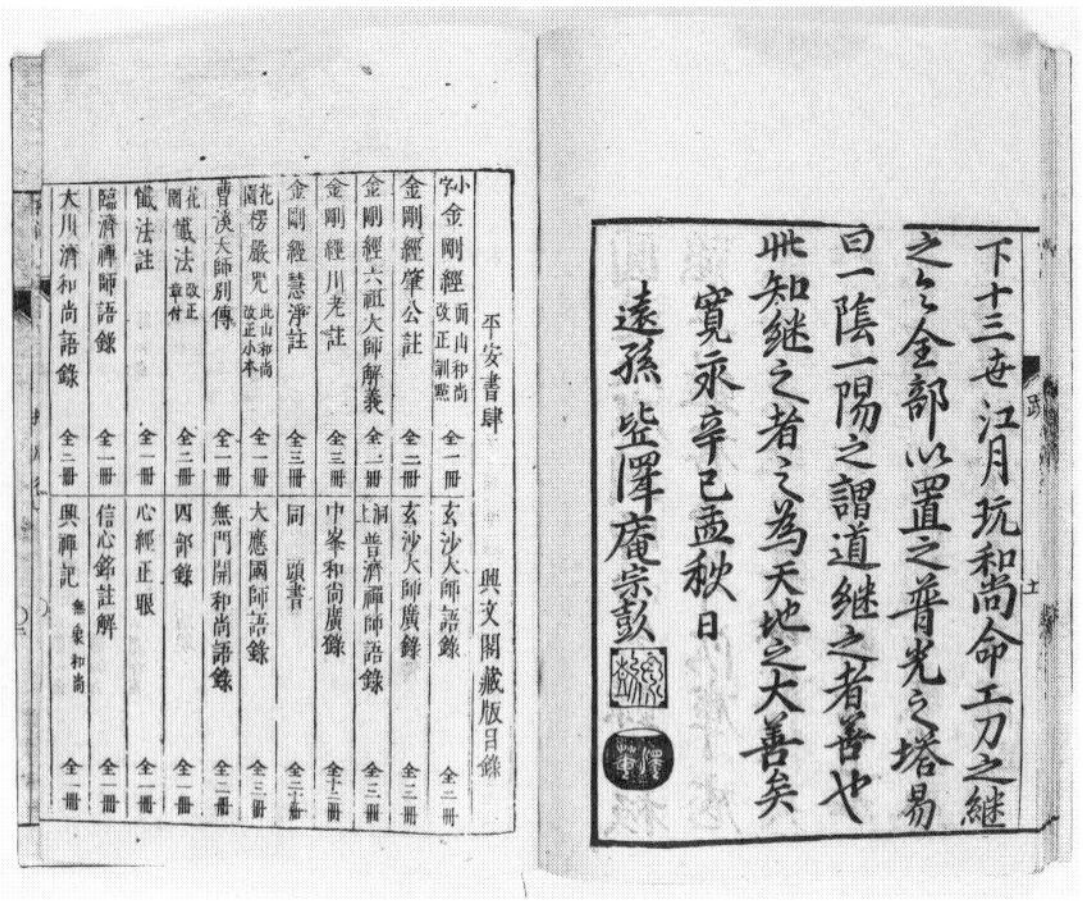

図42 広告
「平安書肆　興文閣藏版目録」と題し、仏書を列挙。

れたものだった場合は、広告によってその時期が推定できるので、注意深く見る必要があります。

また、広告は、出版者がどのような意図でその書物を売ろうとしていたか、どういう特徴のある書物だと考えていたか、ということが端的にわかるので、宣伝文句も注意して読む必要があります。

基本的にはタイトルと丁数を記しますが、調査の目的によっては詳しく記述する必要もあるでしょう。

四、記述のしかた

序文を例に取ると、内容について触れる必要がなければ、

序文「〇〇〇序」「宝暦七年五月上旬　〇〇〇〇於江都客舎識／（刻印「〇〇／〇〇」「字曰／〇〇」）」　四周双辺無界6行10字、漢文、行草体、2丁

といったところです（版式については次章参照）。

7 本文（1）——版式・写式

本文をどのように紙の上に配置するか、さまざまな工夫がなされてきました。それを正確に記述することにより、その書物の性格や他の伝本との関係を探る手がかりになります。

一、全体的な注意事項

複数巻ある書物の場合、記述項目④⑤の繰り返しとなりますが、効率よく記述するためには、巻一を記述した上で、巻二以降は巻一と異なる点のみを書き加えていくのがよいでしょう。巻首・巻尾・版心については、巻次のみの変化であれば記述を省略してかまいません。

二、巻首・巻尾

本文の冒頭部分には、書名・巻次のほか、編著者名・校訂者名などが記されることがあります。漢籍系統の書物に多く見られます。書誌カードに編著者名を記すとき、重要な根拠となる部分ですので、これも含めて正確に写し取ります。

これらは、内容だけではなく、配置も重要な要素です。図43を例に、記述方法について述べます。

①改行や字下げ、単語間の空きなどもそのまま写し取る場合。

「東野遺稿巻上
　　　　那須　安藤煥圖東壁　著
　　　　東都　石川之清叔潭
　友人　南紀　山井重鼎君彝　輯
　　　　武州　根本遜志伯脩」

②「／」（改行マーク）や「｛　｝」（括りを示すカッコ。住吉朋彦氏考案）「低一格」（一字下げ）「隔三格」（三字空き）「□」（一字空き）といった説明をはさんで記述していく場合。

「東野遺稿巻上／（低八格）那須□安藤煥圖東壁□著／（低五格）友人□｛東都□石川之清叔潭／南紀□山井重鼎君彝／武州□根本遜志伯脩｝□輯」

という具合です。カードのスペース節約には②の方がよいでしょう。

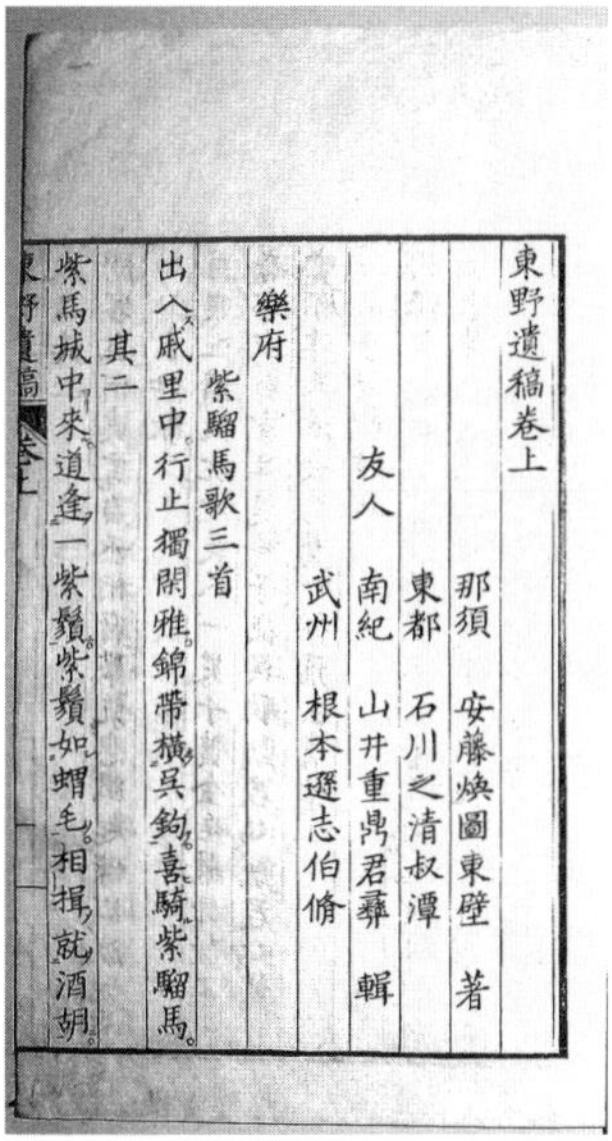
東野遺稿巻上
那須　安藤煥圖東壁　著
東都　石川之清叔潭
友人　南紀　山井重鼎君彝　輯
武州　根本遜志伯脩
樂府
紫騮馬歌三首
出入戚里中行止獨閑雅錦帶横呉鉤喜騎紫騮馬
其二
紫馬城中來道逢一紫鬚紫鬚如蝟毛相揖就酒

図43　巻首部分

続いて本文の冒頭部分も、一行ぐらい写しておきます。和書において内題のないものや、同名異書が多いものだと、本文冒頭によってその書物の同定が可能になる場合があります。また、詩文集や歌集など、小さな作品を集めているような書物の場合、本文の内部に、さらに部門―題―作品というような構造があるので、例えば

「□樂府／（低三格）紫騮馬歌三首／出入ス戚里中。行止獨閑雅。錦帯横タフ二呉鉤ヲ一。喜ヒ騎ル紫騮馬。／（低二格）其二／……」というように、その配置もわかるように書いておくとよいでしょう。

巻尾は巻尾題があればそれを写し取るだけでよいのですが、版本で、元にした写本の奥書（第9章参照）がそのまま載っているような場合は大事な情報として記録します。

江戸時代、出版者が変わって再発売された書物には、新刊に見せかけるために書名を変えてしまうものがあります。その場合、巻首や版心などの書名は入木（埋木とも。版木を部分的に彫り変えること）によって変更されるので、周辺の文字と、大きさや字様に違いが出たり、墨付き（黒の濃淡）が違ったりします。この入木は版本ではどの部分でも起こりますが、特に巻首と刊記（第9章参照）に多いので注意しましょう。

三、版式

*匡郭と版心

和文の写本を模倣したものを除き、ほとんどの版本には匡郭とよばれる枠があり、本文はその中に整然と並んでいます。行ごとに区切りの線（界線）があるものもあります。枠には全て一本線のもの、全て二本線のもの、縦のみ二本線のものがあり、それぞれ四周単辺・四周双辺・左右双辺と呼びます（匡郭のないものは無辺）。界線の有無は有界・無界といいます。もともと折本用の版木を用いて冊子本にしたものなどで、左右の匡郭がないものは「上下単辺・左右無辺」などと表記します。

なお、上部を区切って頭注などを入れてある場合があります。この部分を鼇頭（首書・頭書とも）、あるいは上層（本文部分を下層）と呼んでもいいでしょう。匡郭の大きさは本文第1丁表部分、つまり半丁分を

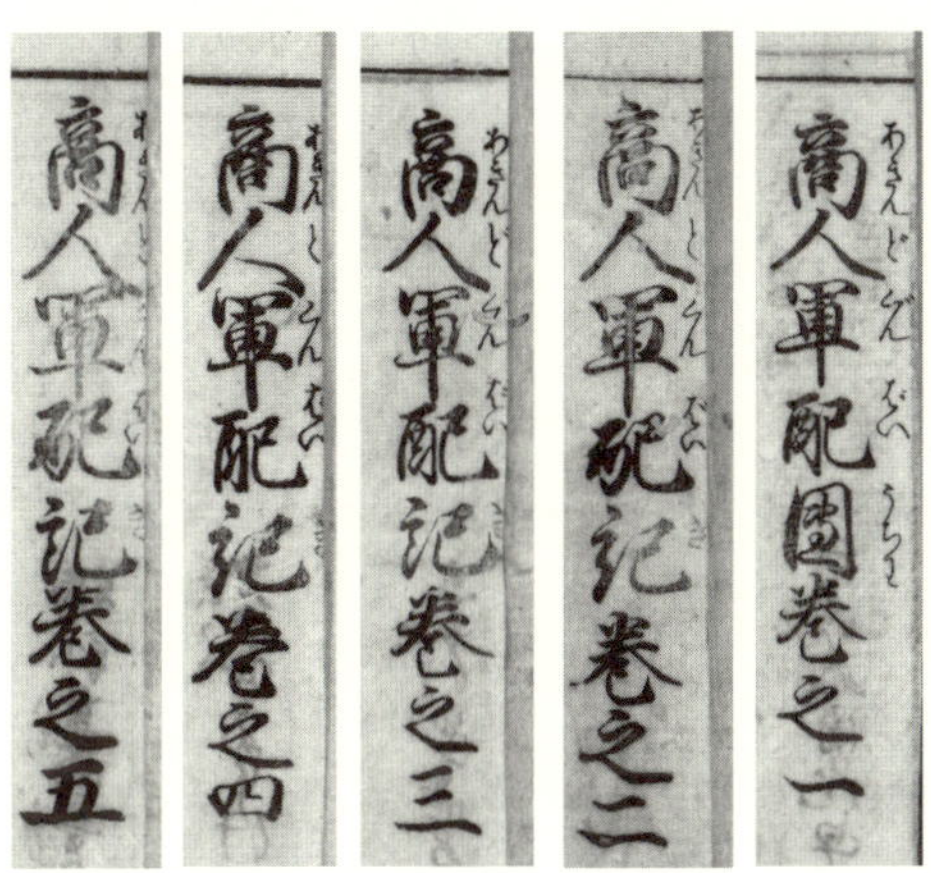

図44 内題入木の例
巻1は元の「團」字のまま、
巻2以下は「記」字を入木。

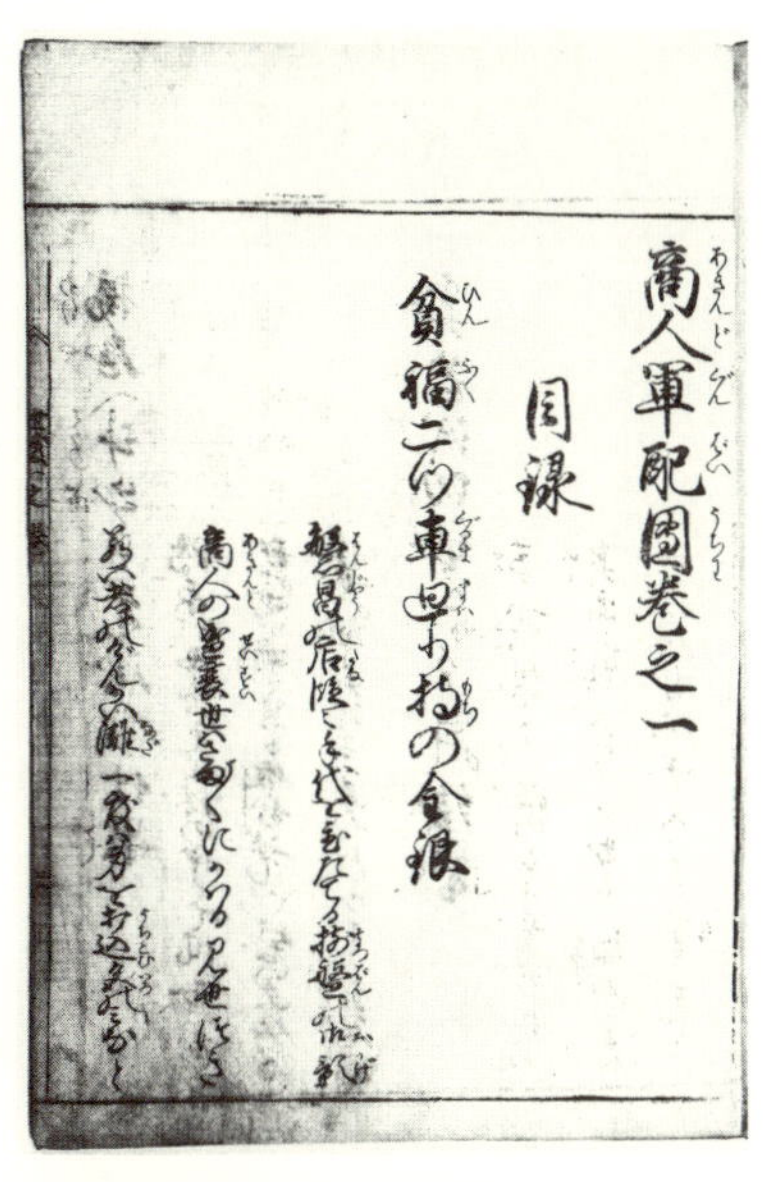
商人軍配團巻之一

目録

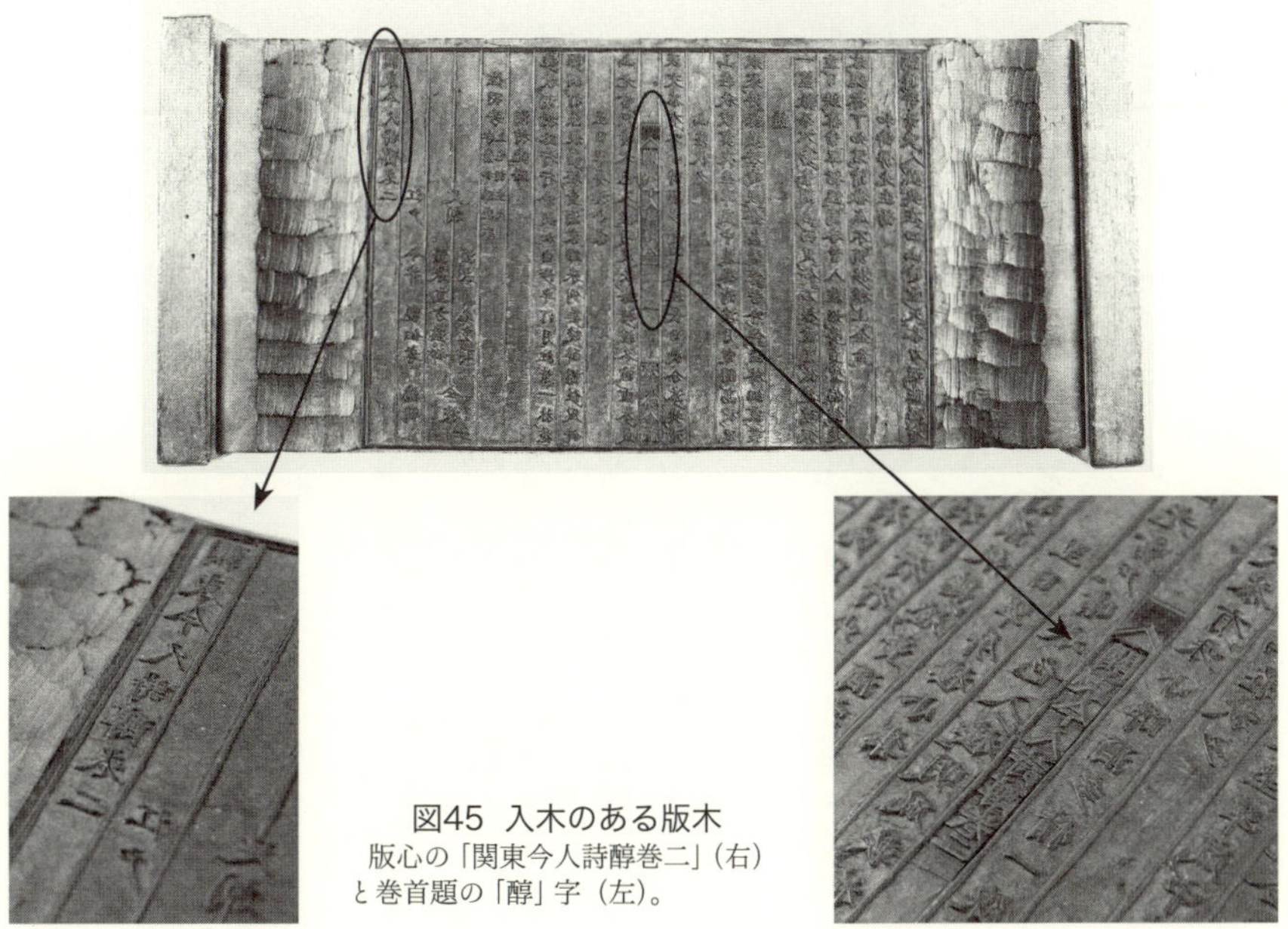

図45 入木のある版木
版心の「関東今人詩醇巻二」(右)
と巻首題の「醇」字(左)。

内法（線と線との内側）で計ります。左右の匡郭がない場合は縦のみで結構です。無辺の場合は、巻首題・編著者名等を除いた本文冒頭第1行の高さを計ります。これを字高（字面高さ）といいます。

袋綴の折り目部分を版心または柱と呼びます。一丁分を広げたときの中央部分に当たるものです。ここには書名・巻次・丁付（第何丁であるかという表示）のほか、蔵版者名・刻工名（版木を彫った人の名。和本では稀）などが記されることがあります。

また、三角形を二つ向かい合わせたようなマークがあることが多く、これを魚尾といいます。もともとは製本のとき、紙を折る目安にしたものでしょう。黒魚尾・花口魚尾（花びらのような白抜き模様があるもの）・白魚尾（輪郭のみのもの）などと呼び分けます。魚尾の数（上のみ一つ…単魚尾、上下に一つずつ…双魚尾）と方向（下向、内向）もさまざまです。また、魚尾の外側（上下匡郭と魚尾の間。象鼻と呼びます。これに対して中央部分は中縫）に黒い線が入っているものもあり、太さに応じて大黒口（寛黒口）・中黒口・小黒口と呼び分けます（線のないものは白口）。

江戸初期・前期の版本では、丁によって匡郭や版心の形式が変化するものがあります。一々記述するのは大変煩雑ですが、伝本間で版の種類を比較する場合には必要なデータですので、その場合には詳しく書きます。通常は最も多い形式で代表させ、他に○○もある、といった表現でいいでしょう。

草双紙などのように、もともと内題がなく、もし外題が失われてしまうと、版心題が書名特定の唯一の手掛かりとなる版本もあるので気を付けましょう。

古活字版（第18章参照）では、すべての丁が同一の版心を用いているか、または複数の版心が一定のパターンで繰り返し現れることがあります。版心の種類は活字を組むための盤（植字盤）の数を示すのです。

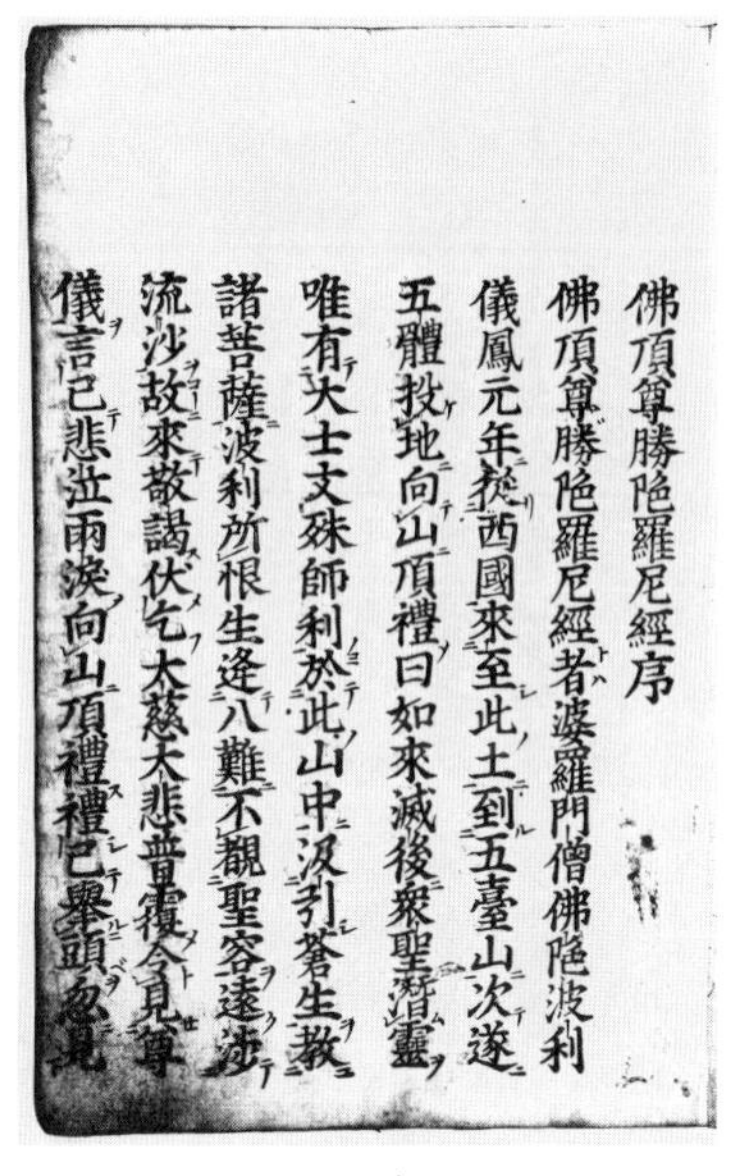

佛頂尊勝陀羅尼經序
佛頂尊勝陀羅尼經者婆羅門僧佛陀波利
儀鳳元年從西國來至此土到五臺山次遂
五體投地向山頂禮曰如來滅後衆聖潜靈
唯有大士文殊師利於此山中汲引蒼生教
諸菩薩波利所恨生逢八難不覩聖容遠涉
流沙故來敬謁伏乞大慈大悲普覆令見尊
儀言已悲泣雨淚向山頂禮禮已舉頭忽見

図47 無辺

善庵随筆巻一
〇予先年大橋宗桂ノ需ニ應メ其著述セル将棊ノ書ニ序
スルコトノアリシニ王将トイフ馬子ハ何トモ疑ハシキ
名ナリ王ナレハ王将ナレハ将トイフベシ王ト将ト混稱
スルノ理アルマジトテ将棊ノ諸書ヲ攷證スルニ開祖宗桂
ヨリ四代目宗桂マデ代々著述スル所ノ将棊圖式ニ雙方
トモ玉将トアリテ王将ノ名ナシ因テ思フニ玉ヲ以テ大
将トシ金銀ヲ副将トスルナルベシ左スレバ金将銀将ノ
名モ據アリテヒトシホ面白ク覺ユ蓋シ五代目宗桂以後

図46 左右双辺・有界

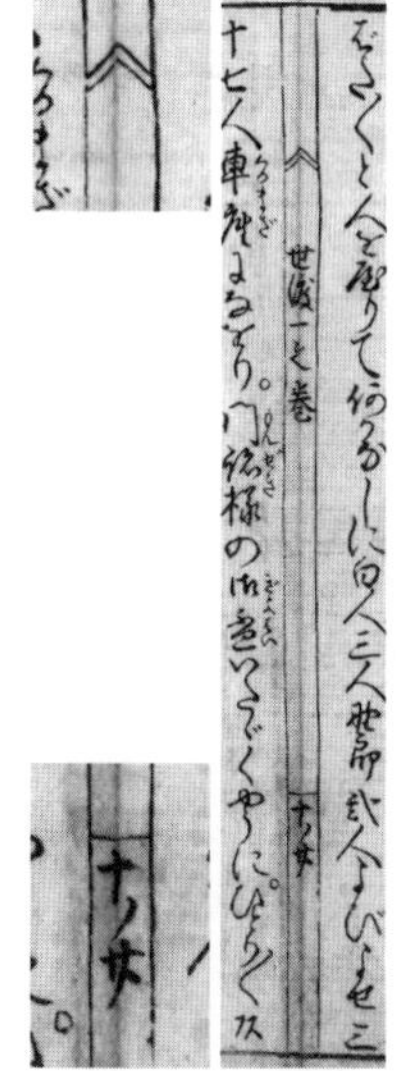

図50 白魚尾・飛び丁
「十ノ廿(二十)」とある。

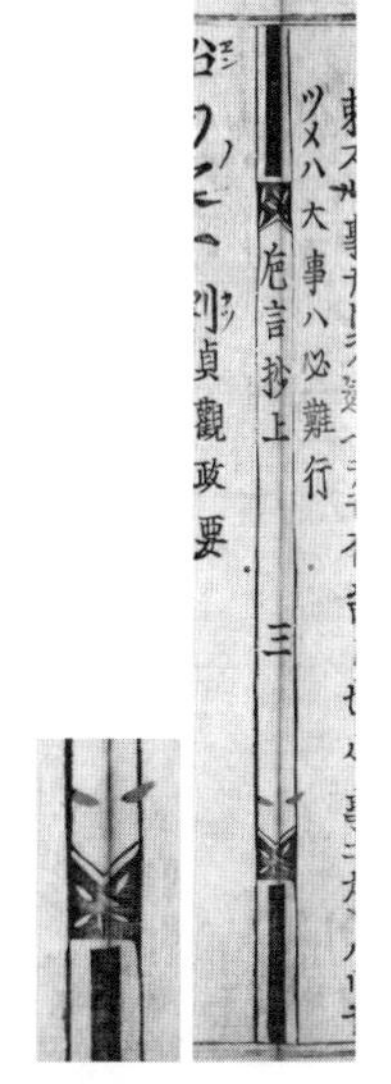

図49 中黒口・花口魚尾

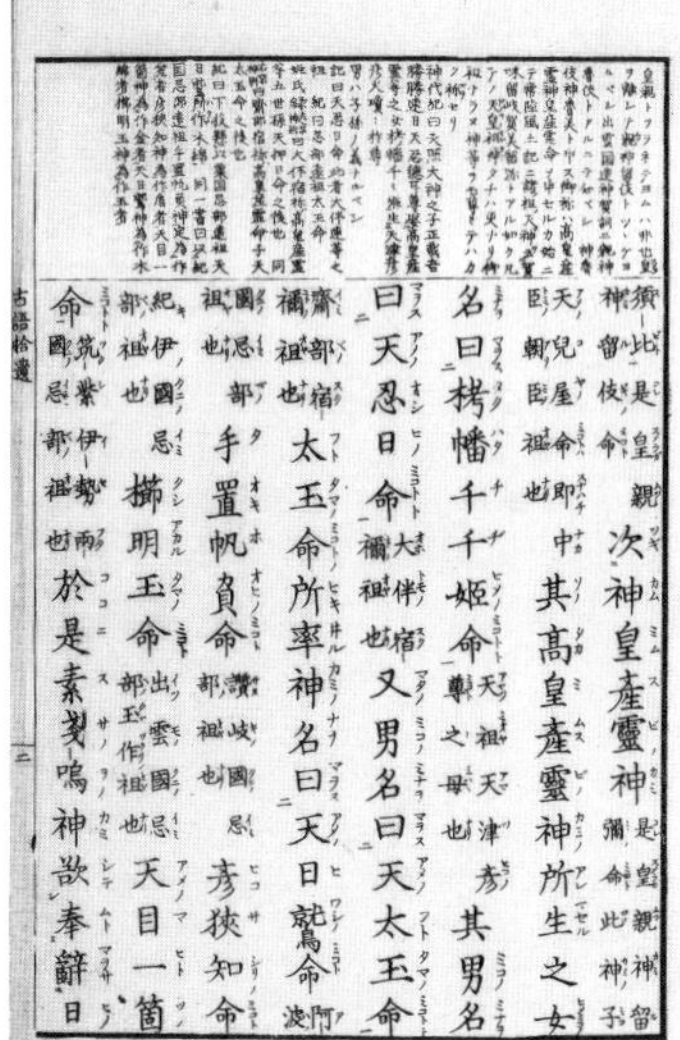

古語拾遺

須比是皇親神留伎命 次神皇産靈神 是皇親神留彌命 此神子
天兒屋命 中臣朝臣祖也 即 其高皇産靈神所生之女
名曰栲幡千千姫命 天祖天津彦之母也 其男名
曰天忍日命 大伴宿禰祖也 又男名曰天太玉命
齋部宿禰祖也 太玉命所率神名曰天日鷲命 阿波
國忌部祖也 手置帆負命 讃岐國忌部祖也 彦狹知命
紀伊國忌部祖也 櫛明玉命 出雲國玉作祖也 天目一箇
命 筑紫伊勢兩國忌部祖也 於是素戔嗚神欲奉辭日

図48 鼇頭

＊丁付と丁数

前付から本文へと移るとき、丁付を改めて一から始めるか、前付から通しで付けているか、注意します。そして、丁付と丁数が一致するかどうかを一丁ずつ確かめていきます。

書物によって、実際より多く見せかけるためか、飛び丁（途中で「十一之十四」というように飛ばしてしまうやり方）があったり、逆にあとから挿絵などを増補したなどの理由で、又丁（「十」「又十」「十一」といった類）があったりすることもあります。これらは版本の成立や改訂の手掛かりになることもあるので、全て記述しましょう。なお、版心部分に何も印刷されていない版本には、丁付がノド（綴じ目の近く）あるいは綴じ目の中に隠れていることがありますので、版面全体をよく見てください。

もちろん、製本時あるいは修復時のミスによる乱丁（錯簡ともいいます）・落丁・衍丁（丁の重複）もあります。丁付が乱れている場合、何が原因か、内容との関係から考えていきます。

なお、江戸後期になってくると、版心に記載される文字を、折り目にかからないよう右半分（稀に左半分）に寄せて小さく印刷しているものが見られます（図48参照）。製本後に文字全体が見えるようにという配慮でしょう。近代以降の書物の「柱」や「ノンブル」に形態的には近づいているのです。

このようにして、丁付を参照しながら各巻冊の丁数を数えていきます。四巻四冊ならば、第一冊の丁数は前付＋巻一、第二冊・第三冊はそれぞれ巻二・三と一致、第四冊は巻四＋後付、となるでしょう（巻ごとに目録が付いている場合はそれも合計する必要があります）。また、一冊に複数巻ある場合はその合計が必要です。

記述としては連続している部分は「～」で省略して、例えば次のように表記します。

巻一…「一（～四、五之十、十一～十五終）」　10丁

巻二…「二（～五、又五、六～十一終）」　12丁
巻三…「三（～十二終）」　11丁（第一丁落丁）
巻四…「一（～五、五、六～十二終）」　13丁（第五丁重複）　計46丁

＊本文の形態（文体・用字については次章も参照）
漢文…半丁（半葉あるいは一面とも言う）行数・一行字数、および返点（かえりてん）・送仮名（おくりがな）・竪点（たててん）（文字の音訓の区別や熟語であることを示す短い線）・句点（現代と異なり、句点・読点の使い分けはないことがほとんどです）・批点（ひてん）（強調したい部分や優れている部分の文字の脇に付ける点や丸）の有無。注が挿入されている場合はその形態を「注小字双行」「注小字単行」などと記します。

和文…かなかカナか、行数・字数（何行か数えてみて平均を取り、「〇〇字前後」とします）、および句点・振仮名・濁点の有無を記します。かな交じり文の場合、写本の模倣から始まっているので、一行の字数は一定せず、文字の大きさもばらつきが多いのが普通ですが、江戸時代後期、特に国学関係の書物では、連綿（文字をつなげて記すこと）せず、ひらがなも漢字もほぼ同じ大きさに揃えて、字数が一定してきます。この場合は「〇字」とします。これも近代の書物への接近・連続を示す現象と言えるでしょう。なお、和文の場合、第1丁のみ行数・字数が異なる（少ない）場合があります。念のため、他の丁も数えてみて下さい。

書体・字様については前付・後付と同様です。

絵が主体で、文字はその周辺に配置されているもの（絵本・草双紙など）の場合は、大まかな行数と用字

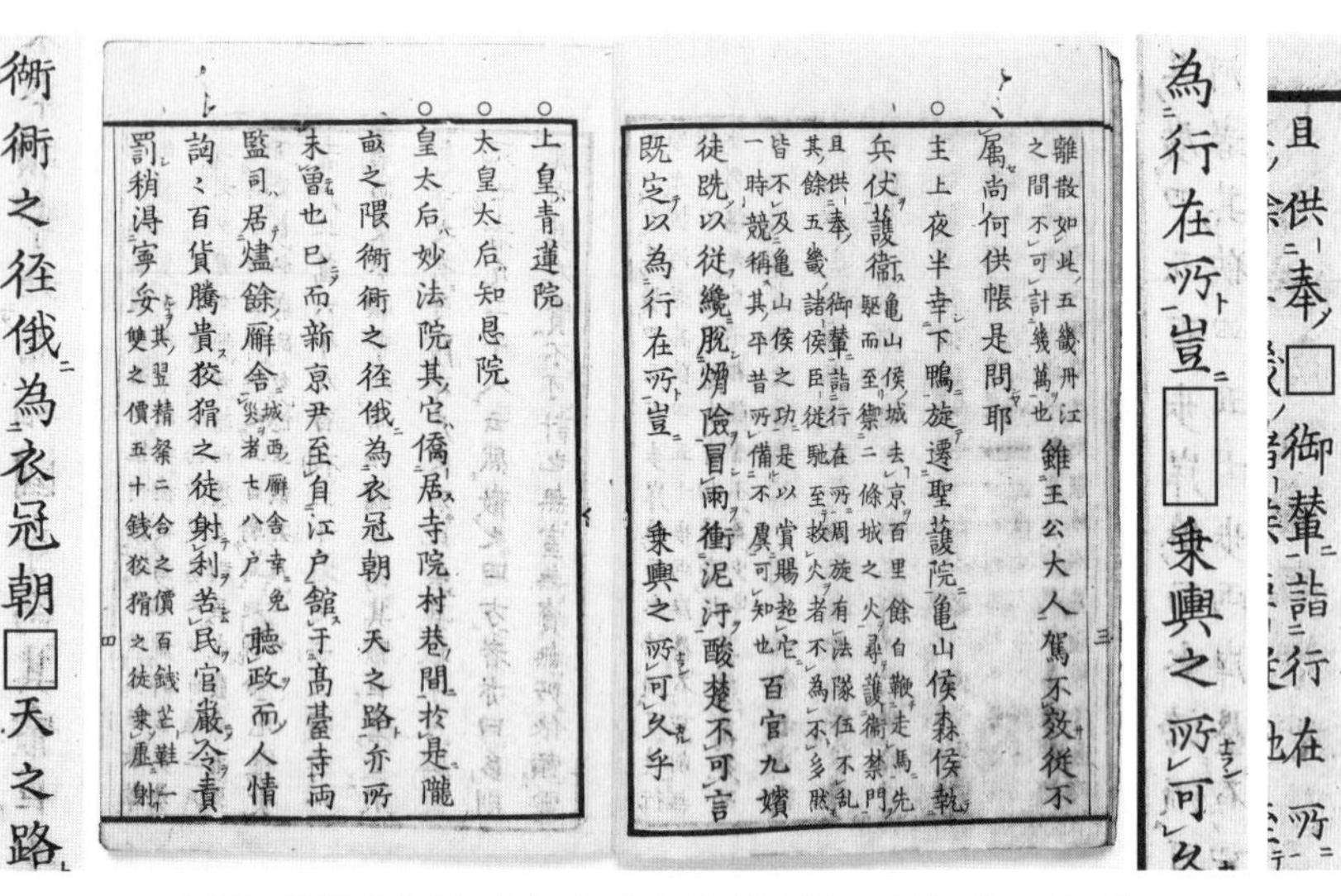

図51　平出（「主上」「上皇」「太皇太后」「皇太后」、上欄に○で示した）
欠字（「御輦」「乗輿」「天」、拡大写真に□で示した）

のみでかまいません。

なお、天皇・将軍や直接の主君、父母などへの敬意を表すため、その人を指し示す語の前を一字から三字程度空ける（欠字）、改行して行頭に持ってくる（平出）、改行して他の行より一字から三字程度高くする（台頭）、といった方法があります。これは前付にも見られることですが、あれば記述しましょう。

＊版面の状態

版面については、状態をよく観察することが必要です。

文字・匡郭等の磨滅や欠けがないか、版木のひび割れで版面に亀裂が入ったりしていないか、入木や一丁全体の改刻がないか、といった、刊行当初の姿からの変化が版面に現れているかどうかは、その書物の印刷時期の推定や、他の伝本との比較をする上で重要な情報となります。きれいな状態で印刷されているものは初印・早印、傷んだ状態のものは後印

図52 文化元年刊、早印
江戸での売出記録が『割印帳』（第21章参照）にあり、それによると主版元は林伊兵衛。

図53 同、（文政六年以前）印
河内屋茂兵衛が版権の多くを買い取り主版元となったため、林伊兵衛・柏原喜兵衛の二軒が削除され、入木によって名前が加わった。

図54 同、文政六年印
河内屋茂兵衛がすべての版権を取得して、刊記を全面的に改めた。なお、『大坂本屋仲間記録』（第11章参照）所収『板木総目録株帳』によると、文化九年の時点では「河八（河内屋八兵衛）京（菱屋孫兵衛）河茂（河内屋茂兵衛）河源（河内屋源七郎）」の四軒の相合版だったことがわかる。

図55 同、（文政六年以降）印
江戸等の販売店を列挙した付刊記（第9章参照）になる。なお、日本古典資料調査データベース（第11章参照）によると、文政元年初冬（10月）・菱屋孫兵衛単独の刊記を持つ伝本があるとのことなので、さらなる調査が必要。

図52〜55 早印・後印の例（界線の欠損が増えてくる）

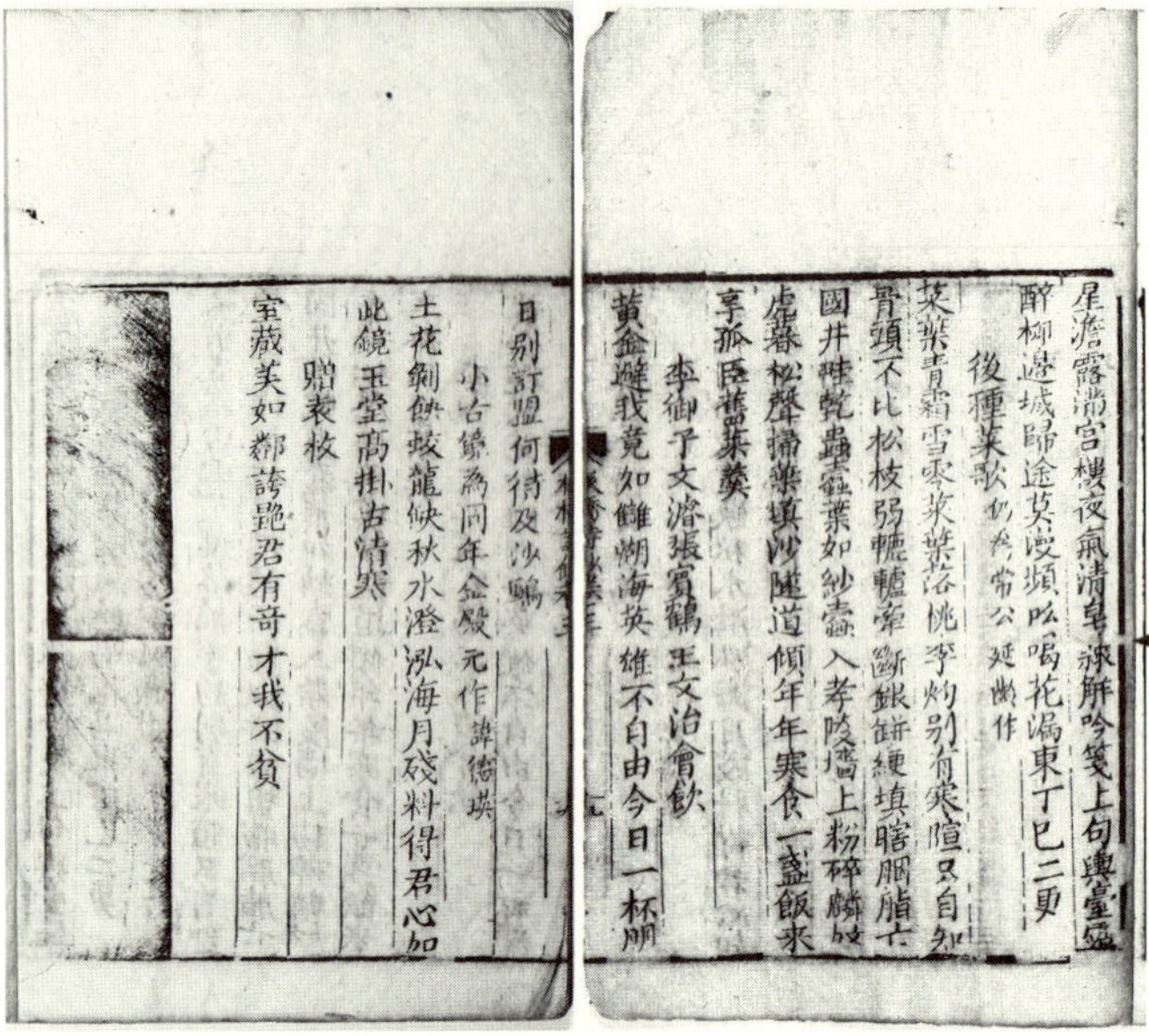

図56　版面の亀裂（中央に横に走る。矢印で示した）
墨釘（ウラ末尾2行半分）

と言います。なお、版木の痛みはないが墨の乗り具合（墨付き）が悪く、印刷が鮮明でないものは、むしろ試し刷りや極初期の印刷であると考えられます。

巻末の余白部分をきれいに彫り取らず、残したままにしておくと、印刷のときに黒く出てしまうことがあります。また、本文中でも文字を彫り残してその部分が■のままになっていることがあります。これを墨格あるいは墨釘と呼びます（一文字や数文字連続のものを墨格、もっと大きなものを墨釘と使い分けてもよいでしょう）。

例えば最初の刊行時、元にした写本の文字がわからず墨格のままだったのが、わかったために後で彫り加えた、という場合や、版木が痛んできたのでもう一度全体を彫り直すとき、ある個所の文字は読めなくなっていて、しようがなく墨格にした、という場合もあります。つまり、本文中の墨格もその書物の位置づけに関わってくる情報です。

巻末の墨釘は中世の版本にはよく見られるのですが、江戸時代に入るとほとんどありません。唐本では比較的遅くまで見られるので、このあたりは書物に対する美意識の差でしょうか。これも本文中の墨格に準じて重要な情報になる場合があるので記述しておきましょう。

＊記述の仕方

（例1） 四周単辺無界10行20字前後、18・6×12・1、
白口双内向黒魚尾「○○巻一　一」
かな交じり文、句点・振り仮名あり

（例2） 左右双辺有界11行21字、21・8×15・5、
小黒口双下向花口魚尾「○○　一」
漢文、句点・返点・送仮名・竪点あり

などとします。巻次や丁付は、第1丁オモテの表記通りにしておいてよいのですが、特に変則的なことがなければ、「巻幾　幾」（「幾」は一から連続した数字が入ることを示します）あるいは「巻一（〜五）（丁付）」といった記述によって、全体を示してしまうこともできます。

四、写式

＊匡郭の有無

正確さや読みやすさを考えて書写するとき、何らかの目印を用いて、行を等間隔に、字をある程度同じ大きさにして写していく必要があります。界線の入った下敷（したじき）を透かして見る（薄い紙の場合）とか、糸を等

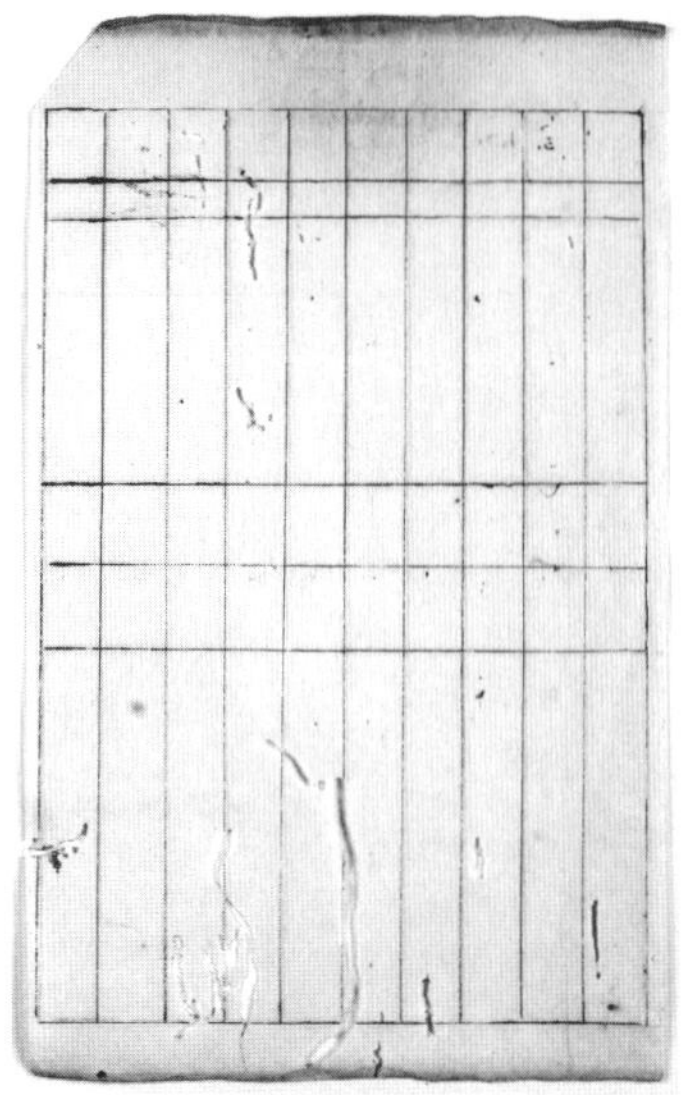

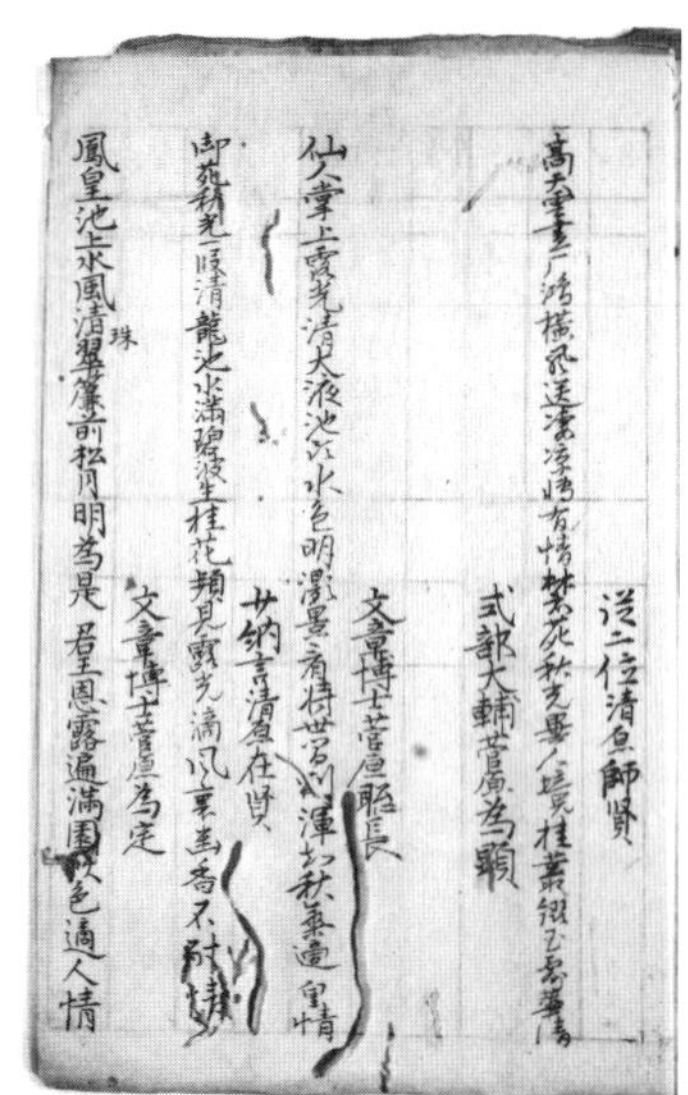

図57　下敷(左は下敷のみ、右に袋綴の袋に入った状態)
行の幅を示す縦界と、字高や題・作者の位置を示す横界がある。

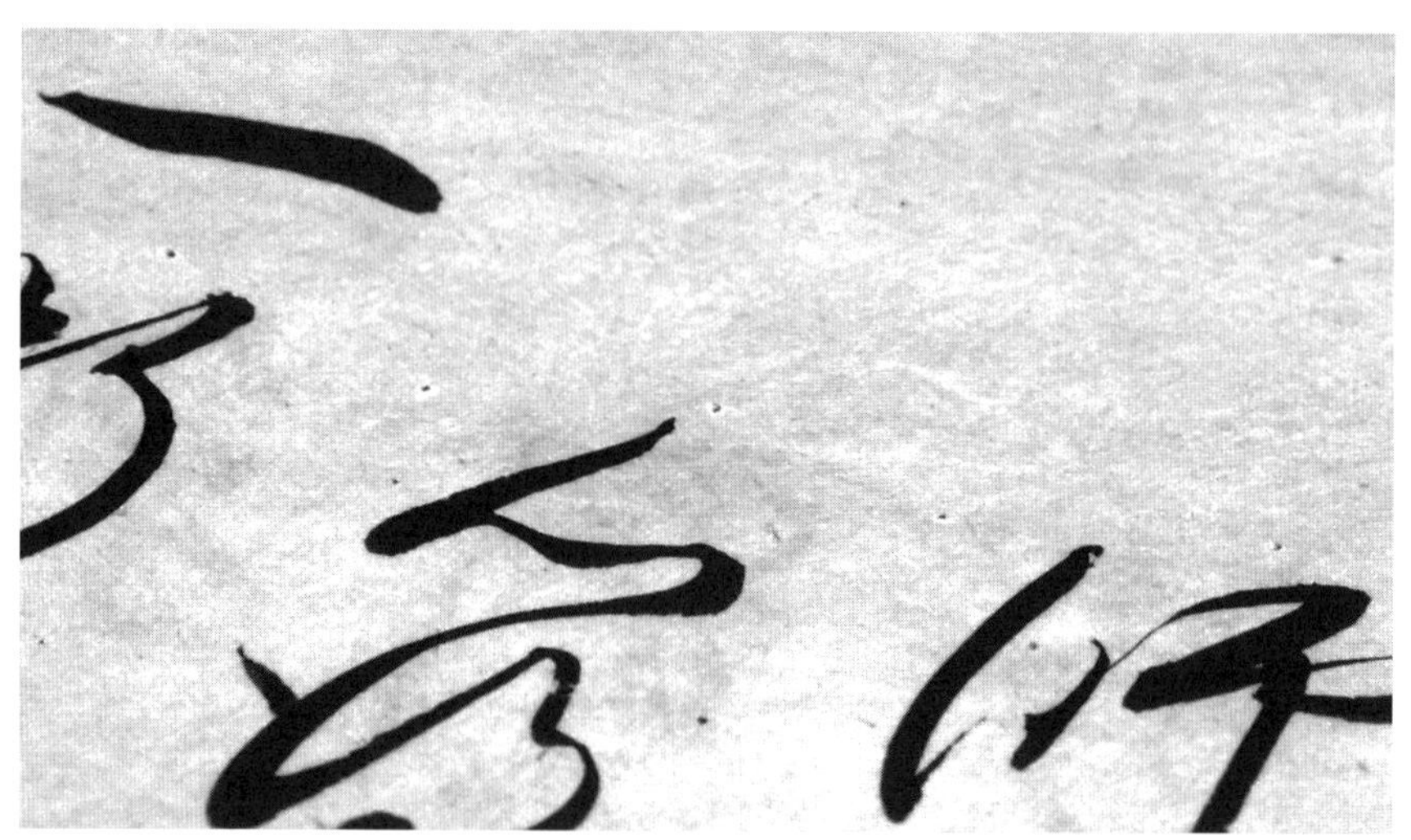

図58　針目安
行頭部分に、行の中央と左右の幅を示す針穴がある。

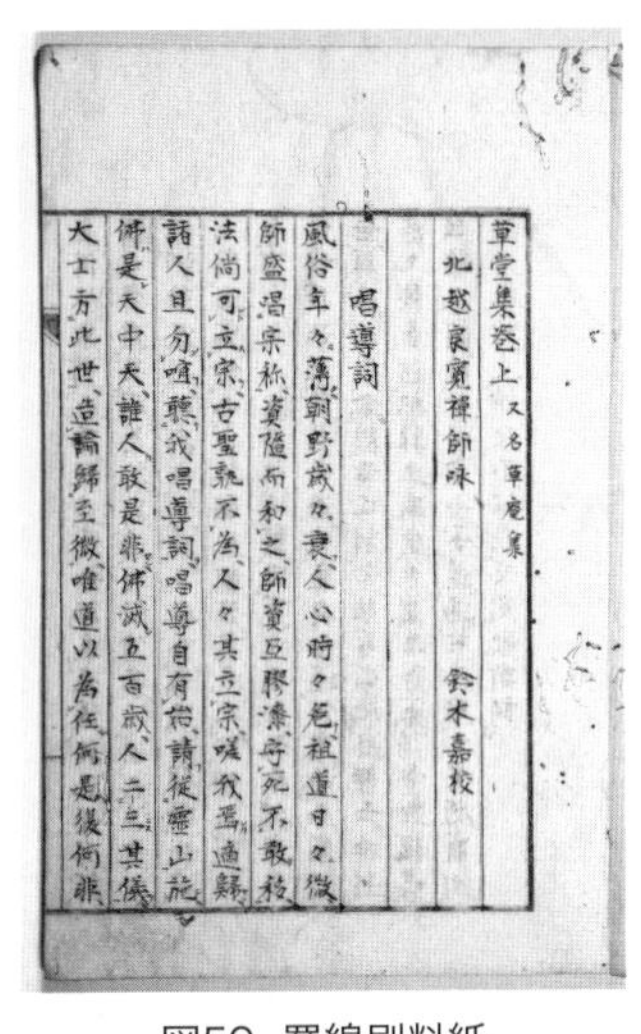

図59 罫線刷料紙

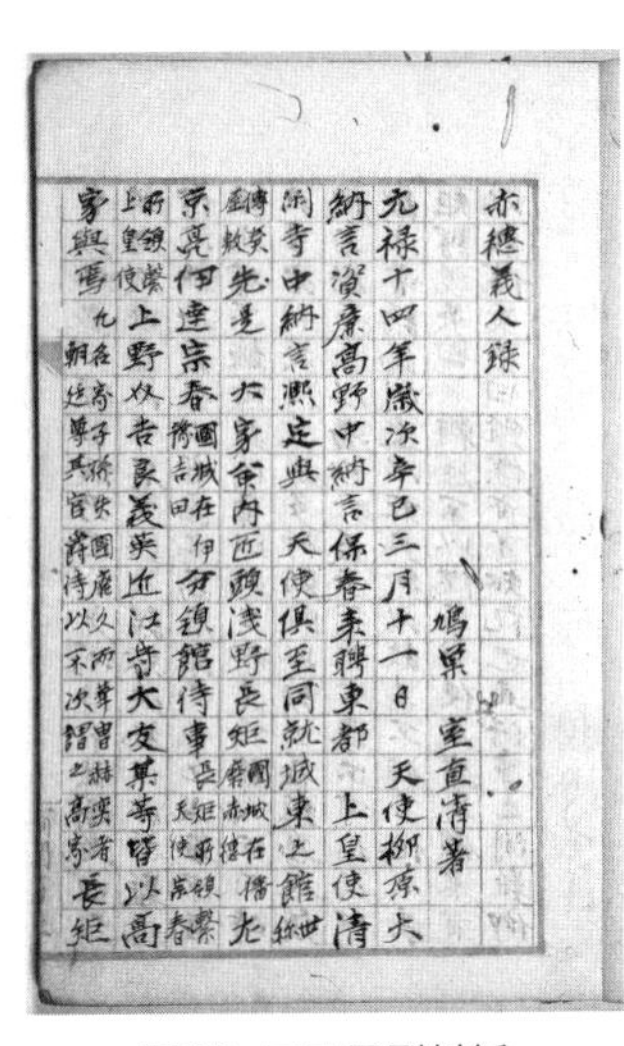

図60 マス目刷料紙

間隔に張った枠を上から当てて糸の間に書いていくとか、紙の上下に等間隔に針穴を付けて（針目安（はりめやす）または針見当（はりけんとう））それを目印に書いていく、といった方法があります。

一方、初めから匡郭や界線を手書きで引いたり印刷したりする場合もあります。墨であれば墨界、ヘラで凹みを付けた線は白界（はっかい）あるいは押界（おうかい）と呼びます。印刷の場合、江戸初期には古活字版の匡郭と界線を利用した写本が見られ、中期から後期になると明治以降の原稿用紙に当たるものを自ら作ったり市販していたりしたようで、ノート類や原稿類によく使われています。ただし、マス目まで印刷されているものは稀で、多くは縦の界線のみです。

匡郭のある場合は版本同様縦横の内法（うちのり）を、無い場合は字高（じこう）を計ります。

＊本文の形態

版本と同様、行数・字数・用字・訓点などについて記します。

写本特有の問題として、写し手が何人いるかという問

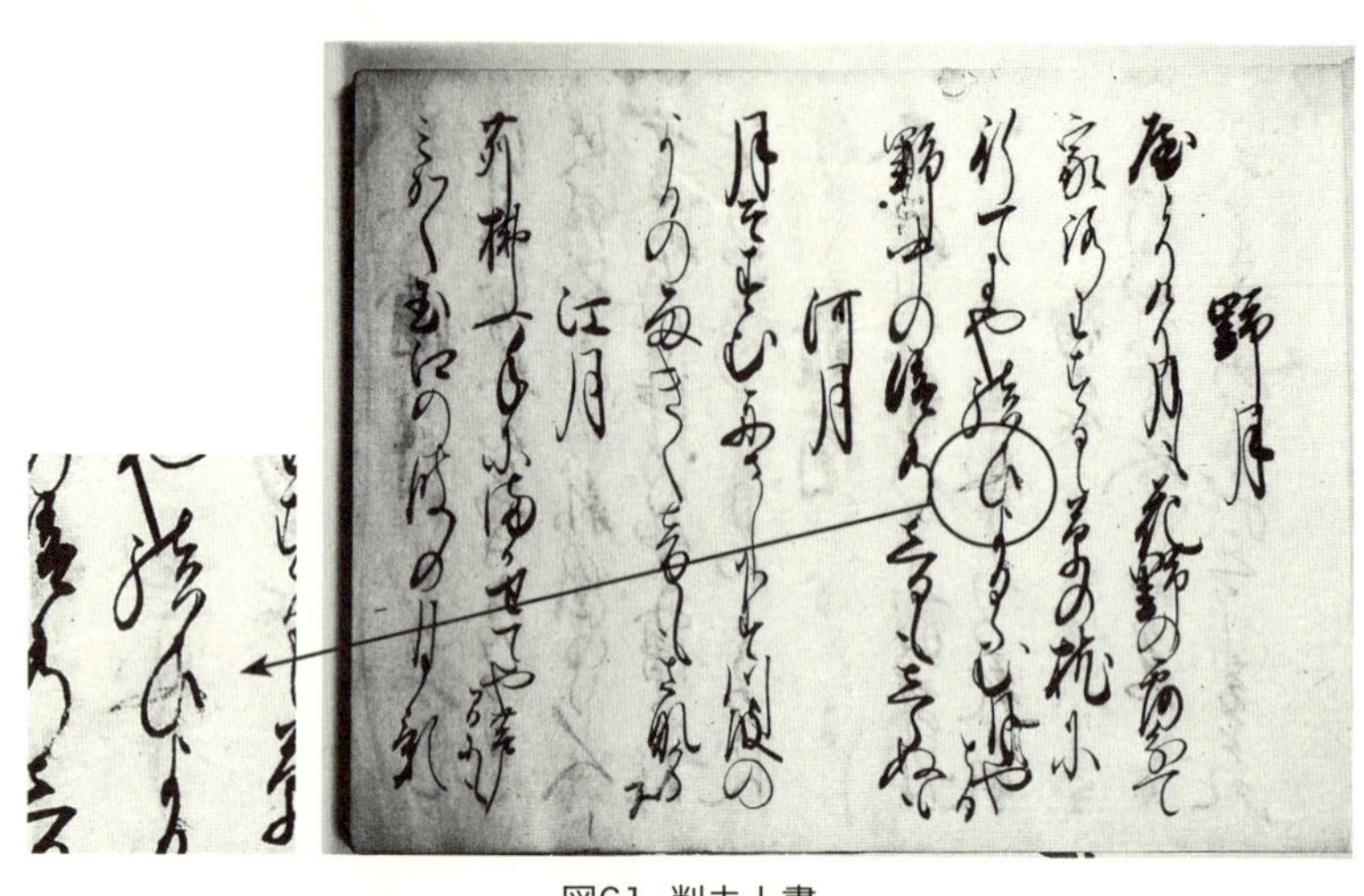

図61　削去上書
「結ふ」の「ふ」を削去して「ひ」と上書している。

題があります。全体が一人の手によって写されていれば一筆、二人なら両筆、何人か確定できないが複数であることは確実な場合寄合書（よりあいがき）と呼んでおけばよいでしょう。書写奥書があればよく読んで、実際の状況と照合することが大事です。

なお、著者自筆か転写か、自筆の場合稿本か中書本（なかがき）（稿本と清書本の中間段階）か清書本か、といった問題もありますが、これはその書物だけからは判断できません。他伝本や同じ著者の確実な筆跡との比較が必要です。

写本は多くの場合、写した後に点検（校正）を行います。筆者自身が行う場合と、周辺人物（監督者のような立場の人間か、むしろ弟子に当たるような人間か）が行う場合とがあります。訂正の仕方としては、

○誤字を消さずに直接上書（うわがき）する

○擦消（すりけし）（唾などを付けてこする）・削去（さっきょ）（小刀などで削り取る）・塗抹（とまつ）（白色の絵の具である胡粉（ごふん）を塗る）・墨滅（ぼくめつ）（墨で塗りつぶす）などで誤字を消して、上書または傍書する

○墨または朱によるミセケチ（見消）をして傍書する

などさまざまです。このうち、ミセケチとは、誤字が読める状態にしたまま訂正を加えるもので、誤字の脇に「〻」「ヒ」などの符号を付けたり、上に線を引いたりして、その近辺に正しい字を記すものです。これは親本（おやほん）（元にした写本）自体が誤写ではないか、というときにも使われます。つまり、親本に忠実に書写した上で、正しいと思われる字を脇に書くのです。

また、脱字がある場合は、その位置に小さな○などを書き入れて、すぐ脇かその行の上下にその文字を記します。これを補入（ほにゅう）といい、位置を示す符号を補入符と呼びます。

このような行為は多く識語（しきご）（例…「一校了（いっこうしおわんぬ）」）と連動しているので、両者の対応関係に気を付けましょう（第10章参照）。

なお、写本にあるこのような書き入れは、後人によるものであることも多いのですが、なかなか区別が付きにくいので、わからない場合はすべて⑤の項目に記述してよいでしょう。

図62 ミセケチ（13行目「其」を「甘」に訂正）・補入（10行目「人」と「知」の間に21字補う）

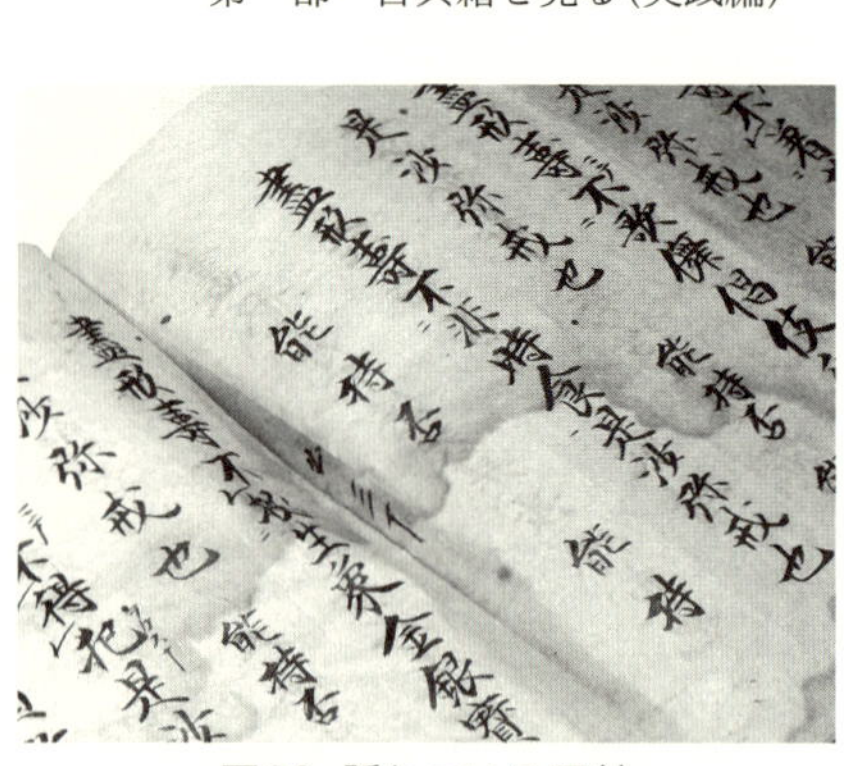

図63 隠れている丁付

中央糊代部分に「出　三丁」と墨書あり。「出」は書名「出家受戒略作法」の頭文字、「三丁」はこの書物（粘葉装）の場合、丁数ではなく紙数を示している。

写本の字様に関しては、例えば定家様（ていかよう）（藤原定家の特徴ある書風を模倣したもの）などとわかれば記します。見慣れてくると、文字の巧拙がわかってきますので、よい字であれば能筆（のうひつ）あるいは上写（じょうしゃ）などと記しておきます。

＊写本の丁数

写本にはほとんど丁付がありません（あるいは綴じ目や糊代（のりしろ）に隠れている）ので、二丁一緒にめくらないよう、慎重に数えます。

なお、列帖装の場合は、折（おり）ごとの丁数と折の総数も調べましょう。複数の折を綴り合わせて一冊になっている場合、各折の丁数は一定であることが多いのですが、通常、最初の折の第一丁と最後の折の最終丁は表紙に用いられるため、本文の丁数はそれぞれ他の折より一丁少なくなります。もしそうなっていない場合は、何らかの改装・切り取りなどが考えられますので、綴じ目の様子や表紙と本文のつながり具合などをよく観察して下さい。

＊記述のしかた

無辺無界8行20字前後、字高○○・○、かな交じり文、句点あり

などと記します。

8 本文（2）――文字・絵

日本語の複雑な文字表記と書体について概略を述べます。また、挿絵などの絵画についても触れます。

一、日本語の文字表記

固有の文字を持たなかった日本語は、中国の文字を借りて、中国語とは文法や発音の異なる言語を表記するという難題を克服せざるを得ませんでした。そのとき、いくつかの方法が考えられました。

A 漢語表記…中国語で記述し、中国語に近い発音で発音する外来語（音読み）。

B 万葉仮名表記…漢字の意味を捨て、漢字一字を日本語の一音に当てて表記する。この漢字が次第に草書体（草仮名（そうがな））で表記され、さらに簡略化されてひらがなになっていく。

C 訓読表記…漢字一字あるいは二字以上の熟語を、その意味に相当する日本語で直接読んでしまう（訓読み）。

『万葉集』の和歌の表記は、完全にBのみのもの、BとCが混ざっているもの、ほとんどCのみのものがあります。なお、詞書は漢文で書かれています。

二、漢文訓読

古代日本において、あらゆる文化・社会の知識は、漢籍あるいは仏典という漢文で書かれた書物を通じて得られたため、知識人は漢文読解能力を身に付けることが必要でした。そのとき、日本語の文字表記として工夫された方法が、逆に漢文を日本語として読む手段としても使えることに気づいた人々がいて、AとCを組み合わせて、文章全体を日本語に翻訳してしまいました。これが漢文訓読です。ただし、日本語の助詞・助動詞の一部や、動詞・形容詞の活用語尾などは、何らかの形で付加させないといけないので、表記手段として、Bを簡略化した**カタカナ**（漢字の一部を使って音を表記する。「阿」→「ア」（扁）、「宇」→「ウ」（冠）など）や、符号の位置でそれらを示すヲコト点（第15章参照）が用いられました。また、合字（ごうじ）と呼ばれる文字もスペース節約のため工夫されました。「ヿ」（コト）「〆」（シテ）「乇」（トモ）「寸」（トキ。時の略字）などです。これらはカナ交じり文でも用いられます。

ただし、このような読解方法が日本独自に考えられたものかというと、日本より早くから漢文に慣れ親しんできた朝鮮半島において、同様の方法が工夫されていますので、それが日本に持ち込まれた可能性も大いにあります。その場合、漢文訓読が先行し、日本語表記が後ということになります。

三、さまざまな文体

平安時代、ひらがなの発明は、日本語を漢字を媒介させずに表記することを可能にして、主に和歌、男女間の手紙、女性の日記や物語などの和文を発達させました。

一方、男性は僧侶も含め、もっぱら漢文を用いていましたが、本来の漢文の文法を崩し、日本語に近づけた漢文（変体漢文または和化漢文と呼ぶ。これに対して正統的な漢文を正格漢文という）も使われました。これがカタカナを交えて日本語に近づいた書き方になっていき（漢文訓読文）、さらに和文と融合して和漢混淆文が生まれました。文学作品で言えば、平安末期の『今昔物語集』、鎌倉時代の『方丈記』『平家物語』などがそれです。和と漢の比率はさまざまですが、この和漢混淆文が日本語の文体の中心を占めていくようになります。とはいっても、明治に至るまで、すなわち本書の対象とする時代を通じて、正格漢文・変体漢文・漢文訓読文・和漢混淆文・和文の五種類の文体は、著述者の階層や教養、著書のジャンルや目的などに応じて使い分けられていました。したがって、どのような文体を用いているかということは、その書物の性格を見極める上で重要な要素となるのです。

書誌の記述としては、前章でも述べたように、用いている文字によって、漢文・かな交じり文（漢字と平仮名）・カナ交じり文（漢字と片仮名）の三種類に分け、句点・返点・送仮名・竪点・振り仮名・濁点などの有無を文体に応じて注記します。もし文体も明らかであれば記述してよいでしょう。

また、和文における振り仮名（ルビ）の有無・多少は、どのレベルの読者を想定しているか、という制作者側の意図に関わってきますので、これについても記します。

四、文体と書体・字様の関係　付・欠画

多くの写本や文書類では次のような関係が見られます。基本的には江戸時代まで変わらないと言っていいでしょう。

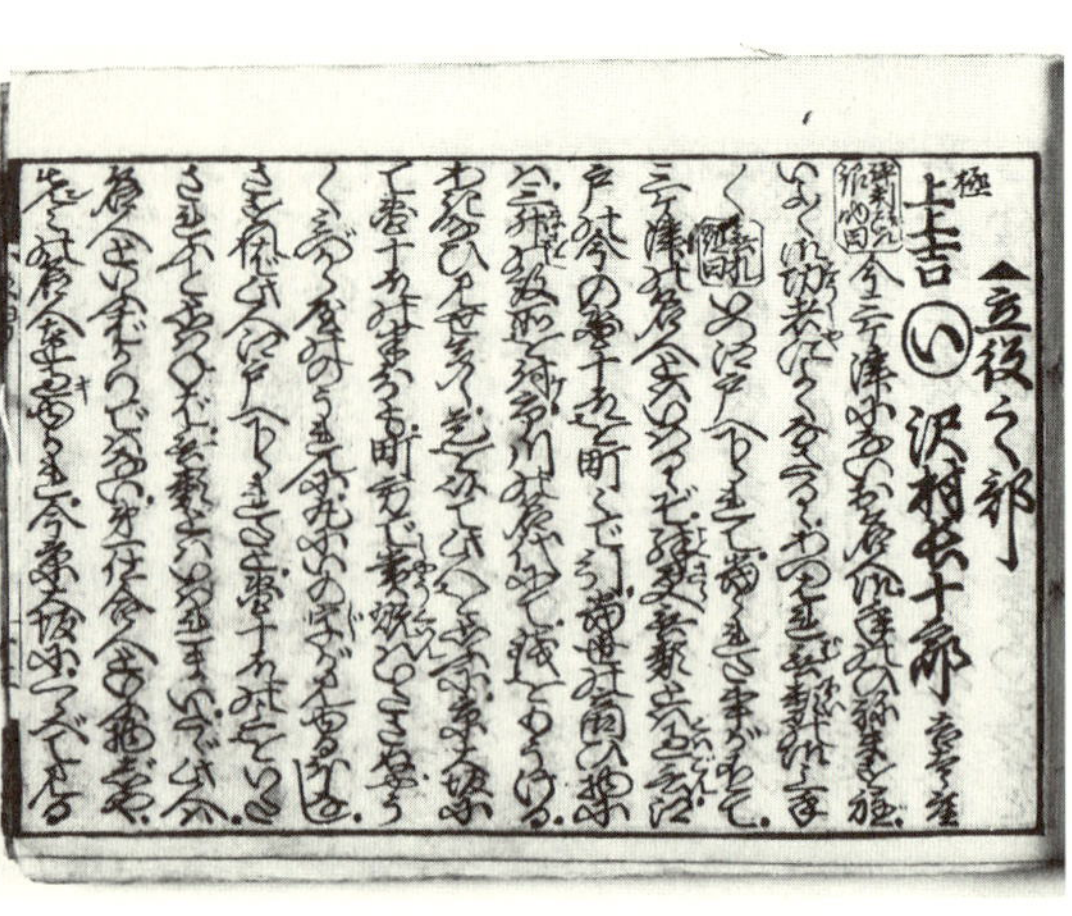

図64　浄瑠璃本風の字様（役者評判記）

正格漢文・変体漢文…漢籍・仏典など学問の対象となるものや公式の文書などは楷書体中心。男性貴族の日記など、日常的に用いられる変体漢文は行書・草書が交じります。

和文…連綿（れんめん）や墨継（すみつ）ぎ、文字の大小などに配慮して、変化に富んだ美的な書が追究されました。原則としてかな交じり文（漢字はあまり用いない）。

漢文訓読文・和漢混淆文…実用的な書体、すなわち楷書・行書中心の、読みやすくまた書きやすい書体が多く用いられました。かな交じり、カナ交じり両方あります。漢字が比較的多い場合、仮名を小さめに書く、あるいは右側に寄せて書くこともあります。

このような習慣が版本にも継承されていきますが、第9章で述べたように、江戸後期には仮名交じり文でも文字の配列や大きさを揃えていこうとする版本独自の傾向が見られます。なお、演劇の台本やその周辺の書物には独特の扁平な字様が用いられる、といったように、ジャンルごとの特徴も見られる場合があります。

漢文の版本については、江戸前期に、楷書の字様がそれまでの筆写体から明朝体へと大きく変化します。これは中国明代の書物の影響が表れたものですが、その後も筆写体の版本は残っていきます。その使い分けや、時期・地域による差などはまだまだこれからの研究課題です。

写本については、奥書・識語等がない場合、字様を含めた書風が成立年時判定の重要な要素になりますが、これは多くの写本を見慣れないと難しいでしょう。ごく大まかには第15・16・22章にて触れますので参照してください。

唐本では、歴代皇帝の諱(いみな)に使われた字やそれと同じ発音の字などの使用を避けたり、使用する場合には最後の一画を削除したりします。これを避諱(ひき)といい、最終画を削除するのを欠画(けっかく)（欠筆(けっぴつ)）といいます。日本ではほとんど行われませんでしたが、江戸後期から幕末にかけて、後桃園天皇（英仁→英）、光格天皇（兼仁→兼）、仁孝天皇（恵仁→恵）、孝明天皇（統仁→統）などの文字を欠画にした版本・写本が京都を中心に見られます。特に写本については成立年時判定の手がかりになります。

五、絵のある本

これまで、文字を中心とした書物を念頭に話を進めてきましたが、「見る」書物、すなわち絵画中心の書物も多くあります。たびたび触れた草双紙はストーリー性のある絵本といってもよいものですが、物語を伴わない純粋な画集のようなもの、あるいは絵手本集・図案集・肖像集といったものも作られています。江戸時代の版本では、中国風（水墨画や文人画）の画集を画帖(がじょう)、日本風（大和絵や浮世絵）の画集を絵本(えほん)と呼ぶことが多いようです。

版式の面から見た場合、通常の匡郭・版心を備えたものと、できるだけ絵画を忠実に再現するために、画帖仕立や粘葉装にして見開き画面が連続するようにしたり、通常の袋綴でも匡郭・版心をなくしてしまったりしているものもあります。

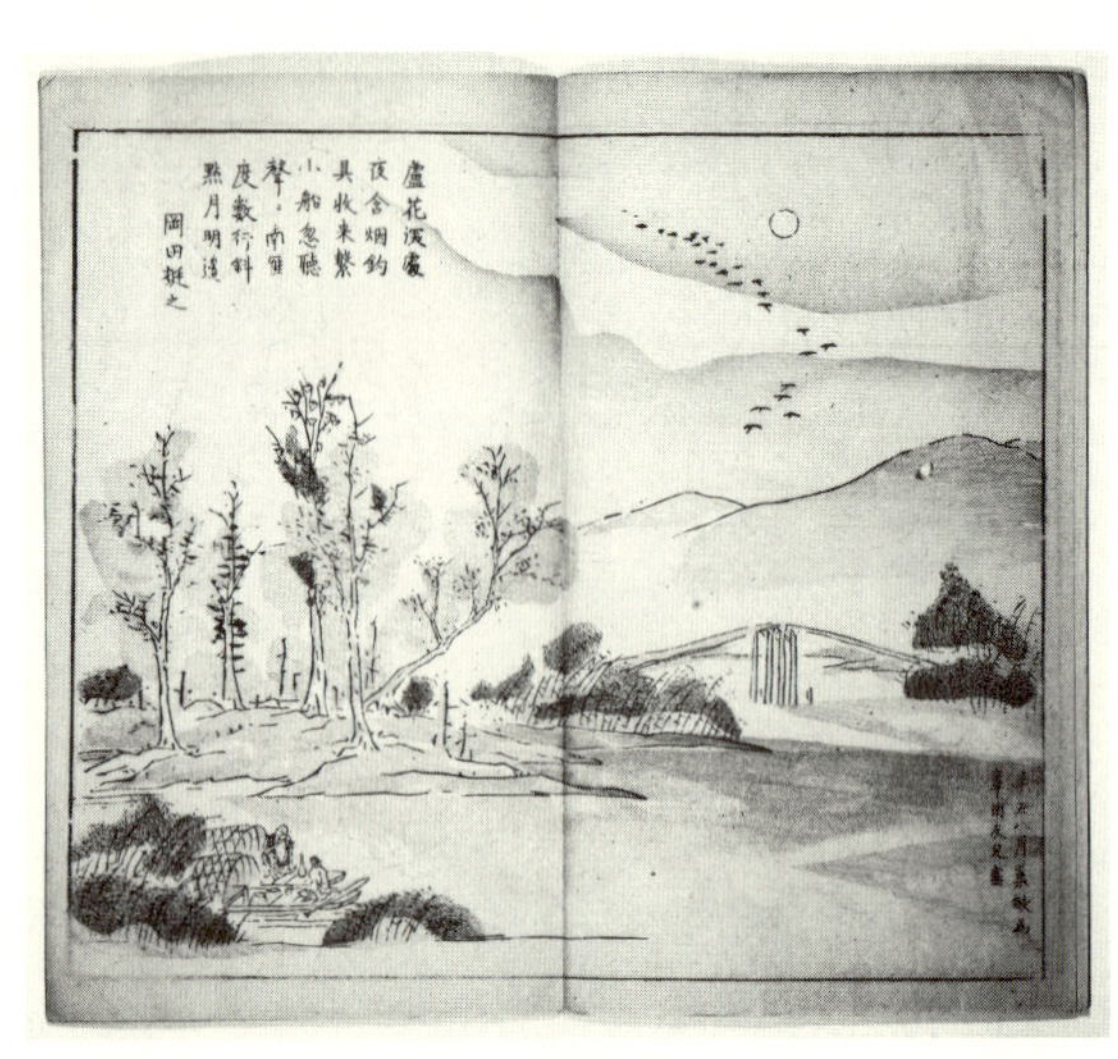

図65　粘葉装の画帖
画面が途切れることなく連続している。

江戸初期には、墨刷の挿絵に数色の手彩色を施す**丹緑本**（朱色の丹、緑色の緑青がよく使われるためこの名があります）が見られます。

江戸中期になると複数の版木を重ね刷りする**多色刷**が出てきます。その場合は、よく観察して、色の種類や特別な装飾、例えば雲母刷や型押（第4章参照）などにも注意します。浮世絵と同じく、これらは同じ料紙に違う版木を用いて何度も刷る、という大変な手間をかけていますので、後の印刷では一部を省略してしまうことがあります。つまり、詳細な記述をした上で他伝本と比較すれば、どちらが早いかが推定できるのです。また、画帖仕立や粘葉装の場合は、一枚分を簡単に抜き取ることが出来ます。これは独立した絵画としても鑑賞に堪えうるものだからで、そういった所蔵者による意図的な落丁を見落とさないため、各絵画の内容を順に記述しておくことも必要です。

なお、上方を中心に、切り抜いた型紙の上から色を塗る**合羽刷**という技法も、簡単な着色法として用いられています。

六、挿絵

主として版本において、内容の理解を助けるため、あるいは内容とあまり関係なくても見て楽しめるために挿絵を入れている本があります。江戸初期の古活字版に始まり、さまざまなジャンルで行われていきます。江戸中期以降は有名な浮世絵師による挿絵も多く見られます。挿絵の有無が伝本の分類に役立つこともありますので、どこにあるか、逐一記述することが大事です。画者（絵を描いた人）の署名がある場合は忘れずに写し取ります。

写本では、奈良絵本・奈良絵巻に彩色の挿絵が多く見られます。最近研究が進んでいる分野ですので、詳しい調査をする場合はそれらを参考にして下さい。

刊記・奥書

その書物の成立を示す最も重要な部分です。その性格や内容をよく理解しましょう。

一、刊記

刊記（かんき）とは文字通り、刊行についての記述です。詳しいものだと、いつ、どこで、誰が、何のために刊行したのかが文章で記してあり、この場合は刊語（かんご）といいますが、通常は刊行の年月と刊行者の住所氏名の組み合わせです（どちらかのみの場合もあります）。

記される場所は本文末尾・後付末尾、あるいは裏見返といった書物全体の末尾に近いところが多いので、奥付（おくづけ）とも呼びますが、見返や途中の巻冊の末尾にあることもあるので、それらを含めて本書では刊記という呼称に統一しています。

なお、江戸後期になると裏見返に十軒前後の本屋が連名になった刊記がよく見られます。これは本屋同士の提携関係が日常化し、同じ刊記を使い廻していることが多くなったためで、本体に付加している、という意味で付刊記（つけかんき）と呼ぶ場合があります（塩村耕氏命名）。原則として刊記はすべて写し取るのですが、この付刊記については適宜判断して、最初と最後の本屋だけを挙げ、「〇〇、〇〇等十一軒」と本屋の総数を書いておいてもいいでしょう。なお、主版元がどれかは一概に決められません。

なお、枠で囲まれている刊記を特に木記（もっき）と呼びます。位牌のような形をしている（上部に蓮の葉、下部に蓮華がある）木記を特に蓮牌（れんぱい）木記と呼びます。これらは江戸初期・前期の版本に見られます。

二、刊・印・修の区別

版本の成立時期を考える上で大事な概念が刊・印・修です。

・刊…版木を製作すること。したがって、その書物が最初に印刷製本された時点を指します。

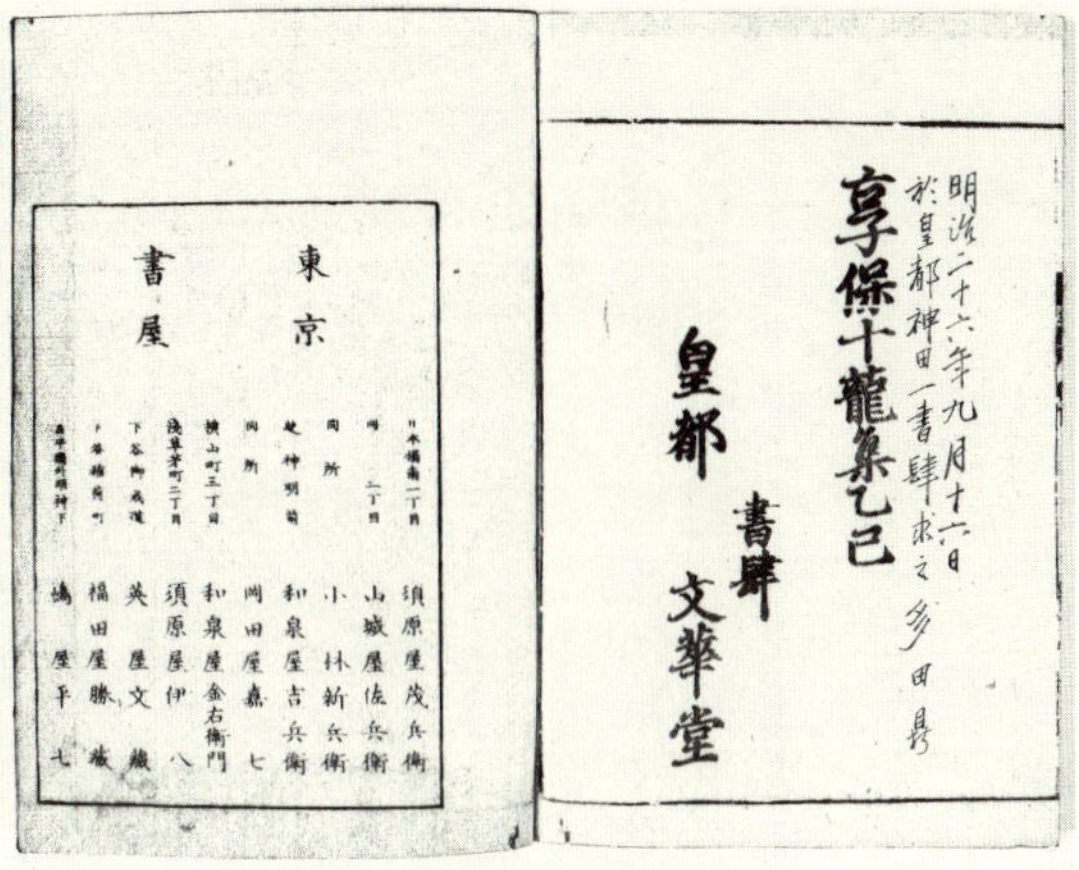

図66 付刊記
冊末の「享保十……」が本来の刊記、後印時に裏見返の刊記を付加した。

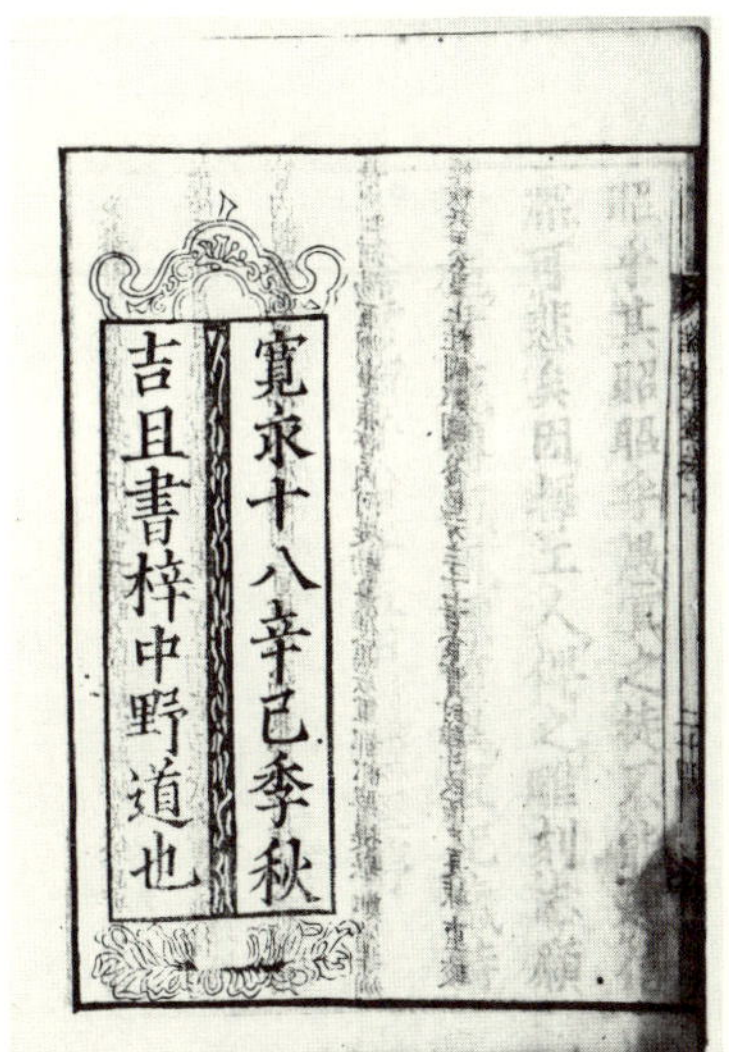

図67 蓮牌木記

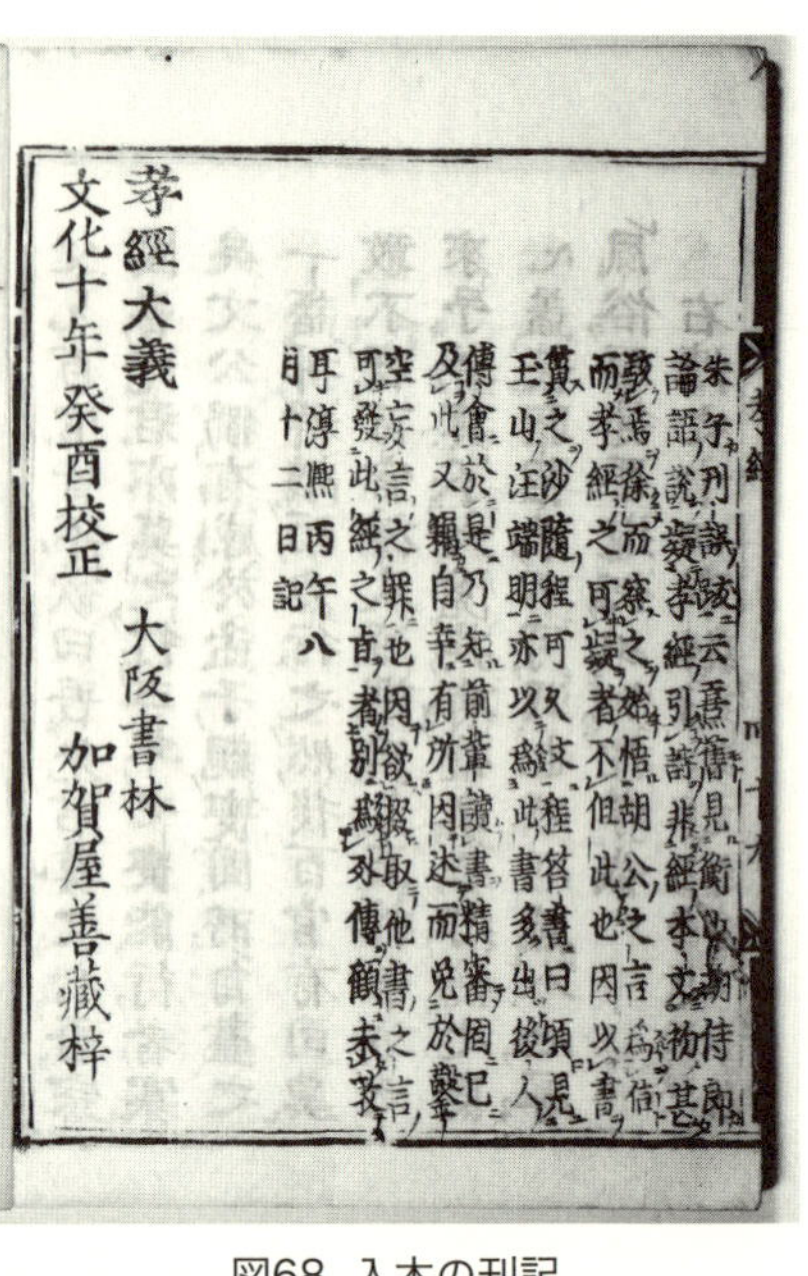

朱子刊誤跋云熹舊見衡山胡侍郎
論語說疑孝經引詩非經本文初甚
駭焉徐而察之始悟胡公之言爲信
而孝經之可疑者不但此也因以書
質之沙隨程可久丈程答書曰頃見
玉山汪端明亦以爲此書多出後人
傅會於是乃知前輩讀書精審固已
及此又竊自幸有所因述而免於鑿
空妄言之罪也因欲掇取他書之言
可發此經之旨者別爲外傳顧未敢
耳淳熙丙午八
月十二日記

孝經大義
文化十年癸酉校正　大阪書林　加賀屋善藏梓

図68　入木の刊記

本文や巻尾題と「文化十年癸酉校正　大阪書林　加賀屋善蔵梓」という刊記とは字様・墨付きが異なる。

・印…印刷すること。「刊」からどんなに時間が経った場合でも、同じ版木で印刷したものはすべて「印」です。

・修…版木に修正を加えること。

刊記は通常「刊」の時点を指し示すものです。書物によっては、刊行者が変更された場合などに刊記を入木（いれき）によって作り替えたり「〇〇年〇〇月求版」などと追加したりするので、この刊記は「印」を示すことになります（刊記のみの修訂の場合は「印」とします）。また、修訂版や増補版の刊行のときにも同様に「〇〇年〇〇月補刻」などと追加したりするので、これは「修」を示しています。

しかしそのような親切な刊記はむしろ珍しく、百年以上後の印刷でも昔の刊記そのままだったり、修訂をいちいち刊記に反映させなかったり、ということの方が普通です。あるいは、古い刊記を削除しただけで印・修を行う、ということもあります。

つまり、刊・印・修を正確に判定するためには、書物全体の観察・記述と、他伝本との比較が不可欠だということです。これについては入門の範囲を超えていますので、第12章において簡単に触れるのみでとどめておきます。しかし、版本の調査をするときには、いつも意識すべきポイントであるということは知っておいて下さい。

三、その他の注意点

第6章の序文の説明で触れましたが、刊記の年時と序跋等の年時がずれている（特に、序跋の方が後である）ということがありますので注意します。

刊記のない版本を無刊記本と呼びます。出版についてのルールが明確でなかった江戸初期・前期に多いものですが、中期以降でも私家版などには見られます。この場合、成立年時を刊記以外の要素から判断する必要があります。序跋の年時がほぼ刊行と同時であると判断されれば「〇〇年序刊」という言い方も出来ます。それほど明確な年時が推定できない場合は「〔江戸前期〕刊」というように記述します（〔　〕は調査者の推定に基づく記述に付すカッコ）。これらは参考情報も参照した上で、最終的に判断します。

なお刊記の欄には、刊行年月・刊行者名のほかに、編著者名・挿絵画者名・版下筆者名・彫師（ほりし）名などが記されていることがあります。いずれもその書物の成立に関わった人物ですので、必ず写し取って下さい。

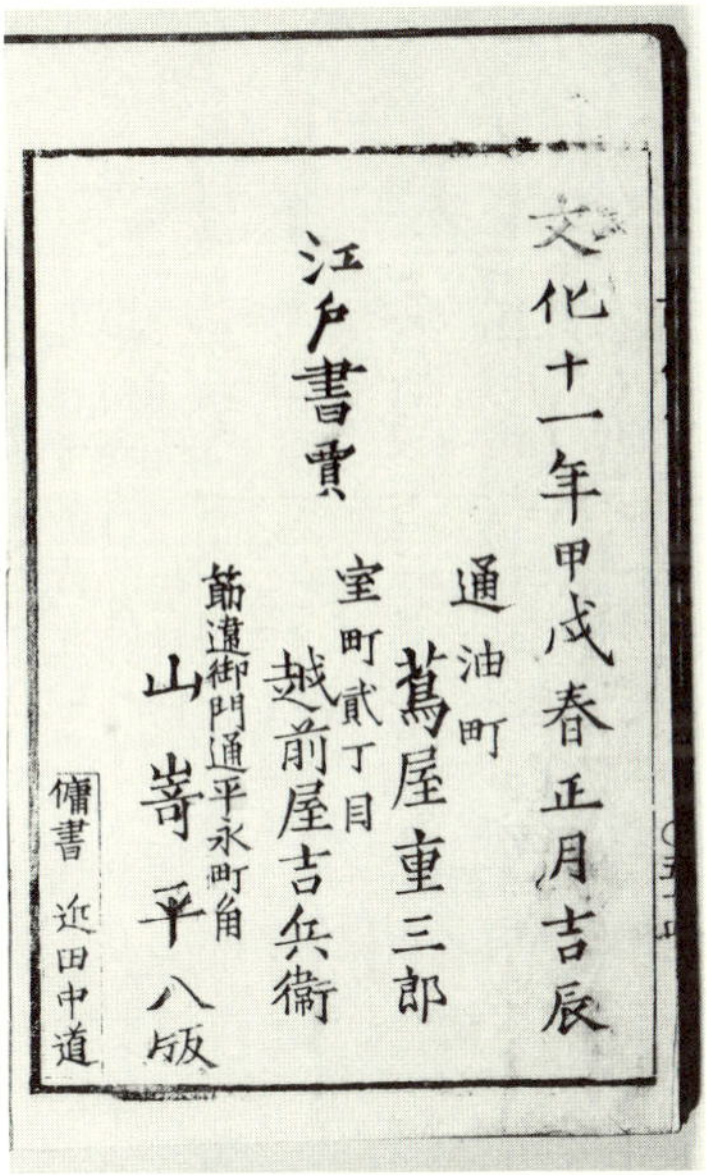

図69 版下筆者名
刊記末尾の「傭書　近田中道」。

四、奥書

奥書（おくがき）とは、奥（巻末）に書くもの、という意味です。書物の内容そのものの成立を示すもの（編著者による奥書）と、その写本が写されたときのもの（書写奥書。写し手による奥書）とがあります。また、書写を繰り返していった写本の場合、そのつど書写奥書が書き加えられていることがあります。その場合、以前の書写奥書は本奥書（元奥書）と呼び、最後のもの（その写本そのものの成立を示すもの）のみを書写奥書と呼びます。

写本の場合、元にした本（親本）が何か、ということが、その書物の位置付けを知る上で最も大事な情報ですので、奥書はすべて忠実に写し取ります。

さて、その中の最新の年時のものがそのままその書物の成立年時になるのでしょうか。そうとは限りません。親本（あるいはそれを遡る本）の奥書まで忠実に写して、自分自身の書写に関する奥書は記さない、という書物は多く見られます。したがって、書物全体の観察・記述の結果と奥書の年時とが矛盾しないか、よく考える必要があります。

図70　本奥書

3行目「本云」以下の部分。文永2年、正中2年の2種あり。文明17年のものは譲渡識語。書写奥書はない。

刊記と同様に、奥書はその書物の成立を推定する最も重要な要素ですが、唯一絶対ではない、ということを意識してください。

なお、書写だけではなく、他の伝本と比較して誤写を正した、とか、この書物そのものを入手した（譲渡した）といった記述も巻末には書かれていることがあります。これらは書物の成立を示すものではありませんので、本書では一括して識語（正しくは

「しご」ですが、現在通用の呼び方に従います）と呼び、奥書とは区別し、次章で説明します。

また、版本に元の写本の奥書がそのまま記されている場合は、本文の一部として取り扱います。

五、奥書のない場合

実は無刊記の版本よりも奥書のない写本に出会うことが多いのです。テクストが知られているものであれば、その成立を上限として、装訂・紙質などの物理的な面と、筆写の様子（写式や字様）などを総合的に判断します。もし次章で述べる蔵書印等によって所蔵者が推定できれば、それが下限となります。参考情報もよく確認した上で、「〔室町末期〕写」などと記します。

書入・蔵書印等　付・保存容器と保存状態

ここでは、その書物が成立してから後、付加された文字情報について述べます。物理的な変化についても、表紙・外題以外の点についてはここで取り扱います。

一、書入

古典籍には、所蔵者によるさまざまな書入(かきいれ)があります。また、書物そのものに直接ではなく、紙を貼ったり綴じ込んだりしたものもあります。表紙以下の各部分について、形態や内容を見ていきましょう。

＊表紙

ここには、外題以外に所蔵者の署名、分類番号（寺院などでは大蔵経に倣って『千字文(せんじもん)』の文字を用いて分類することがあり、漢字一字が右上や右下に書かれた仏書をよく見かけます）などが書かれます。特に裏表紙には所蔵者・所蔵機関の名が書かれていることがあるので見落とさないこと。

＊小口書(こぐちがき)

地（手前側面）あるいは背に書名や巻次などが書かれていることがあります（特に地に多い）。これは表紙を上にして積み上げて保管したため、その状態で書物を検索できるようにする工夫です（図23参照）。同じ理由で、小さい紙片を下部に垂らすように貼ってあるものもあり、これを下札（さげふだ）といいます。所蔵者がその書物を何と呼んでいたかがわかりますので、忘れず記述しましょう。

＊本体部分

前付・後付を含めて、本体部分には次のような書入が見られます（第7章参照）。

テクストの読解を助けるもの…句点・返点・送仮名・竪点・朱引・濁点・振仮名・合点（がってん）など

テクストの誤脱を正すもの…異本（他本）注記（他の伝本との異同を書き入れる。「〇〇イ」と記すことが多い。このイは「他」の省略形と言われる）・ミセケチ・訂正など

テクストの内容に関わるもの…語注・注釈・批評（批点を含む）など

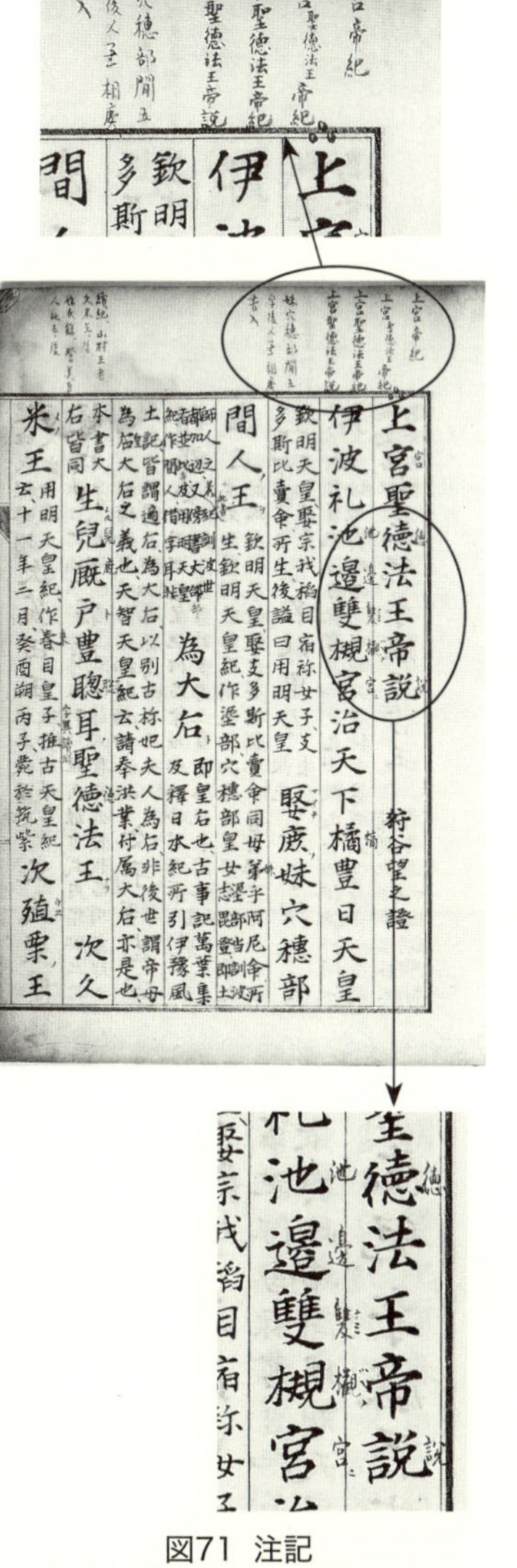

図71　注記
朱の校合書入が上欄と行間にある。

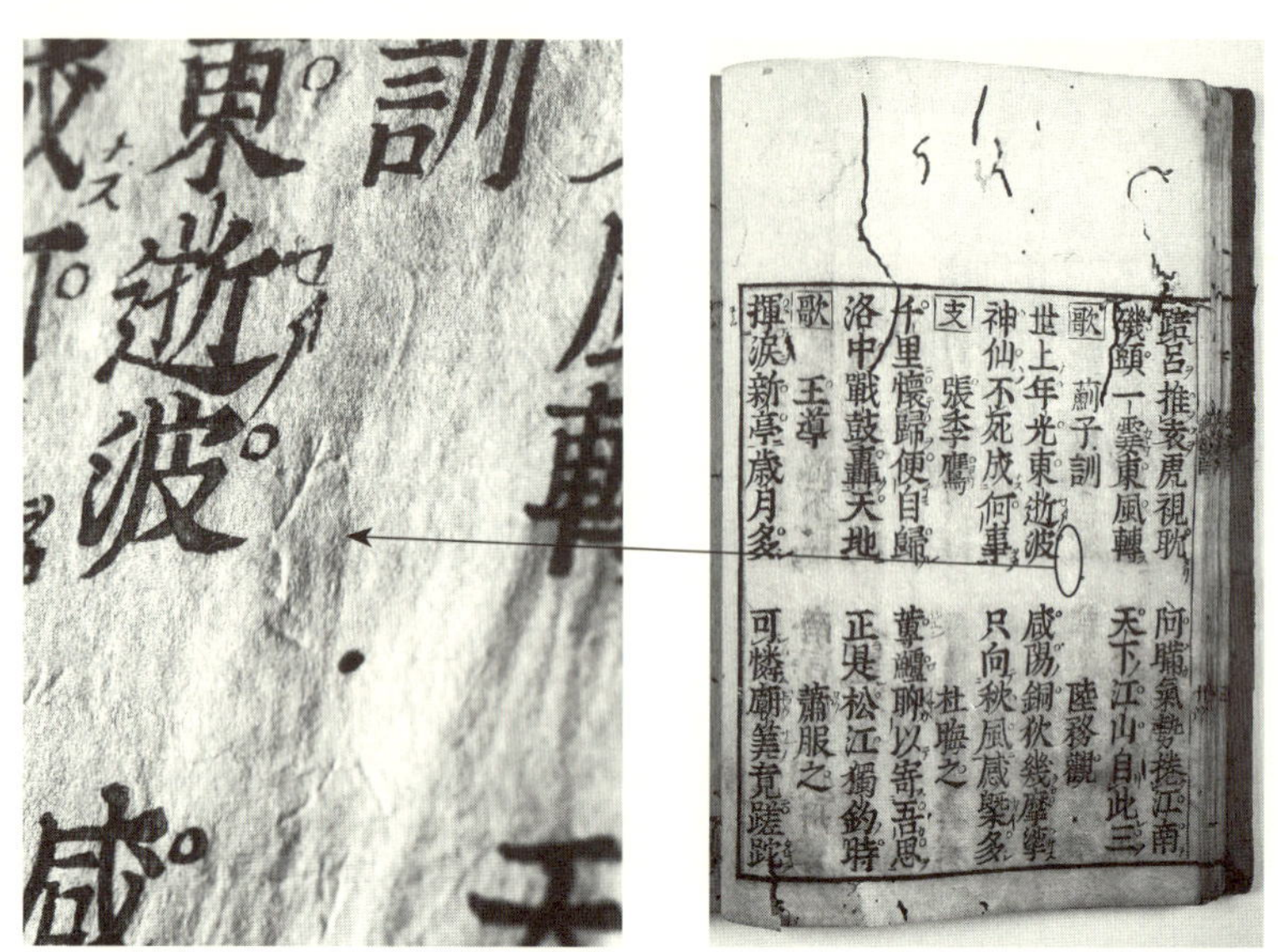

図72 角筆
「波」の右傍に「ナミ」。

符号・振仮名等は文字列の脇（行間）に、注記・注釈・批評などは脇あるいは上下の余白（上欄・下欄）に書かれ、それでも足りない場合は紙片を貼付したり（付箋）新たな紙を半丁あるいは一丁分綴じ込んだりする場合もあります。

古典の本文のみのテキストに大量の注記が施されている場合、既存の注釈書や学者の書入本から転写したものである（移写という）ことも多いので、内容に注意します。

ほかに、縹色・薄紅色などの紙を小さくちぎり、行頭などに貼りつけてあることがあり、これを不審紙といいます。注目すべき箇所の心覚えのために用いるものです。

版本の場合は、筆写部分は全て書入と見なせますが、写本の場合、テクストの筆写時のものか、後人のものかの区別が難しいこともあります。その場合は、写式の記述に全て包含しましょう。

時動化若神孰則風雷之用其辭平其味永其韻孤豈
作意爲之者時年二十九
李方叔之孫大方字允蹈少時嘗作思故山賦諸公間
稱之以爲似邢居寔晩得一鶡冠今爲雞買場寄于詩
一編多有警句如三百年來今已秋天地自老江自流
如笛聲吹起白玉槃正照御前楊柳碧如可憐一代經
綸業不抵鍾山幾首詩如後院落花人不到黄鸝飛下
石榴陰大似唐人
誠齋詩話終
享和二年刊
樫宇世子賜書五種之一　文政戊寅秋九月西島長孫謹記

樫宇世子賜書五種之一　文政戊寅秋九月西島長孫謹記

図73 取得識語

文政元年に西島蘭渓が師匠林述斎の子である樫宇から賜った旨を記す。なお、図70も参照のこと。

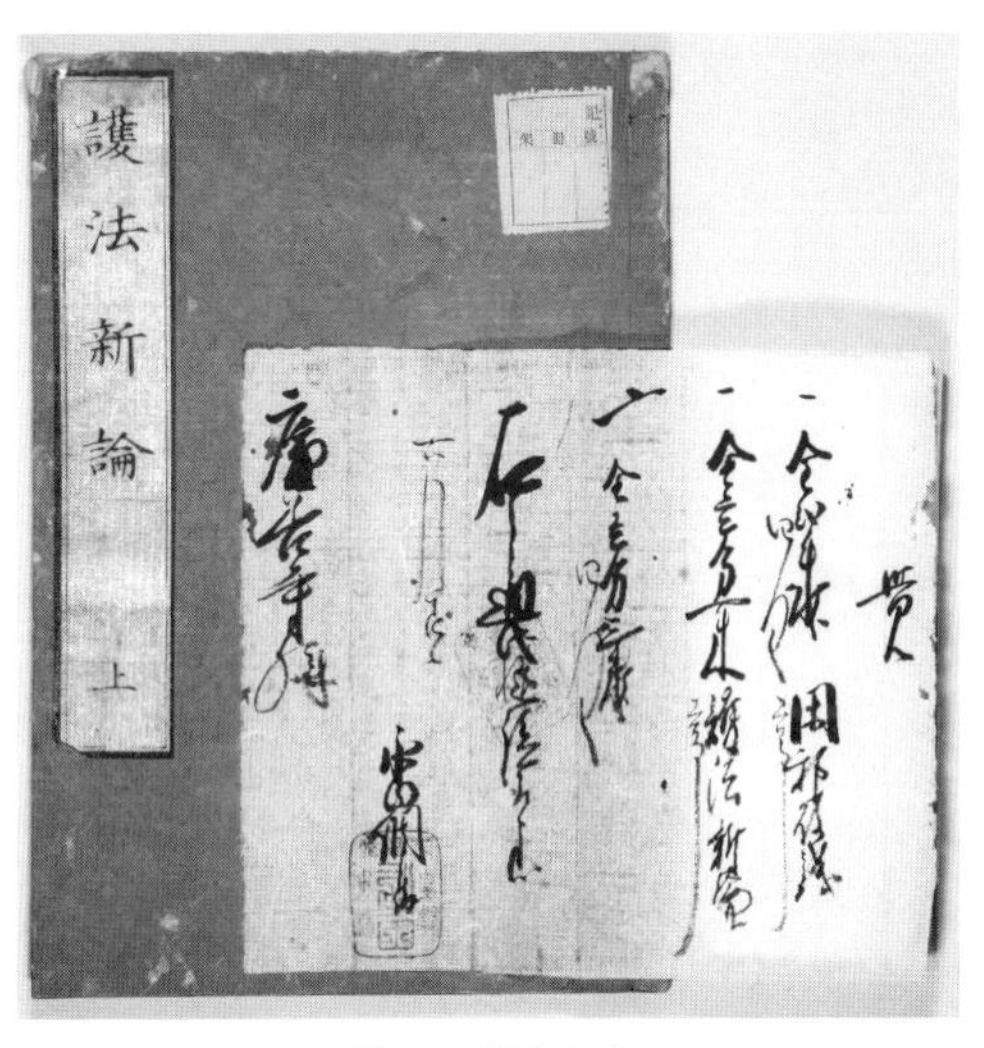

図74 付属文書

領収書。京の本屋永田調兵衛が広(?)善寺から、本書の代金一分一朱を受け取った旨記す。併せて購入されたのは慶応元年刊『闢邪存誠』。

記述の際は、墨書か朱書か（あるいは青・緑・代赭などを使うことも）という点も区別してください。また、紙を凹ませて文字を記す角筆（かくひつ）も、漢籍の教科書などに見られることがあるので注意して下さい。

＊識語

所蔵者がその書物について入手、通読、改装、校訂等の書入、貸与、譲渡などを行ったことを記した文章です。場合によっては借りた人物が書いていることもあります。全てを写し取り、書入や蔵書印との関係をよく考えてください。書物の享受に関する重要な手がかりが得られます。

＊戯書（ぎしょ）

娯楽読み物や教科書類には、いたずら書きがよくあります。「戯書あり」などと記述します。

＊付属文書

古い写本の場合、書写者を鑑定した書類や、所蔵者の移動に伴う文書が付いていることがあります。版本にも、購入等に関する書類が挿入されていることがあります。これもこの項目に記述します。

二、蔵書印

印章（はんこ）は、古来権力や権威の象徴として、あるいは責任の所在を明確にするものとして、重要な文書などに捺されていますが、書物にはその所蔵者を示すものとして用いられていて、これを**蔵書印**と呼びます。蔵書印は、その使用者が明らかである場合、その書物の成立年代や受容のされ方を知る手がかりになりますので、見落とさないようにしましょう。

＊位置

表紙・見返・冊首・巻首・冊尾のいずれかがほとんどです。冊首・巻首には、複数の印がある場合がありますが、印の色によって、同一所蔵者が複数捺しているのか、複数の所蔵者のものか判断します。複数の所蔵者が捺している場合、多くは下から上へと所蔵が新しくなっていきます。冊の途中の巻首尾に印がある場合、押捺後の改装（合冊）を示していますので注意してください。なお、表見返の魁星印・蔵版印、序跋の落款（らっかん）印（序跋作者・筆者の印）、刊記の刊行者・販売者による印（版元印・売出（うりだし）印）などは、刊行（販売）時に既にあったものなので、それぞれの項目に記述します。裏見返紙の裏に小さな印や書き入れがあることがあります。これらは、その本を扱った古本屋が捺した

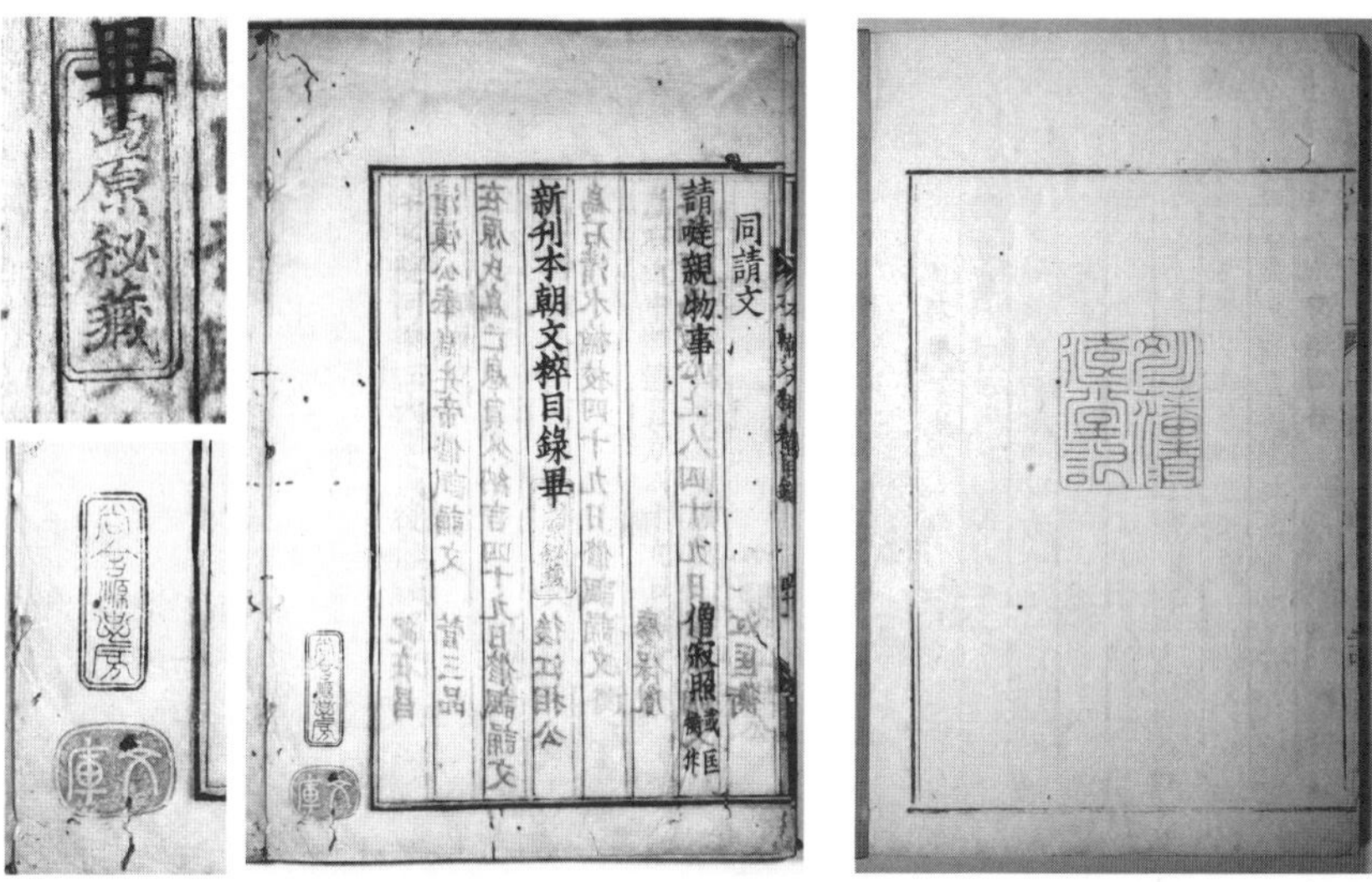

図77　蔵書印
「島原秘藏」「尚舍源忠房」「文／庫」いずれも松平忠房所用。

図75　蔵版印
「彦藩清／遠堂記」朱捺印。彦根藩の蔵版書。

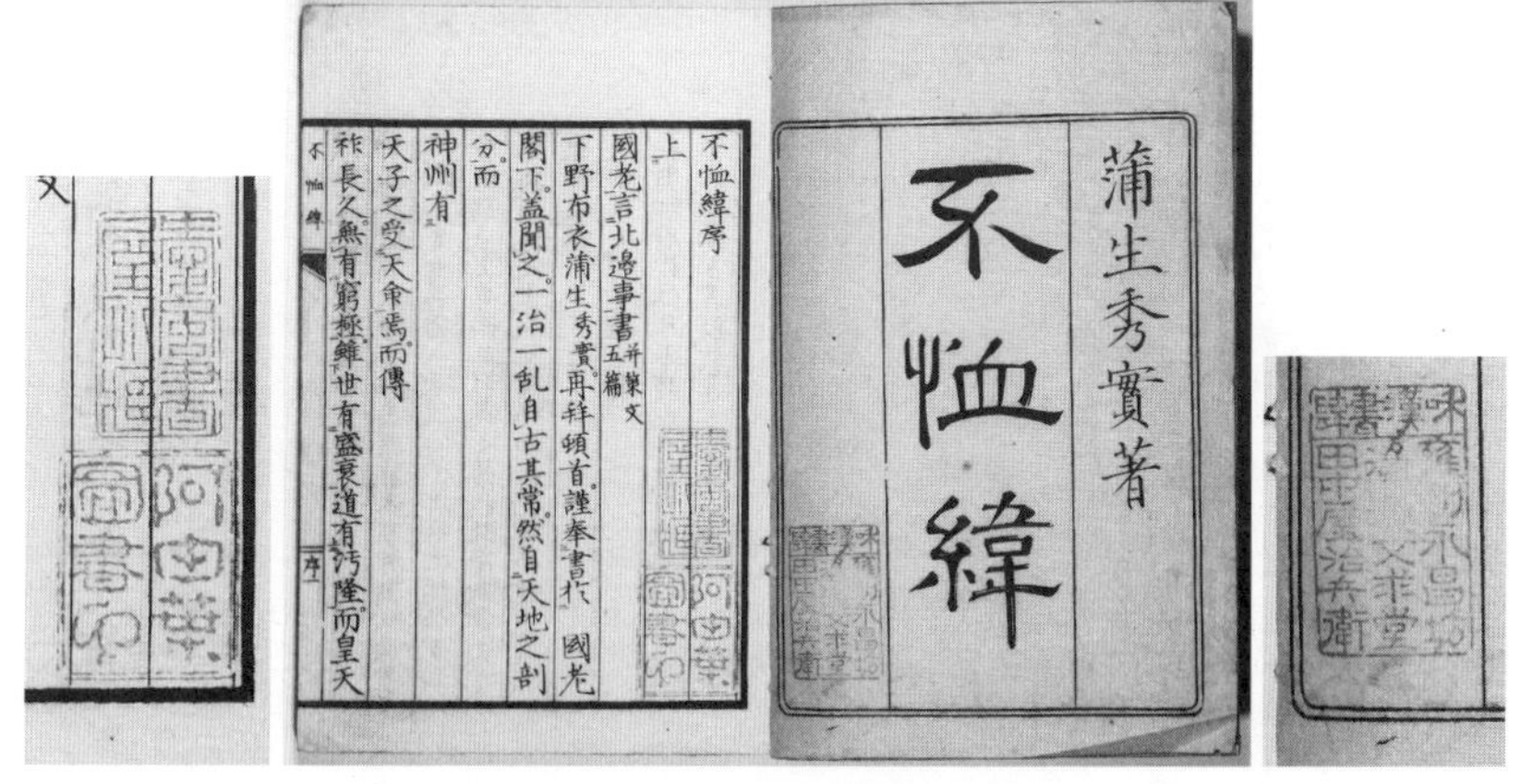

図76　売出印（右）と蔵書印（左）
右「和漢書肆／雍州永昌坊／滌街文求堂／田中屋治兵衛」と
左「阿由葉／圖書印」「愛風書／屋所藏」（阿由葉鍋造）。

り書いたりしたものです。記述の対象としてもよいでしょう。

＊色

朱肉や印泥の質により、朱あるいはそれより濃い赤もありますが、まとめて「朱」としてよいでしょう。その他、寺院・僧侶の印には黒が多いようです。青・緑や代赭（たいしゃ）（赤茶色）の印は凶事あるいは諒闇（りょうあん）（天皇の死去に伴う服喪期間）のときに用いるという説もありますが、はっきりしません。むしろ、書物の内容に応じた色の使い分けをしていることがあります。

＊陰陽

陰刻（いんこく）（字が白抜きになる…白文（はくぶん）とも）と**陽刻（ようこく）**（字に色が付く…朱文（しゅぶん）とも）とがありますので、区別します。

＊大きさと形

公的機関・寺院・大名家などは大きい方印（正方形の印）・または長方印を多く用います。形としては、方印・長方印・円印・俵型印・楕円印のほか、菱形・瓢箪型・鼎型（壺印（つぼいん）とも）などがあります。鼎型は室町から江戸初期にかけて禅僧や学者に多いのですが、これは揮毫（きごう）の際などに用いる落款印を蔵書印に流用したものでしょう。

なお、枠も、本の匡郭同様単辺・双辺がありますので区別します。

黒の円印あるいは長方印で、地名や屋号が入っているものは、貸本屋の印と言われてきましたが、それだけでなく、一般の商家や豪農の家の印を蔵書印に用いた場合も多いようです。

＊書体

篆書体（それ以前の甲骨文・金石文を含めて）が多く用いられます。

＊印記（印に書かれている内容）

多くは「所蔵者の姓・名・字・号など」＋「蔵書・図書・之印・蔵書印・蔵書記・文庫など」というパターンです。篆書体の場合、解読がやっかいですが、辞典類を活用しましょう。なお、正方形の四文字の印には、逆時計回りに読む回文印（かいぶんいん）がありますので注意しましょう。

＊その他

印でなくても、「〇〇常住」「〇〇什物」（寺院に多い言い方）「〇〇所蔵」などと墨書のある場合、識語としてよりは、蔵書印に準じて扱うべきでしょう。

＊記述のしかた

印記「〇〇／〇〇」（毎冊首右下、朱陽長方双枠、〇・〇×〇・〇）

などと記します。もっともこれは非常に詳しい記述であり、通常、印記のみ、あるいは印記と大きさだけでもよく、また、形状については「朱陽方」（朱色・陽刻・方印）でないもののみについて記す、と決めておいてもよいでしょう。

付・保存容器と保存状態

表紙には中身の保護という役割がありますが、さらに書物全体を別のもので包むことによって保護することがあります。これにより、虫・湿気・塵埃・水火などから守られる可能性が高くなります。これに関しても必要に応じて記述します（袋については第4章参照）。

箱…主として、耐火性にすぐれ、湿度を一定に保つ機能がある桐が用いられます。大部の書物を入れる箱の場合、前面の板を取り外せるようになっていて、これを慳貪（けんどん）箱といいます。巻子本や一冊・数冊の

図78　慳貪箱（落とし込み式）

図79　慳貪箱（はめ込み式）

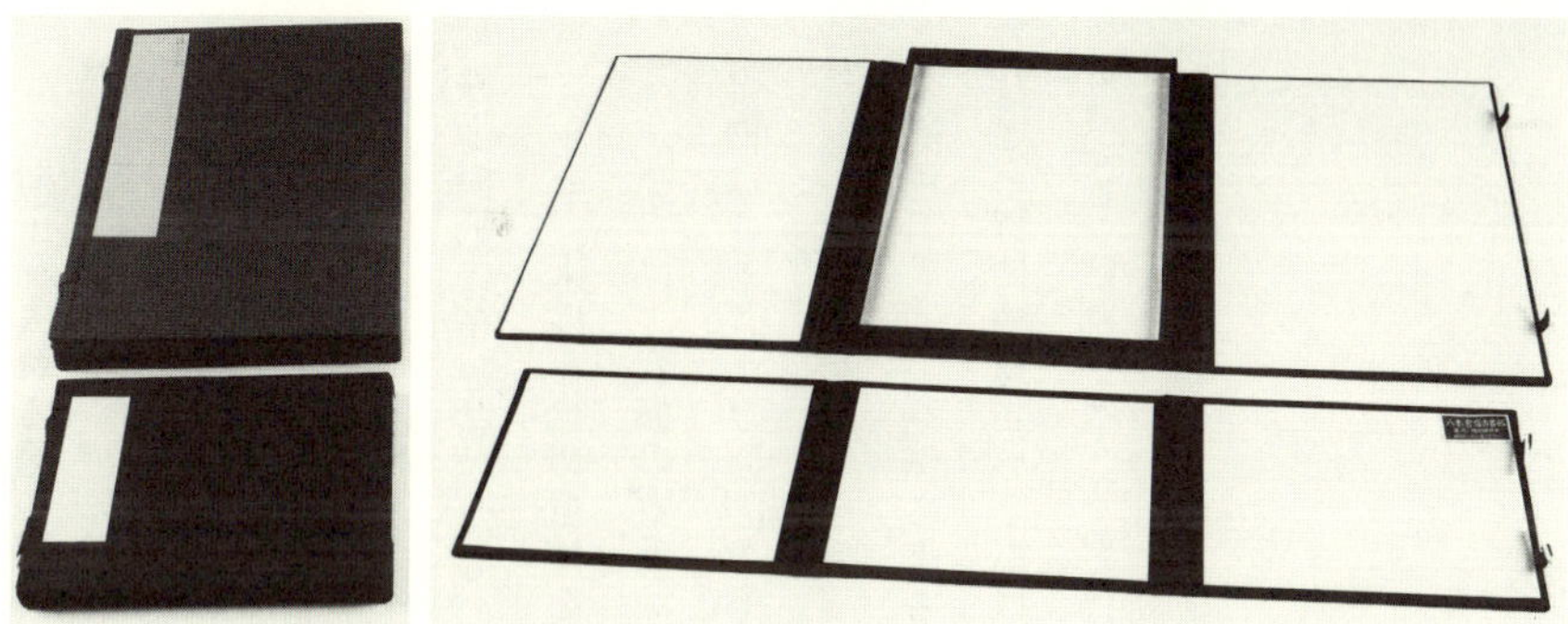

図80　箱帙（上）と丸帙（下）

図81　四方帙

図82　夾板（オリジナルのもの）

冊子を入れる箱の場合、上から蓋をかぶせる形式のものが中心です。これにはいろいろな種類がありますので、辞典等で確認してください。

箱には、書名のほか、箱を作った経緯、書物を入手した経緯、また高価な書物の場合、その価値を認定する文言などが書かれていることがあり（これらを箱書といいます）、書誌学上重要な資料にもなるので注意します。

帙…板紙に布を貼ったものがほとんどです。表・裏の表紙をぐるりと巻くだけのもの（丸帙または無双帙）と、天地を含め全体を覆うもの（四方帙）、中が箱状になっている箱帙があります。木の板をヒモで結びつけ、表裏の表紙から挟んで縛る**夾板**も唐本にはよく用いられます。

書物はさまざまな原因で傷みます。**虫損**（虫食い）・**水損**（水に濡れて変形・変色）・**火損**（火事やその他の火による焼け焦げ）・**汚損**（チリ・ホコリ・手垢・墨など）・**疲れ**（長年読まれたことにより紙に腰がなくなる）のほか、日光による**褪色**（ヤケ）、空気による**腐食**（サビ）もあります。綴じ糸や糊付の破損も多く見られます。伝来に関わるなど、特に注意すべき点は記述しましょう。また、虫つくろい（虫食い穴を埋める）や**裏打**（紙全体に補強のための薄い紙を貼る）などがあれば、これについても記述します。

参考情報

今調査している書物の性格や位置づけについて、関連する情報を集めることで、より深く知ることが出来ます。ここでは情報源とその使い方について紹介します。

一、三大書誌データベース

まずは、伝本の所在と大まかな書誌について知るためのものです。

*国書データベース

国文学研究資料館が提供する、幕末までの和書に関する最大の目録データベース。『補訂版国書総目録』『古典籍総合目録』という二つの冊子体目録の内容に新たな情報を付加しています。書名・書名よみ・巻冊数・分類・著編者・成立という基本的な書誌情報と、伝本所在および翻刻・影印・複製（第25章参照）の一覧を掲げています。また、館蔵マイクロ・デジタル・和古書のデータもここに統合され、全冊画像を多く見られます。近年は急速に画像を増やしていて、書誌学に関しては、諸本の比較にも役立ちます。二〇二四年度から近代書誌・近代画像データベースもここに統合されました。

ここでの書名を「**統一書名**」と呼び、書物を同定する際に標準として用います。

所在情報の多くはそれぞれの所蔵機関が作成した目録や研究者による分野別の目録などに基づいているため、どうしても不正確なものが混じっています。また、それらの目録刊行以降に所蔵先が移動している伝本があり、この点も注意が必要です。

しかし、まずはこれを検索しなければ話が始まりません。ここを出発点にして、さらに詳しい情報へと進んでいきましょう。

＊国立国会図書館サーチ

国会図書館をはじめ全国の公共図書館等が所蔵する図書・雑誌その他の総合データベース。日本古典籍総合目録データベースが収録していない、明治期の書物を調べるのにも役立ちます。

＊全国漢籍データベース

国内の主要な所蔵機関の漢籍（唐本・和刻本とも）の書誌情報を集めたもの。近代以降の出版物もすべて含んでいますので、翻刻・影印・複製も同時に調べられます。

二、他の書誌関係データベース

＊CiNii Books

＊Webcat Plus

主として国内の大学図書館の所蔵する図書・雑誌の総合目録データベース。一部ここに古典籍の書誌情報が載っている場合があります。大きさ・丁数・刊記なども記されていることがあるので参考になります。Plus は連想検索機能が付加されたもの。

＊日本古典資料調査記録データベース

国文学研究資料館が全国の研究者に依頼して調査した古典籍の調査カードをデータベース化したもの。二〇二三年四月に運用を停止、検索用のデータのみリポジトリーに保管されています。

＊〈名大システム〉古典籍内容記述的データベース

名古屋大学附属図書館所蔵の古典籍について、詳しい書誌情報やテクストの概要を掲載したデータベース。情報そのものも価値がありますが、書誌の記述のしかたについても参考になります。

＊早稲田大学図書館古典籍総合データベース

早稲田大学図書館所蔵の古典籍のフル画像データベース。比較的詳細な書誌情報も付加されています。

＊国立国会図書館デジタルコレクション

かつての近代デジタルライブラリーを含む、古典籍および明治期刊行物の一大コレクション。二〇二二年一二月にリニューアルされ、テキスト検索が可能となり、利用者登録を行うと、閲覧可能な資料が大幅に増えます。

このほか、古典籍の画像データは多数の所蔵機関で公開していますので、調査対象に応じて検索してみるとよいでしょう。

三、書誌・解題についての参考文献

主立った冊子体の目録、主要分野についての解題など、詳しい書誌情報と内容について知るためのものをいくつか挙げておきます（詳しくは巻末の「参考文献」を見て下さい）。

＊和書

『内閣文庫国書分類目録』…和書に関する分類の標準とされるもの。

『群書解題』…正続群書類従所収作品についての解題集成。

『日本古典文学大辞典』…古典文学に関する最大の辞典。

『日本史文献解題辞典』…歴史書・史料に関する解題辞典。

『国文学複製翻刻書目総覧』（正続）…古典文学関係書の複製・翻刻一覧。「国文学論文目録データベース」（第28章参照）も合わせて見ること。

＊仏書（和書・漢籍ともに含む）

『仏書解説大辞典』…仏書に関する最大の解題辞典。どの叢書に翻刻があるかもわかる。

『新纂禅籍目録』…駒澤大学図書館所蔵書を中心に、近代も含め禅宗関係の文献を網羅したもの。

＊医書

『日本漢方典籍辞典』…日本の医書についての解題。すべて書影（主に巻頭図版）を掲げる。巻末に「和刻漢籍医書出版年表」を付す。

＊漢籍

『増補改訂　和刻本漢籍分類目録』…和刻本漢籍について、刊・印・修の別を含めて網羅したもの。ただし仏書・医書は収録していない。所在情報は全国漢籍データベースを見ること。

『内閣文庫漢籍分類目録』『東京大学東洋文化研究所漢籍分類目録』『京都大学人文科学研究所漢籍分類目録』『東京大学総合図書館漢籍目録』…漢籍目録の代表的なもの。

＊朝鮮本

『朝鮮図書解題』『古鮮冊譜』…定評ある朝鮮本解題。

『日本現存朝鮮本研究　集部』『同　史部』…詳細な書誌を伴う解題研究。

＊出版

『五山版の研究』『増補古活字版の研究』…古版本の代表的研究書。

『改訂増補　近世書林版元総覧』『徳川時代出版者出版物集覧』（正続）…江戸時代の版元（出版者）についての基本情報。同じ版元でも屋号・本姓・堂号などさまざまな名称を持っているので、これによって同定します。

『江戸時代書林出版書籍目録集成』…江戸時代に出された出版目録の集大成。

『享保以後江戸出版書目　新訂版』『享保以後大坂出版書籍目録』…それぞれの本屋仲間（第20章参照）の史料を元にした出版記録（江戸は『割印帳』の翻刻、大坂は『大坂本屋仲間記録』からのデータ抽出）。

「刻師名寄」…版木を彫った人の氏名とその書名を集めたもの。

なお、さらに細かな研究文献を探りたい場合は、『増補改訂近世書籍研究文献目録』や各種論文データベース（第28章参照）を見て下さい。

四、人物情報

前近代の人名は、本姓（源平藤橘など）あるいは修姓（中国風に、二文字以上の姓を一文字に省略してしまうこと。藤原を藤とする類）を用いたり、名（諱）以外に字・号・通称・法名などがあったりして複雑です。参考資料を活用しましょう。

『国書人名辞典』…近世までの和書の主要編著者に関するもの。正確で充実している。

『和学者総覧』…和歌や国学に関わった人物（近代も含む）の基礎的情報を網羅したもの。

『漢文学者総覧』…漢詩文や漢学に関わった人物（近代も含む）についてのもの。

『公家事典』…『公卿補任』をもとにした、平安中期から近世に至る公卿の経歴集成。

東京大学史料編纂所大日本史料総合データベース　http://wwwap.hi.u-tokyo.ac.jp/ships/shipscontroller

国立国会図書館日本人名情報索引（人文分野）データベース　http://rnavi.ndl.go.jp/jinmei/

五、書名・巻冊数・編著者名・成立年時・特記事項の確定

これらの参考情報と、調査対象である書物から得られた情報とを突き合わせ、書名・巻冊数・編著者名・成立年時を決めていきます。

書名に関しては第5章で述べたように難しい問題があります。迷ったら「日本古典籍総合目録データベース」で定めている書名（統一書名といいます）を用いましょう。明治以降の書物はNDL—OPAC、漢籍は先ほど挙げた冊子体目録を参照します（全国漢籍データベースは統一書名を定めていません）。

編著者名は、和書の場合やはり日本古典籍総合目録データベースや『国書人名辞典』に倣った呼称を用います。明治以降の書物や漢籍については書名と同様のものを参照します。

成立年時は、厳密には第12章で述べるような作業を経た上でないと確定できませんが、とりあえずはここまでで仮の結論を出しておきましょう。

その書物の特徴は何でしょうか。これも他との比較で決まるわけですが、書写や印刷が優れている（「早印」「能写」）、書入・蔵書印に特徴がある（「〇〇自筆書入」「〇〇旧蔵」）、などわかる範囲で簡潔に記します。

12 他の伝本との比較

ここからが本格的な書誌研究なのですが、その入り口をちょっと覗いてみましょう。

一、版本の比較

テクストが同一と見なされる版本が二点ある場合、どのような関係が考えられるでしょうか。

＊同版

同じ版木によって印刷された同士。時期が違えば、早印（そういん）・後印（こういん）の関係となります（第7章参照）。

＊同版（修あり）

一方が初めて刊行された状態のまま、もう一方が一部に修正を施した修本である場合。刊記のみの修正はここには含めず、早印・後印の関係とします。

＊異版（覆刻）

一方の版本の同版本を解体し、版木に裏返して貼付、その通りに彫って版木のコピーを作り印刷刊行し

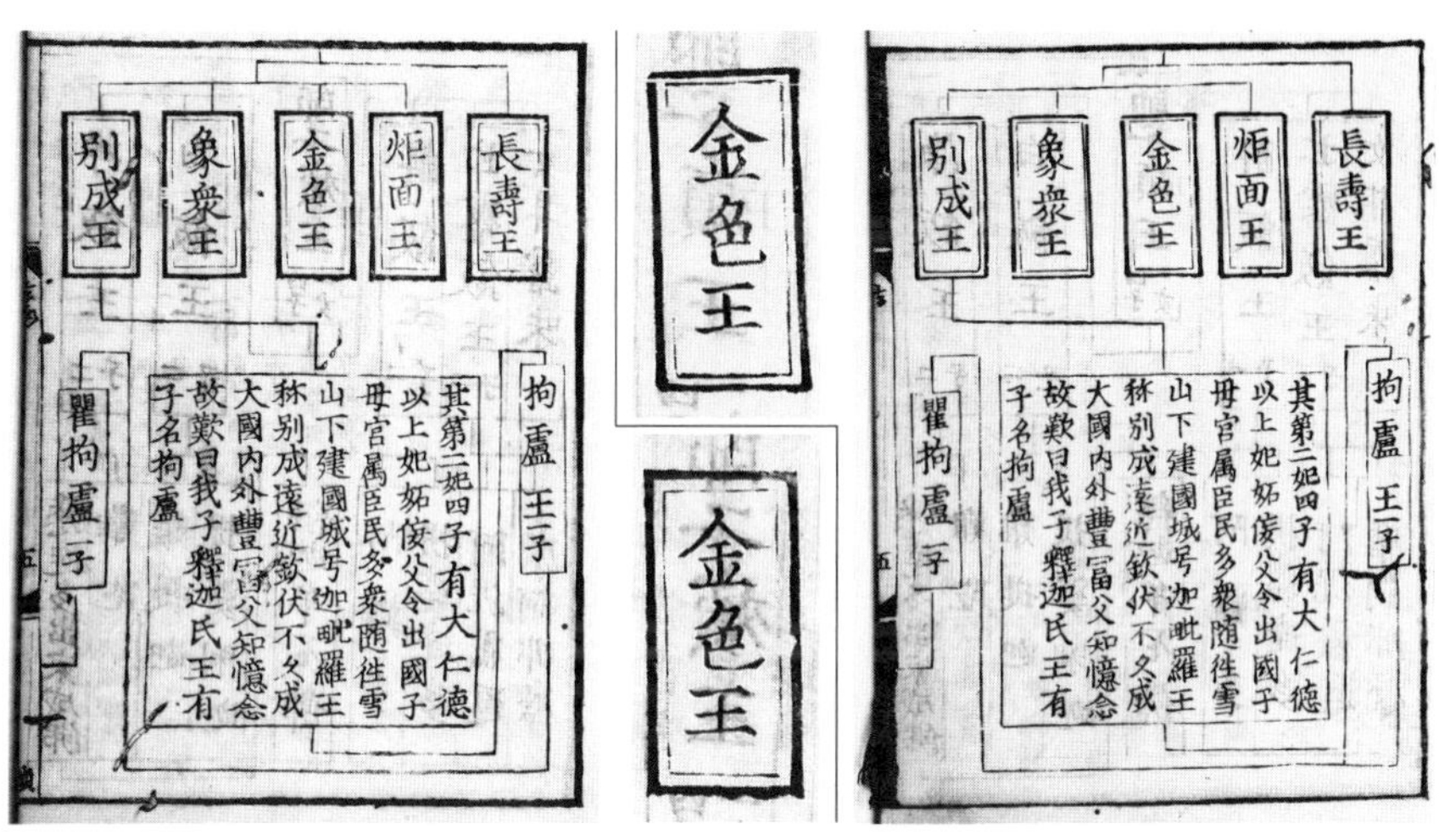

図83 異版（覆刻）の例

版式・字様は一致するが、拡大部分を例にすると、「色」のはね方、「王」の横画の長さ、枠の太さなどが微妙に異なる。

たもの。これを覆刻（ふっこく）あるいはかぶせ彫（ぼ）りと呼びます。コピーなのでぱっと見はそっくりなのですが、本文や挿絵には細かな筆画の違いが現れます。一般に、覆刻の方が元のものよりも数ミリメートルから一センチメートル程度小さくなると言われますが、和紙は他の原因でも伸縮するので、常に当てはまるとは限りません。

なお、何度も刊行されているような書物の場合、その二点間で直接の覆刻関係があるかどうかはわかりません。出来るだけ多くの版本を比較する必要があります（図83もその例）。

＊異版（翻刻）

版式を変えたり、行数字数は同じでも字様を変えたりして、別の版木を作り印刷刊行したもの。これも、テクストを直接継承しているかどうかについては、内容の比較をした上でないと確定できません。

二、写本の比較

親本を写す方法には次のようなものがあります。なお、著者自筆でない写本全般を転写本といいます。

＊透写（透き写し・影写）

薄様（薄い斐紙）あるいは薄い楮紙を親本の上に当て、筆でなぞり書きすること。写式はもちろんのこと、字の大小や連綿なども忠実に再現されます。親本が平安や鎌倉の古い写本であったり、著名な人物による書写であったりした場合に行われます。透写本自体の書写年代が新しいものであっても、例えば親本が失われてしまったものであれば、その面影を伝える貴重な資料となります。東京大学史料編纂所では、明治以来、重要な史料（主として古文書）をこの方法で写してきました。現在もその技術を伝えています。模写といった場合は、なぞり書きとは限りませんが、やはり忠実な再現を目的とした書写を指します。

＊謄写（見取り写し・臨写）

字様までの忠実な再現は考えず、テクストを転写すること。多くの写本はこれです。この場合、親本と同じかそれより大きな料紙が入手できた場合は、写式（行数・字数・字高など）は同じにすることが多いでしょう。その方が誤写の可能性が少ないからです。写式を記述することが、写本の系統を解明するための手がかりになるのはそういった理由からです。

*校合(きょうごう)

親本を写した後、他の伝本を入手し、それとの違いを書き入れていく場合があります。このように、複数の伝本の本文を比較することを校合といいます。ここでも第7章で述べたような方法で本文への加工がなされます。識語等との対応関係を考えることが必要です。同様のことは版本への書き入れについても言えます。

さて、写本はどんな原因によって異同（テクストの異なり）を持つようになるのでしょうか。

*誤写・誤脱・衍字

親本の文字が曖昧だったり虫食いなどで見えなくなっていたりして、間違えて写す場合があります。また、同じような文言が少し先の行にもあった場合、そちらを見てしまい（目移り(めうつ)といいます）、そこまでの部分を飛ばしてしまうこともあります。逆に同じ部分を二回書いてしまう場合（衍字(えんじ)・衍文(えんぶん)）もあります。あるいは、料紙をめくるときに二丁まとめてめくってしまい、一丁分写し損ねるということもあるでしょう。

他の伝本との異同があった場合は、これらの誤りを想定すると合理的に説明できるかどうかを考える必要があります。

＊意図的な改変

中古・中世の物語類では、書写者が自由に内容を書き換えることも行われていたらしく、大幅な本文異同（第27章参照）が見られます。他のジャンルでも、部分的な削除や増補は起こりますので、誤りとは言えない異同の場合はこのような原因を想定する必要があります。特に短いテクストの集合体（詩歌集・人名録など）は、それが起こりやすいでしょう。

三、写本から版本へ、版本から写本へ

近世に入ってさまざまな書物が版本になっていきますが、それまではほとんどが写本しかありませんでした。つまり、時代の流れに沿って全体を見ると、写本から版本へと、テクストが流入していく、という現象があります。

しかし、個別には、唐本や中世までの版本のように、部数が限られているものの場合、それを借りて写し、写本を所蔵する、ということが広く行われていました。例えば北宋時代に出版された大蔵経などは、現在ほとんど残っていませんが、日本にはそれを写した写経が多くあります。版本からの写本（版本写し）は二次的な価値しか持たないと見なされていますが、このように親本が失われた場合は大変貴重なものとなります。また、その写本特有の訓点・校合・注記などがあれば、研究上独自の価値を持つことになります。

一方、江戸期には筆跡鑑賞や貴重なテクストを広く伝えるため、写本の**模刻本**も作られています。現代の影印本の先駆けと言えます。

享受の視点からは、どのような書物も貴重です。写本・版本両様の伝本がある書物について、その制作と

流布の過程を総体的に見渡す必要があるでしょう。

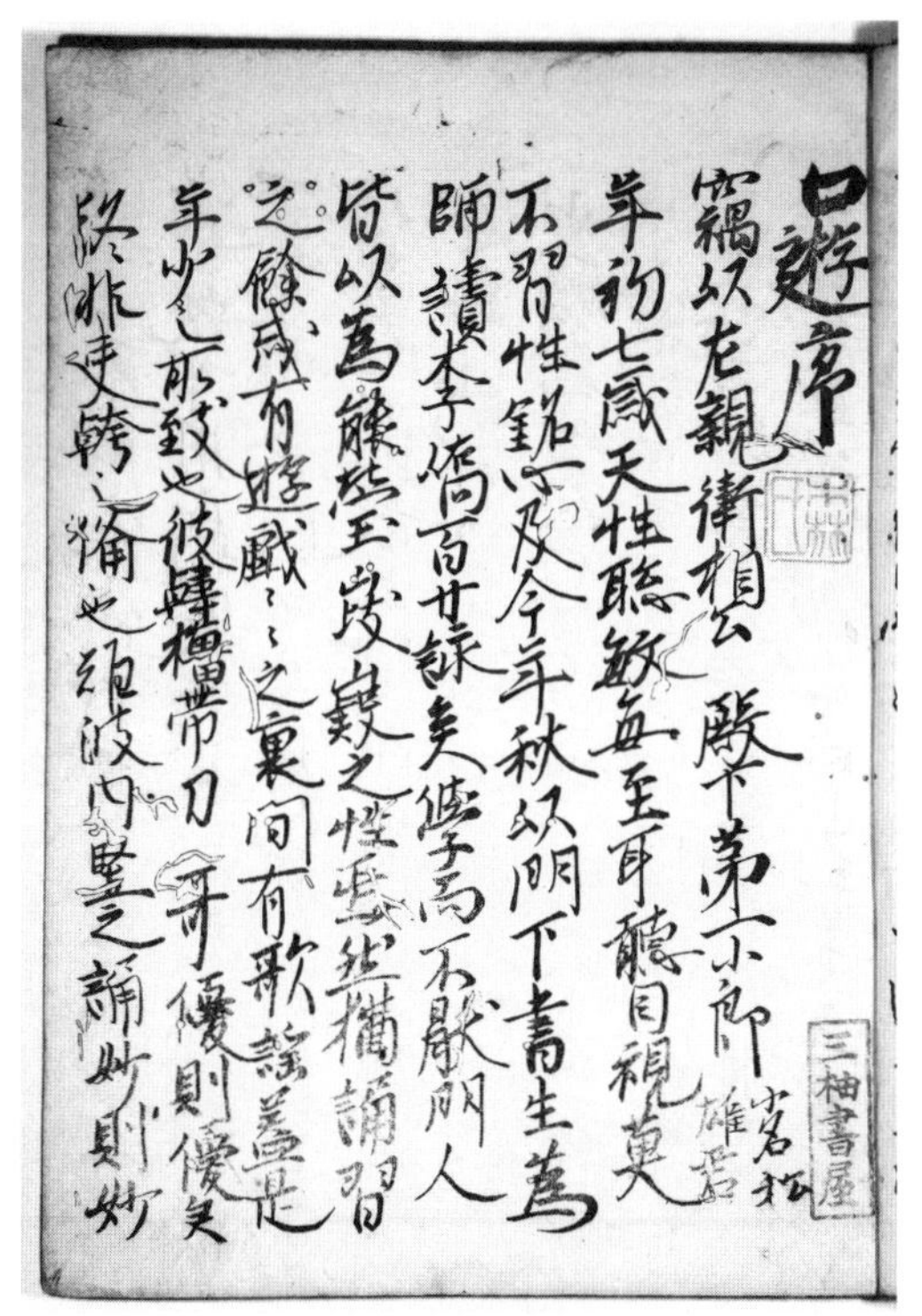

図84 写本の模刻
原本は名古屋真福寺所蔵の古写本。
虫食いの穴まで忠実に再現している。

第二部——古典籍を知る（知識編）

日本の古典籍には千年以上の長い歴史があります。たとえ明治時代に刊行された書物であっても、その姿や内容には、それまでの書物の歴史が何らかの形で反映されているはずです。古典籍についてより深く理解するためには、日本の書物の歴史とその特徴について知ることが大事です。

逆に、平安時代の書物であれば、その成立から現在まで、さまざまな変化を受け、またそれを読んだ人々に多大な影響を与えてきたに違いありません。書物を作った人だけではなく、それを所蔵・保存した人や機関、読解・研究によって新たな価値を見出した学者などについても知識が必要です。

まずは、モノとしての書物を形成している紙その他の原材料について概略を理解します。次に、古代・中世・近世にわたって、書物を生み出してきた人と環境について、海外の影響、写本、蔵書、出版といった観点から時代を追って見ていきます。

最後に、書物ではないけれども、書誌学の対象として重要である筆跡類にも触れます。

第一部と合わせて、総合的な理解を深めてください。

13 紙その他の原材料

モノとしての書物を形作っている原材料、特に紙について、その歴史や種類を述べます。

一、中国の紙（紙以前については次章参照）

西暦一〇五年に蔡倫（さいりん）が発明し、時の皇帝に献上したという記事が、『後漢書（ごかんじょ）』にありますが、二〇世紀に入って中国各地の遺跡からそれ以前の紙の実物が見つかっており、紀元前二世紀頃から作られていたことがわかります。これらは麻製の布を廃物利用したもので、細かな文字を記すのには適していませんでした。蔡倫は原料に工夫をし、樹皮を用いることで性質を向上させたと考えられています。

これが軽くて丈夫、しかも比較的安価なので、四世紀以降、布や木を圧倒して普及しました。原料としては各種の樹皮のほか、宋代以降、長江流域やそれより南の地方では、竹が最も多く使われるようになります。これを**竹紙（ちくし）**と言い、茶色がかっていて脆弱です。樹皮製のものは**皮紙（ひし）**と呼びます。なお、**白棉紙（はくめんし）**・**白紙（はくし）**と呼ばれる上質の白い紙は、綿ではなく樹皮製です。

二、日本の紙

日本では、飛鳥・奈良時代、**木簡（もっかん）**（文字が記された木の札）が多数使用され各地で出土していますが、これらはいわば文書だったり、荷札やメモ類としての使用だったりで、書物になったものは見つかっていません。書物そのものが、中国あるいは朝鮮において紙の使用が一般化してから日本に入ってきたため、日本では最初から紙が用いられたのでしょう。製紙技術も、さまざまな先進文化（それを担った渡来人技術者）とともに六世紀頃には入ってきているはずです。

奈良時代には律令制の整備に伴って、官庁における文書や帳簿が作成され、また仏教の普及・大寺院の建立に伴って、大量の写経が行われます。このために紙の需要が急激に伸び、さまざまな紙が作られるようになりました。原料は**麻**・**穀**（カジノキ）・**楮**（コウゾ）・**斐**（ガンピ）などです。

平安時代以降は楮と斐が中心になっていきますが、圧倒的に多いのは楮です。

＊主な原料・製造法

楮…最も広く使われた原料。あまり緻密ではなく、表面はざらついているが、丈夫。

斐…緻密で光沢がある（繊維が短くて細いため）。栽培できないため高価。厚いものを**鳥の子**、薄いものを**薄様**と呼びます。鳥の子紙の書物は重たく感じます。

三椏…平安時代から使われていましたが、普及したのは江戸後期。斐に似た質感。

実際には楮と斐、楮と三椏を交漉することも多くあります。

溜め漉きと流し漉き…紙漉は、水中に拡散させた繊維を簀子上に均等に沈着させ、相互に絡み合わせて乾燥させる作業です。沈着の時、自然落下を待つのが溜め漉き、漉桁（簀子を嵌めている枠）を前後に動かして繊維をより均一にし、また不純物を流し捨てるのが流し漉きで、後者の技法により、和紙特有の薄くて強く美しい紙ができます。

添加物…繊維のみではなめらかな表面ができないため、粘り気のあるものを混ぜます。これを粘剤（ねんざい）といい、日本ではトロロアオイやノリウツギといった植物の皮から取った液を使います。ほかに、白さを出すために米粉や白土を混ぜたりもします。

打紙（うちがみ）…楮紙を濡らして叩き、表面をなめらかにしたもの。この加工をした紙は斐紙のような感触になりますが、裏側がざらっとしているので区別できます。

＊紙の名称

檀紙（だんし）…楮。公文書や身分の高い人の手紙、和歌懐紙などに用いられる最高級紙です。近世中期頃から表面に皺（しわ）を付けるようになりました。現代でも、免状や目録に使われます。

杉原紙（すぎはらがみ／すいばら）…楮。中世以降、武家の間で日常的に使われていた、檀紙より薄くて小ぶりの紙。杉原は産地である播磨（兵庫県）の地名ですが、他の産地のものもこう呼びます。

奉書紙（ほうしょがみ）…楮。室町以降、檀紙に次ぐ高級な紙として使われるようになりました。越前（福井県）の名産。

近世では檀紙が皺付き、奉書が皺無しで区別します。

美濃紙（みのがみ）…楮。美濃（岐阜県）産。中世以来、日常的に使われていた紙で、近世では書物用紙として普及、

これを半分に折った大きさが大本（美濃判）の判型になりました。

間似合紙（まにあいがみ）…斐または楮。障子張りなどに用いられる長い紙。書物用紙としては、土を混ぜた泥間似合（どろまにあい）が奈良絵本に用いられます。

宿紙（しゅくし）…漉き返しとも。使用済みの紙をもう一度分解して漉き直したもの。墨を含むため全体が灰色になります。新しい原料にわざと墨を混ぜて漉くこともあります。綸旨（りんじ）と呼ばれる公文書に用いられます。

唐紙（とうし）…中国から輸入された高級な紙。あるいはそれを真似た日本製のもの。

＊加工・装飾料紙

雲母引（きらびき）・具引（ぐびき）・礬砂引（どうさびき）…それぞれ雲母・胡粉（ごふん）・明礬（みょうばん）を膠（にかわ）で溶いた液を表面に薄く塗ったもの。雲母引・具引は墨のにじみ止めと装飾効果、礬砂引はにじみ止めのため。

雲紙（くもがみ）…内雲とも。藍または紫に染めた繊維を、一度漉いた紙の上下に雲状に漉きかけます。上下とも藍の場合と、上藍・下紫の場合とがあります。紙全体に小さい雲が散らばっているのは飛雲（とびぐも）といい、平安時代特有の装飾。

唐紙（からかみ）…雲母で模様を刷った紙を特にこう呼びます。

蠟箋（ろうせん）（蠟染）…下から版木を当て、光沢のある文様を磨き出す、または、染料で文様をスタンプしたものがあります。

これも唐紙に含める場合があります。

下絵（したえ）…金泥・銀泥や絵の具で絵を描いたもの。

箔置紙（はくおきがみ）…金銀の箔をさまざまな大きさ・形にして散らしたもの。切箔（きりはく）（長方形など）・野毛（のげ）（細いもの）・揉箔（もみはく）（不定形）・砂子（すなご）（粒状）などがあります。なお、写本の見返などには、全面に金銀箔が貼られているものもあります。銀は時間がたつと酸化して黒く変化します。また金の代用として真鍮を用いているものも、黒ずんだり緑青（ろくしょう）が出たりして、料紙を傷めることがあります。

三、表紙その他の材料

紙以外では、上等な写本などでは布（特に、金襴・緞子・繻子などの絹織物）、拓本などでは木（杉など）の表紙があります。紙の表紙で厚みがあるものには、紙くずや布のぼろが芯に使われることがあります。袋綴の角裂は薄い布です。

装訂では、紙をまとめるものとして、巻子本・粘葉装などに糊が、袋綴・列帖装などに綴じ糸が使われます。糊は古くは豆類から（蛋白質）、平安末以降は穀類から（澱粉）。

巻子本では、軸に竹や木が、軸頭（軸の両端）に金属や石（水晶など）・象牙・木（黒檀など）が使われ、巻くために紐が付いています。

図85 表紙の芯
反故紙の漉き返し。

四、墨

写本・版本ともに墨によって文字を紙の上に載せます。松の木や菜種油を燃やして採取した煤に膠を混ぜたものです。版本の墨には柿渋も加えていたことを、名古屋の版元永楽屋東四郎の当主が回想しています。

書き入れ用には、朱のほか、藍・黄・緑・白なども用います（日本画の絵の具と共通）。

⑭ 中国・朝鮮の書物と日本

日本の書物の源流である中国・朝鮮の書物について、基本的な歴史と形態を理解した上で、日本の書物への影響を考えます。

一、書物の始まり

中国では、文字が発明された約四千年前から千年間は、文字が書かれる物体（媒体）はもっぱら甲骨（亀の甲羅や動物の骨）・金石（金属製の器物や石碑）でした。前者は占いのためのものであって、人間同士のコミュニケーションのためではありませんし、後者は情報伝達を目的としていますが、いずれも短い文章や詩であって、まとまった書物とは呼べません（なお、紀元二世紀以降には、石経といって石に刻んだ経書があります）。

書物の形態が現れるのは、約三千年前と言われていますが、発掘によって現物が確認できるのは戦国時代（紀元前五世紀～三世紀）以降のものです。これらは竹や木の細い札状のものを紐などで編んで繋げていて、竹を簡策、木を版牘などと呼ぶのが正式ですが、通常竹簡・木簡と言っています。基本的には、木簡は単独で文書類に用いられ、竹簡は編んで書物・帳簿類に用いられます。

書物の単位で「冊」は「策」と同じく、簡牘が連なっている状態、「篇」は「編」と同じく編んで繋げることを言うので、これらはこの時代の書物のイメージに由来します。さらに、繋げて長くなったものは巻いて保管するので「巻」とも言いました。

また、戦国時代には帛書（はくしょ）と言って、絹織物も用いられました。

二、紙の発明と普及

簡牘はかさばって重く、帛書は持ち運びや保管に便利ですが材料が高価です。この両者の欠点をカバーしたのが紙の発明でした。

実物の現存する最も古いものは、紀元前二世紀中頃と推定される放馬灘紙（ほうまたんし）で、原料は麻です。ほかにも紀元前の紙がいくつか発見されていますが、いずれも包装紙のような用途と推定されています。

歴史上名高い蔡倫（さいりん）（紀元後一世紀から二世紀の人）は、製紙技法を改良普及させた人物と位置づけられ、それまで書写材料に適していなかった紙を薄くなめらかにすることに成功しました。しかし版牘と交替して主流となるのはやや遅れて四世紀以降のことです。

その後、唐代までは麻や樹皮を用いていましたが、宋以降には竹を原料とするものが現れ、最も安価なためか、元以降にはこれが主流となります。

三、装訂と版式（写式）の変遷

当初簡牘の形態にならって巻子本だった装訂の主流は、折本（経折装（きょうせつそう））・旋風葉（旋風装）へと変化し、大まかには、宋代に粘葉装（胡蝶装）、元代に包背装、明代に袋綴（線装）と交代していきます（カッコ内が中国での名称）。列帖装も敦煌出土の書物に見られ、中国起源であるとされますが、それほど普及しなかったようです。なお、粘葉装は平安初期に日本に入ってきているので、唐代には既に存在したはずです。いずれも、一斉に変わるのではなく、重なり合いながら交代しているのでしょう。

しかし、最終的に袋綴が主流になった段階で、それまでの書物もほとんどが袋綴に改装されてしまったため、現存する原装本は数が少なく、貴重です。なお、仏典については折本が主流のまま続きます。

版式（写式）に関しては、巻子本・折本系統では、竹簡の一枚一枚を並べたような形、すなわち上下を横線で区切り、そのなかに一行ごとの縦線を入れた形式（天地単辺有界）が標準でした。これが冊子体へと装訂が変わるとともに、左右の区切りと、中央の折り目部分の独立とが加わり、匡郭・版心を備えた形式になります。

四、印刷の発明と普及

唐代、既に小さな仏典や暦などが印刷され始めていましたが、宋代に入ると一切経（大蔵経）あるいは経書や漢詩文なども印刷され始めます。南宋になると商業出版も始まり、元代には通俗的な小説や科挙のための受験参考書なども出てきます。明代前半、一時衰退しますが、一六世紀末から一七世紀初の万暦年間、中部・南部を中心に最高潮に達し、江戸時代の日本に大きな影響を与えました。この時期には封面（見返または扉に編著者名・書名等を記したもの）・序跋・刊記など、版本の各要素が出揃い、最終的な完成形になります。

なお、明代には国の機関や皇族・高級官僚などが出版に関わり、大型で優れた印刷の書物が作られますが、同時代の日本へはあまり入ってこなかったようです。

一方、一二世紀に活字印刷が発明され、明代・清代にも一部試みられていますが、主流とはなりませんでした。

五、朝鮮の書物

古代朝鮮半島の文化は、人的な交流も含め、多大な影響を日本に与えているはずです。書物・文字文化も例外ではありません。近年は漢文訓読の源流を朝鮮半島に探る研究が行われ、変体漢文も朝鮮その他漢民族周辺の異民族による漢文受容の共通現象として捉える視点が生まれてきました。新羅の僧侶による仏典注釈書も日本において受容されています。今後の研究の進展に期待しましょう。

さて、高麗王朝の一〇世紀頃から本格的な木版印刷（高麗版大蔵経）が始まります。ついで一三世紀ごろから活字印刷が行われ、一四世紀末から李朝において国家事業として金属活字の技術が発達します。木活字・陶活字なども使われましたが、主流は金属で、李朝末期まで改鋳を繰り返しながら継続します。

王室が関わる書物は縦三〇センチメートル前後の袋綴・特大本で作られ、紙質・文字・印刷のどれをとっても迫力ある見事なものです。恐らくは中国の豪華本に倣ったのでしょう。豊臣秀吉の朝鮮侵略によって分捕り品（ぶんどりひん）として大量に日本へ持ち出され（もちろんその前後の、貿易による輸入品もあります）、一六世紀までのものは本国より日本の方がまとまって所蔵されています。

六、日本との関係

書物に関しては、古代朝鮮と日本との関係がまだ明らかでないため、それを除いて考えると、日本に入ってきた唐本・朝鮮本は次のようにまとめられます。

① 渡来人や遣隋使・遣唐使を通じてもたらされた唐代までの写本

② 平安期以降、僧侶や中国人商人などによってもたらされた唐宋代の写本・版本（主として刊経）

③ 鎌倉期以降、中国人商人や禅僧によってもたらされた宋元明の版本（冊子体のもの）

④ 室町末期から江戸前期にかけて輸入された明末の版本

⑤ 文禄・慶長の役によってもたらされた朝鮮本

⑥ 江戸期を通じて長崎経由で輸入された清代の版本

それぞれにその時代の学問や文化にとって大きなインパクトのあるものでしたが、モノとしての書物という視点から見ると、①と③が決定的に重要であろうと思います。

まず①は日本における書物の原型を形作ったものです。奈良時代の写経はもちろんのこと、他の分野の書物の形態もこのときに決まりました。

次に③は中国における書物の形態が冊子体となってから入ってきたもので、特に袋綴系統の書物の普及を促し、版式を大きく変えました。

②は①の、④⑥は③の発展形あるいは変形と捉えることが出来るでしょう。また、⑤も③の影響下にあるものですから、③に包含できます。

①②を唐鈔本系統（鈔本は写本の意味で、漢籍の世界ではよく使われる用語です）、③④⑤⑥を宋版本系統と名付けておきます。

ここでもう一つ、日本独自のものとして、

①’かな文字の発達により①から離脱した写式を持つ写本

を分けて考えたいと思います。一行の字数や文字の大きさが一定していない、場合によっては行数や行の方向・幅も一定していない写式は、中国でも例外的にはあるでしょうが、そこに美的な価値観を認め、むしろ積極的にその方向性を追求した**散らし書き**といったものまで生み出したのは、独自の展開と言ってよいでしょう。これを**かな本（ぼん）系統**とします。中世・近世の書物の装訂・版式（写式）・字様などを見ていくときには、どの系統に属するか、あるいは複数の系統が融合しているのか、といった視点が有効ではないかと思います。

古代・中世の写本と蔵書（1）——寺院

ここから日本の古典籍を概観していきます。まずは書物の生産と享受、また集積・保存の一大拠点であった寺院の書物の概要を写本を中心に述べます。

一、上代

＊仏教伝来と写経

いわゆる仏教公伝は五五二年（ただし諸説あり）、百済の聖明王が仏像と経論を欽明天皇に献上したことを指しますが、それ以前から多くの渡来人が信仰を持ち込み、それに伴って経典も入ってきていたと考えられます。仏教信仰は豪族の権力闘争や外来文化の受容と関わって重要な政治課題となり、七世紀以降、国家公認の宗教として保護されていきます。

記録されている写経の最初は天武二年（六七三）飛鳥の川原寺（かわらでら）での一切経（いっさいきょう）（大蔵経（だいぞうきょう）ともいう。仏典の全集。内容は時代により異なる）の書写ですが、それ以前にも相当数の写経が行われていたはずです。現存するものでは天武一五年（六八六）書写『金剛場陀羅尼経（こんごうじょうだらにきょう）』が最古で、慶雲三年（七〇六）書写『浄名玄論（じょうみょうげんろん）』とともに、飛鳥時代の写経はこの二点のみが知られています。

*奈良時代の写経と仏典研究

飛鳥時代に引き続き、天平七年（七三五）玄昉の帰国、天平勝宝六年（七五四）鑑真の来日その他、遣唐使に随伴した僧侶によって多くの経典がもたらされました。これらを原本として写経も盛んになります。特に一切経の写経は、皇族や有力貴族が発願し、国家的な写経機構が組織されて行われました。代表的なものに**光明子発願経**（五月一日経）や**称徳天皇発願経**（景雲一切経）があります。これらは、単なる信仰の表われではなく、唐や朝鮮半島の先進文化を受容するという、文化的にも大きな意味を持つ事業でした。

一切経など、経典は書写されただけでなく、当然読解・研究が行われました。まずは伝存する他本と校合して本文を正すこと（勘経）、章疏（注釈書）を利用した講説などです。経典に返点や句点を記入することも始まっています。

*形態的特徴

料紙は、麻紙と言われていましたが、近年の調査では楮紙がほとんどであると判明しました。これを茶色に染めたもので、一部茶毘紙と呼ばれる檀を用いた紙もあります。唐代の写経を模範としており、鋭く伸びやかな線で書かれていますが、後期には太く力強くなります。

装訂は巻子本、有界一行一七字という唐代標準の写式が中心ですが、章疏などでは守られていないものもあります。

二、中古・中世

＊写経の様相

平安京遷都、天台・真言両宗の始まりとともに、中央ではそれまでの大規模な写経事業は行われなくなりますが、関東各国には一切経の書写が命じられ、その遺品が伝わっています。これらは奈良の写経と違い、線が固く、字粒も揃っていません。中央でも、写経生という写経機構に属する専門家ではなく、僧侶による写経が中心になってきます。

一一世紀になると、来世の極楽往生を祈願し、弥勒菩薩（みろくぼさつ）の出現までの存続を願って、写経を金属製の筒や箱に入れて地中に埋めること（埋経（まいきょう））が行われたり、銅板や瓦に彫りつけた経典を埋めることもありました。

一方、寺院や神社へは、装飾経（そうしょくきょう）の奉納が流行しました。

装訂…巻子本で、表紙や見返しに文様や絵（釈迦説法図など）を描く。軸頭は金メッキや水晶など。

料紙…茶色のほか、紺色に染めたものが多くなる。

筆写材料…金泥あるいは銀泥が多い。これらは書いた後に表面を磨いて光沢を出す。

料紙下絵・装飾…金銀箔散らし、界線も金銀泥（あるいは切箔）、文字一字ごとに宝塔や蓮台を描く（一字宝塔〇〇経・一字蓮台〇〇経などと呼ばれる）、全体に彩色下絵を施す、などさまざま。

これらは、王朝文化の爛熟によって、彼らの生活の中で使われた調度品などの装飾技術を写経にも応用したもので、いわば公家文化の装いを纏（まと）った経典と言えます。代表的な遺品に中尊寺（ちゅうそんじ）経・久能寺（くのうじ）経・

神護寺経・**荒川経**・**平家納経**などがあります。

一方、法隆寺・松尾社（京都）・興聖寺（京都、もとは丹波西楽寺）・石山寺（近江）・七寺（尾張）などには通常の装訂による一切経が残っています。宋代の刊経を親本としたものも見られます。

字様は、右上がりが少なく、扁平な形になり、線も丸みを帯びてきて、いわゆる和様化が見られます。

中世に入ると、装飾経の大規模なものは減り、**消息経**（故人の手紙などの反故を裏返したり漉き返したりして用いる写経）など追善のための非装飾的な写経が多くなります。また、**仮名書き経**と呼ばれる、和文に訳した経典も見られるようになります。装訂は折本や経摺装が多くなります。

刊経の輸入が盛んになり、国内でも一部は印刷刊行されるようになったため、大規模な写経はあまり見られませんが、その中で**足利尊氏願経**（文和三年（一三五四）発願。宋元版を元にした写経で、巻末に写経の趣旨を記した発願文が印刷されていることで有名）が知られます。

＊仏典研究と儀式書

南都六宗に加え、平安時代新たに興った真言宗・天台宗では、経典研究が盛んになり、読解の手段として訓点が発達します。それぞれの宗派で工夫・伝承され、おおよそ八種類に分類されています。ここでは、ヲコト点と呼ばれる点を文字の周囲や内部の特定の位置に記すことで助詞・助動詞や活用語尾を表記し、カタカナによる送仮名も併用されています。このような研究の蓄積をふまえて、日本人による経典注釈も行われました。

一方、真言・天台においては、密教の儀式を行うためのマニュアルが作られ、これも中世にかけて多数の流派を生み、書写・伝承されていきます。師匠から弟子への伝授に関しては証明書（印信（いんじん）など）や秘伝書（切紙（きりがみ）など）が作られ、そういった方式が他の宗派、文学、芸道、武道などにも模倣されていきます。

これらの古典籍は、以前はその宗派の歴史や教義を研究するためのものとしては知られていましたが、近年では、古代・中世の日本文化全体との関わりのなかで多様な研究が進められ、高山寺・石山寺・仁和寺・醍醐寺・金剛寺（大阪）・真福寺（名古屋）などで継続的な調査研究が行われています。

＊和漢混淆文（わかんこんこうぶん）の発明

寺院内で用いられる文体は漢文が主ですが、外部に向けて仏の教えをわかりやすく説くためには、仮名交じりの文章で、例え話なども用いたものが必要です。漢文を訓読し、そこに和文の要素を加えた和漢混淆文という文体により、仏典の解説書や仏教説話集が作られました。平安後期の『今昔物語集』や鎌倉期の『沙石集』などです。

＊禅宗寺院と足利学校

鎌倉・室町幕府の保護のもと、京都・鎌倉に五山と呼ばれる寺院（南禅寺・天龍寺・相国寺・円覚寺・建長寺など）が置かれました。既存の寺院を組み込んだものと、幕府が建立したものとがあります。室町時代初期までは同時代の中国と密接に交流し、仏典以外の書物（文学・歴史・語学など）も研究対象としていたため、幅広い書物が輸入され、注釈書や語録・詩文集などの創作も蓄積されていきます。

足利学校は現在の栃木県足利市にあります。創立時期は明らかではありません。室町時代になって、関東管領（かんれい）の上杉憲実（うえすぎのりざね）・憲忠（のりただ）・憲房（のりふさ）の三代が、書物を寄付し、学校制度を整え、隆盛に向かいます。戦国時代には小田原北条氏も保護しています。学校長は庠主（しょうしゅ）といい、鎌倉五山の禅僧が就任しました。学問は漢学、特に戦国時代には医学・兵学や占いなどが盛んに学ばれ、全国から学生が集まり、卒業生は戦国大名の軍師として活躍しました。彼らが用いた漢籍やその注釈書が今も多数伝えられています。

16 古代・中世の写本と蔵書（2）——公家・武家

中世までの書物文化は権力者とその周辺に集中しています。これも生産と享受（所蔵）の両面から、その概略を述べます。

一、古代

＊漢籍の将来

『日本書紀』『古事記』には、応神天皇の時代（五世紀）に百済の学者王仁（わに）が典籍（『古事記』によると論語十巻・千字文一巻）を持って来日、時の皇太子に教授したとあります。この時代、まだ『千字文』は成立していないのでこの記事は事実ではありませんが、

・当時日本と関係の深かった先進国百済から、さまざまな技術・知識を持った人々がやって来ていたこと

・その中に当然漢文を操る人々がいて、漢籍を携えてきたこと

・この二点が奈良時代には漢籍学習の時の入門書であったことを、このエピソードは象徴しています。その後、中国・朝鮮を模範とする国造りに際して、さまざまな漢籍が利用されたことでしょう。

＊朝廷の蔵書

すでに七世紀、中国・朝鮮に倣い、国史編纂事業のため、さまざまな資料が集められました。律令制の整備と共にこれらを管理あるいは書写し、国史編纂を行う図書寮(ずしょりょう)が置かれます。その成果が『古事記』『風土記』『日本書紀』です。この中で、『風土記』は地方の国司の役所において編纂され、そこに保管されたらしいのですが、律令制の衰退で地方の役所が機能しなくなっていく平安後期以降、ほとんどが散逸してしまいます。

行政に直接関わる文書類は太政官に附属する文殿(ふどの)に保管されました。他に、戸籍を管理する中務省、天皇の出す文書を起草する内記局（中務省の下部機関）にも文庫がありました。他に、学問のための漢籍を大学寮や別曹（藤原氏など氏族別の教育機関）が保管していました。

＊天皇の蔵書

宮中では、平安以降、天皇の秘書官である蔵人の蔵人所(くろうどどころ)に、政治に関する書類が所蔵され、一般の書籍は御書所(おふみどころ)に置かれました。

正倉院には、聖武天皇ゆかりの典籍があります。嵯峨天皇は譲位後、離宮であった冷然院(れいぜんいん)（現在の二条城の北東あたり）に移り、ここに漢籍などを所蔵しましたが、ほとんどは貞観一七年（八七五）に焼失、しかし一部は嵯峨院（現在の大覚寺）に移されていたとも言われます。後期には白河上皇が蓮華王院(れんげおういん)（現在の三十三間堂）に各種の宝物とともに貴重な書物を蓄え、説話集などにも取り上げられる宝蔵として知られます。

＊貴族の蔵書

はやく奈良時代、石上宅嗣の個人文庫芸亭があり、図書の貸与も行っていたため、日本最古の図書館などと称されます。

平安時代に入ると、菅原道真の邸宅紅梅殿の蔵書は、友人らに公開していたことが彼の文章(「書斎記」)からわかります。また菅家廊下と呼ばれる私塾も開いており、その学習にも利用されたでしょう。

平安中期、藤原道長はその権力と財力とで、相当の蔵書を形成したらしく、日記『御堂関白記』には書物に関する記事が多く、特に、いち早く宋版を入手していたことが注目されます。また、新興の博士家である日野家の祖資業は、日野(京都の南、宇治の近く)に隠棲、氏寺の法界寺に文庫を創設しました。

平安後期、大江匡房は菅原家と並ぶ漢学の家の当主で、江家文庫(千種文庫とも)を作りました。彼は大宰権帥として赴任しており、中国の商人から宋版を直接購入していた可能性があります。

保元の乱の主役の一人、藤原頼長は宋版を含む漢籍(特に経書)を多数所蔵し、よく読んでいたことが日記『台記』から知られます。

＊仮名文字の発明と和書

一方、和歌などの表記のために工夫された万葉仮名が、しだいに簡略化(部首だけにする、あるいは草書体にする、など)され、貴族が和歌や物語を記すための文字としてひらがなが発達していきました。一〇世紀初頭の『古今和歌集』の成立、その前後の『竹取物語』『伊勢物語』『土佐日記』などの成立は、かなによる日本語表現を確立させます。かなは連綿体と呼ばれる文字と文字を連続させた表記に発展し、中国とは異なる美意識を書にもたらし、写本の写式も独自なものになります（第14章参照）。

漢籍あるいは漢文表記のもの、漢文訓読体のものは実用的・学問的要素が強いのですが、和文のものは貴族の調度品としても用いられ、当時の工芸技術を発揮した装訂・料紙による美しいものが多く見られます。装飾経はその応用とも言えます。

院政期には、絵巻物が多く作られます。物語をもとにした『源氏物語絵巻』、歴史上の事件を題材にした『伴大納言絵巻』、寺院の由来を描いた『信貴山縁起絵巻』などで、日本の書物の特徴の一つである**絵入本**（えいりぼん）の伝統が作られていきます。

装訂は、巻子本が中心ですが、漢籍・和書ともに粘葉装や列帖装が増えてきます。料紙は、斐紙（ひし）（鳥の子）や上質の楮紙（ちょし）（打紙（うちがみ）加工したもの）、また中国から輸入された唐紙（からかみ）が用いられました。

＊目録

日本国見在書目録（にほんこくけんざいしょもくろく）…九世紀末成立。藤原佐世（すけよ）編。日本最古の漢籍目録。冷然院焼け残りの書物を記録したという説があるが誤りで、当時日本に現存する漢籍を広く集めた目録と見られます。中国では亡んでしまった書物も含まれており、貴重な資料です。

通憲入道蔵書目録（つうけんにゅうどうぞうしょもくろく）…平安後期の学者・政治家（平治の乱で殺される）藤原通憲（みちのり）の蔵書目録とされるもの。一部通憲没後の書物も混じり、漢籍と和書の両方を含むのが特徴です。

二、中世

＊新しい動き

平安時代から、一部の蔵書家は中国からもたらされる書物に注目し、特に宋版を収集していました。平清盛も、『太平御覧』一千巻を輸入して皇太子（後の安徳天皇）に献上しています。以後、宋・元・明を通じて中国の書籍は日本文化に大きな影響を与えることになります。なお、版本の流入によって、写本の制作が少なくなっていったということではありません。どうしても唐本は数が限られるため、それを写した写本も多く作られました（これは平安時代既に経典において行われていたこと）。五山版ほかの古版本もこの延長線上に考えられるでしょう。

＊近衛家

五摂家といわれる摂政・関白を担う家の嫡流で、陽明文庫と名付けられた膨大な蔵書を現在も維持しています。中核になるのは歴代当主の自筆日記で、藤原道長の『御堂関白記』が名高いものです。それ以外にも、他家の日記、有職故実書、文学書、漢籍なども豊富で、主要なものは『陽明叢書』として影印（えいいん）（第25章参照）刊行されています。

＊藤原定家と冷泉家

藤原定家は父俊成から継承された歌学を発展させ、和歌の家としての御子左（みこひだり）家を確立させましたが、その過程で書物の収集や書写活動、特に『源氏物語』や『古今和歌集』などの和文の作品に学問的な検討を加え、本文の校訂や注釈を行いました。誤写や誤読の起きにくい書写を形態や用字（定家仮名遣）・字様（定家様）の工夫によって実現しようとしました。いわば「かな本系統」の書写態度を「宋版本系統」に近づけようとした努力が見られるのです。残念ながらその意識は継承者に恵まれませんでした。

御子左家は、定家の子為家の次の世代で二条・京極・冷泉に分裂、為家は遺言で遺産を末子の冷泉為相に譲りましたが、嫡流であった二条家にも一部継承されていました。ところが二条家は南北朝時代に断絶、その蔵書も冷泉家に引き継がれました。その後、室町・戦国、あるいは明治以降の激動をよくしのいで典籍を伝え、現在は財団法人冷泉家時雨亭文庫として保存・普及活動を行っています。

定家・為家時代に盛んに書写活動を行って集めた歌集類や有職故実書、冷泉家歴代当主の歌集などが中心で、主要なものは『冷泉家時雨亭叢書』として影印されています。

公家文化の中で生まれた平安・鎌倉の古写本をこれだけまとまって所蔵しているところは他になく、装訂・料紙・書写など、書誌学的な研究対象としても重要です。例えば、鎌倉時代の写本のなかに、すでに糸による袋綴のものが原装のまま伝えられています。これは中国からの影響なのか、日本独自の工夫なのか、といった問題も出てきます。

＊一条兼良と桃華坊文庫

室町時代の公家、一条兼良（一四〇二〜八一）は摂関家の当主、しかも和漢に通じた学者で、当時の知識人である五山の禅僧の漢学や神道の吉田家の『日本書紀』研究、また公家の伝統的な学問である『源氏物語』研究・有職故実研究など同時代のあらゆる学問を総合したような存在でした。その蔵書である桃華坊文庫は膨大なものであったと思われますが、応仁の乱で大部分を焼失しました。この時に失われて後代に伝わらなかった書物も多いと言われています。

応仁の乱以降は、三条西実隆（さんじょうにしさねたか）や後土御門天皇（ごつちみかどてんのう）などによって、学芸復興の動きが起こり、書物の収集・書写が行われます。その流れは戦国時代をくぐり抜けて近世初頭へと続きます。

＊武家の蔵書

室町幕府は、美術品の収集ではよく知られ、八代将軍義政のコレクションは東山御物（ひがしやまごもつ）として現在も珍重されますが、蔵書に関しては戦乱のため散逸したのか、ほとんど伝わっていません。

先述した上杉氏や戦国時代の北条氏のほか、今川・朝倉・大内などが文化の振興に熱心で、京都の公家や連歌師との交流も盛んでしたが、滅亡とともに失われたものが多いでしょう。豊臣秀吉の若い頃の軍師として知られる竹中重治（たけなかしげはる）とその子重門（しげかど）が、漢籍の収集では有名です。

＊金沢文庫

鎌倉幕府執権の北条氏の一族で、武蔵国金沢（当時は「かねさわ」）に本拠地を置いた金沢氏の初代実時（さねとき）以来、顕時（あきとき）・貞顕（さだあき）・貞将（さだゆき）と引き継がれた個人文庫です。漢籍を中心とした文庫ですが、京都の公家との交流によって、和書も集めていました。

室町時代以降次第に散逸（足利学校にも移っています）、特に豊臣秀次（とよとみひでつぐ）・徳川家康や前田綱紀（つなのり）（加賀前田家の当主、尊経閣文庫の創始者）が多くを持ち出したと言われます。

平安時代に日本に輸入された唐鈔本のテクストを伝える『白氏文集（はくしぶんしゅう）』（大東急記念文庫ほか現蔵）は特に名高いものですが、それ以外にも優れた漢籍の写本や版本（唐本）があり、王朝の文化と最新の中国文化をともに受容しようとした彼らの志向が窺えます。

三、古代から中世への形態的変化

和文の写本の文字は、優美な連綿体から、鋭い直線的なものや強弱を付けた力強いものへと変化し、南北朝以降は連綿をあまりさせない、正方形から横長に近い形になっていきます。和歌や物語が娯楽ではなく学問の対象となっていくにつれ、書の美的要素が薄れたのでしょう。あるいは、どのような文字に美を感じるかという感性も変化したのでしょう。このような変化を見分けることによって、書写年代の判定が大まかには可能です。

漢文の写本には、宋元の書風の影響が現れ、細く鋭い線の文字が多くなります。

装訂は漢籍の影響から、室町時代になると次第に袋綴が多くなってきますが、和文のものは列帖装が中心です。粘葉装は一部の仏書（主として真言宗関係）に限定されるようになります。

17 古代・中世の出版

ここからは出版という視点から見ていきます。まずは商業的な出版が始まる以前の、寺院を中心とした出版物についてです。

一、版本以前

＊百万塔陀羅尼（ひゃくまんとうだらに）

奈良時代、天平宝字八年（七六四）称徳天皇が藤原仲麻呂（ふじわらのなかまろ）の乱の戦没者供養のため、木製三重小塔百万基と、その中に収める『無垢浄光大陀羅尼経（むくじょうこうだいだらにきょう）』のなかの陀羅尼（サンスクリット語原文を音写した呪文のようなもの）を制作、宝亀元年（七七〇）四月二六日、東大寺・法隆寺など奈良・飛鳥の十大寺に奉納したとの記録が『続日本紀（しょくにほんぎ）』にあります。このうち法隆寺奉納のものが各地に現存し、制作年代の明確なものでは世界最古の印刷物とされます（ただし、年代は明確でないものの、韓国慶州仏国寺で一九六六年に発見された『無垢浄光大陀羅尼経』のほうが古い可能性があります）。銅版か木版か、摺刷（しゅうさつ）（紙を上から版に当ててこする）か押捺（スタンプ）か、といった印刷技術に関する論争が古くからあって決着していません。

＊印仏・摺仏（「摺」は正しくはショウ）
　仏・菩薩の姿を版木に彫り、紙に押捺（印仏）または摺刷（摺仏）したもの。どちらも小さな像を多数印刷したものが多く、主として仏像の胎内納入品として用いられました。平安時代に始まったもので、京都南部にある浄瑠璃寺の阿弥陀如来座像が有名です。

＊摺経供養
　死者の供養のため写経をしてそれを寺院に奉納することは古くから行われていましたが、平安中期には、大量の経典を奉納するため、印刷が行われるようになりました。これを摺経供養と言います。『御堂関白記』寛弘六年（一〇〇九）一二月一四日条に見られる千部法華経摺写（印刷のこと）が史料で確認できる最古の例です。

二、五山版以外の古版本

平安時代に興福寺・延暦寺が、鎌倉以降は新旧宗派の寺院がそれぞれに自家用の経典を刊行します。

春日版…奈良・興福寺（法相宗）における出版。唯識関係の仏書として、寛治二年（一〇八八）刊『成唯識論』が最古のもの。鎌倉以降も盛んに出版を行います。巻子本または折本。

叡山版…京都・延暦寺（天台宗）における出版。遺品としては一三世紀後半の『法華文句』など法華経の注釈書のみです。厚手料紙、両面刷の粘葉装。

浄土教版…京都・知恩院を中心にした、浄土宗寺院における出版。建仁二年（一二〇四）『無量寿経』が最古。**粘葉装**が多い。

高野版…高野山・金剛峯寺（真言宗）における出版。平安時代から摺経を行っていた記録はありますが、本格的な出版は建長五年（一二五三）『三教指帰』刊行以後。真言宗関係の経典のほか、空海の著作を多数出しているのが特徴。粘葉装が多い。なお、同じ真言宗で鎌倉時代に分派した**根来寺版**もあります。

泉涌寺版…京都・泉涌寺（天台・真言・禅・律兼修）における出版。寛元四年（一二四六）『佛制比丘六物図』が最初か。戒律関係が多い。俊芿が将来した南宋期明州（現在の寧波）刊本を底本とするのが特徴で、字様が他の古版本と異なる。折本が多い。

このほか、**南都版**（奈良版）と総称される**西大寺版**・**唐招提寺版**（戒律関係）、**東大寺版**（華厳関係）、**法隆寺版**（聖徳太子の著作）、鎌倉における出版の早い例である**極楽寺版**（戒律関係）、相模国大山の寺院かと言われる**霊山寺版**があります。

なお、『大般若経』六百巻は宗派を超えた根本経典として奈良時代から盛んに書写されてきましたが、鎌倉時代、春日版が大量に流布し、各地の寺院や神社に奉納されました。南北朝時代以降は、地方でもこれを模倣した刊行が行われます。法会のなかで転読されることにより、寺院の行事に欠かせないものと位置づけられ、寺院とそれを支える地域社会によって大切に保存されていきます。

これより大規模な経典群として、一切経（大蔵経）があります。中国宋元代や高麗・李朝の朝鮮においても盛んに刊行されていて、中世には、守護大名などの経済力のある庇護者を持つ寺院であれば輸入して揃えるということが行われています。

折本の経典は、半丁六行一七字、版木は一面三六行（三丁分）という宋版に倣った版式のものが多いようですが、半丁五行のものや字数が異なるものもあります。

三、五山版

*形態とテクストの特徴

五山版は、五山及びその関連の禅宗寺院による出版物ですが、それ以外でも同様の版式を持つものであれば、これに含めて考えます。

それまでの寺院出版物との大きな違いは、**宋元版**（を中心に中国・朝鮮の版本）**の覆刻・仿刻**（版式を模倣したもの）を中心とすることです。泉涌寺版など律宗寺院を除き、他の古版本が「唐鈔本系統」であるのに対し、今述べたように五山版は原則として「宋版本系統」であるからです。ただし、テクストに関しては独自の校訂や増補・改編を施している場合がありますので、個別に検討する必要があります。装訂は、宋元版に倣って粘葉装・片面印刷（おおよそ鎌倉期）や包背装（おおよそ南北朝期）が原態のようですが、原装のまま現存するものはわずかなため、いつ頃袋綴に移行したか、明確ではありません。

いずれにしろ、匡郭・界線を備え、版心に魚尾や書名・丁付のある、江戸時代の版本でおなじみの体裁が、初めて日本でも刊行されるようになったのです。

一方、日本独自のテクストの刊行も行われています。他の古版本においては、空海（真言宗）・叡尊（律宗）・源信（天台宗）など一部の例外を除き、日本人の著作は刊行されていませんが、五山版においては、来日した中国僧を含め、語録や漢詩文集、辞書などが多数刊行されています。他に、仏教関係書以外の漢籍（類書・字書・詩文集・詩文評論など）が刊行されたことも画期的でした。

これらの特徴も近世版本へと継承されています。

ただし、返点・送仮名などは付されない白文のままでの刊行という点は、他の古版本と共通であり、近世刊行の漢籍と大きく異なります。

＊歴史

まず鎌倉後期に鎌倉において、やや遅れて京都でも刊行が始まりました。南北朝期には天龍寺・臨川寺の出版事業においてピークを迎え、また中国から来日した刻工（版木制作者）も活躍していますが、以後はやや衰退します。そのころから地方寺院や有力大名による出版が見られるようになり、応仁の乱以降はその傾向が顕著となります（特に堺と周防大内氏）が、戦国の世が終わると再び京都が出版の中心になり、古活字版の時代を経て近世の商業出版へとつながっていきます。

主なものとして、鎌倉では寿福寺版・建長寺版など、京都では東福寺版・建仁寺版・南禅寺版・天龍寺版・臨川寺版などです。地方版には大内版・薩摩版・日向版・美濃版などが知られます。また、堺では『正平版論語』と呼ばれる南朝の正平一九年（一三六四）刊『論語集解』（唐鈔本系統の字様・テクストを五山版の版式に収めたもの）、阿佐井野版と呼ばれる『三体詩』後印本、大永八年（一五二八）刊『医書大全』、天文二年（一五三三）刊『論語』（天文版論語）があります。

18 古活字版

室町末から江戸初期までの約五〇年間に刊行された活字印刷による出版物について、その意義を考えます。

一、出現

安土桃山時代（書誌学における時代区分では室町末期あるいは室町末近世初などと呼ぶことが多い）、日本の出版・書物史上画期的な出来事が二つありました。一つはキリシタン版の出現、もう一つは朝鮮版の大量流入（ほとんどは略奪）です。

キリシタン版は、イエズス会宣教師がキリスト教布教と日本語習得を目的に出版した西洋活字印刷方式の出版物（ローマ字または漢字交じり平仮名）で、徳川幕府の弾圧のため伝本・関係資料とも乏しく、断片でも出現すれば貴重な資料となります。天正一九年（一五九一）から慶長一六年（一六一一）までの約三〇点の刊行が知られます。教理書のほか『天草版平家物語（あまくさばん）』、『日葡辞書（にっぽじしょ）』、『落葉集（らくようしゅう）』などは、日本語資料としても大きな価値があります。

大蔵経以外の朝鮮版は、室町幕府や大内氏との外交・貿易を通じて、一五世紀あたりから少しずつ日本に入ってきてはいたでしょうが、大量にもたらされたのはいわゆる文禄・慶長の役（豊臣秀吉による朝鮮侵攻）において分捕り品として持ち帰ってきたものです。海外の書物と言えば唐本の坊刻本（日本で言う町版、すなわち民間の出版）を見慣れていた当時の知識人には、その風格は驚きであったと想像されます。権力（王権）の表象としての出版物という、日本にはなかった概念が出現したのです。

それまでの、寺院中心の実用的な出版とは異なる形（勅版など）で古活字版の出版が始まったのは、このような朝鮮版の衝撃が大きな原因であったと考えるのが順当でしょう。ただし、印刷方式に関しては、キリシタン版の影響もあるでしょう。

二、特徴

＊刊行者の多様性

前代に引き続き各宗派の寺院による刊行が行われた一方で、権力者によるもの、公家・医師・学者等による個人的なもの、そして京都を中心に町版の出現があり、近世の商業出版へと継承されます。おおまかに、慶長（一五九六～一六一四）・元和（一六一五～二三）年間は権力者・個人・寺院、寛永（一六二四～四三）年間は寺院・町版、正保（一六四四～四七）は町版、という流れです。刊行者の広がりとともに、体裁・印刷は粗雑なものが増えてきます。

＊出版物の多様性

古版本はほぼ仏書に、五山版も仏書（特に禅籍）と漢籍（主に漢詩文集）にほぼ限定されていましたが、古活字版は和書全般にその対象が広がりました。特に、和文の古典文学作品が初めて刊行されたことは、日本文学史上の画期的な出来事といえましょう（多くはこれをもとに整版本が出され、流布本の源流となっています）。漢籍も全分野にわたって刊行されるようになります。そこには、版式・テクストともに朝鮮版の影響が見られます。

＊写本と版本との中間的存在

特に初期の刊行物は、私家版・配り本的性格が強く、少部数で身近な人々に献呈されたものでしょう。一部一部丁寧に校訂がなされ、誤字脱字を手作業で訂正しているものが多く見受けられます。このような「手作り」感覚は、後の整版本にもある程度引き継がれてはいますが、やはり写本に近い性格として古活字版の特徴に挙げられるでしょう。また、増刷のたびに活字を組み直すため、テクストは同じでも字様・字体が異なる**異植字版**が出現することも、写本に似ています。

＊整版本との複雑な関係

古活字版によって初めて刊行されたテクストに関しては、古活字版から整版（多くは古活字版の覆刻）へ、という単線的な関係がほぼ成り立っていますが、五山版あるいは古版本由来のテクストについては、古活字版とそれらの版（の覆刻版）とが複線的に存在し、漢文であれば次第に**付訓整版本**（返点・送仮名などが印刷されている整版本）へと統一される、という過程をたどるようです（その過程には、両者が混在した乱れ版もあります）。

古活字版も五山版同様、漢文は訓点はない白文での印刷がほとんどで、まれに訓点の活字を組み込んだもの、漢字に訓点を付した形で彫った活字を使用したものがあります。

なお、仏書・漢籍については、古活字版を継承せず、新渡の明版（仏書の場合嘉興蔵あるいは径山蔵と呼ばれる明版の一切経）に基づいた付訓整版本が出ているケースがあったり、テクストは五山版を継承しつつも、字様は明朝体に変わっているということもあります。明版の影響が次第に強くなってくる様子がわかります。

＊テクストの由来の多様性

古版本・五山版からのもの、写本からのもののほか、朝鮮版や明版由来のものがあります。特に朝鮮版は、五山版を押しのけて古活字版の底本となっている例（『聯珠詩格』『（増続会通）韻府群玉』など）があり、印刷方式や字様を含め、古活字版との親近性を示すものです。

＊版面の特徴（整版本との違い）

〇全く同一の版心や文字が別の丁に出現する――印刷の際、一台または数台の植字盤（活字を組む台。匡郭と版心は同じものを使い続けるので、そこに特徴が出る）を用意し、印刷が終わると崩してまた次の丁を組版する、ということを繰り返すため、同じ版心や文字が定期的に出現します（金属活字の場合は同じ鋳型から作られた全く同じ形の活字が存在するので、同じ丁の中で出現しますが、木活字は全て形が異なるので別の丁にしか出現しません。古活字版はほとんどが木活字です）。特に欠損のある活字の再出現は、明確な証拠です。

〇匡郭の四隅に隙間がある――多くの古活字版は縦横四本の枠内に活字を並べ、枠ごと締め付けて固定す

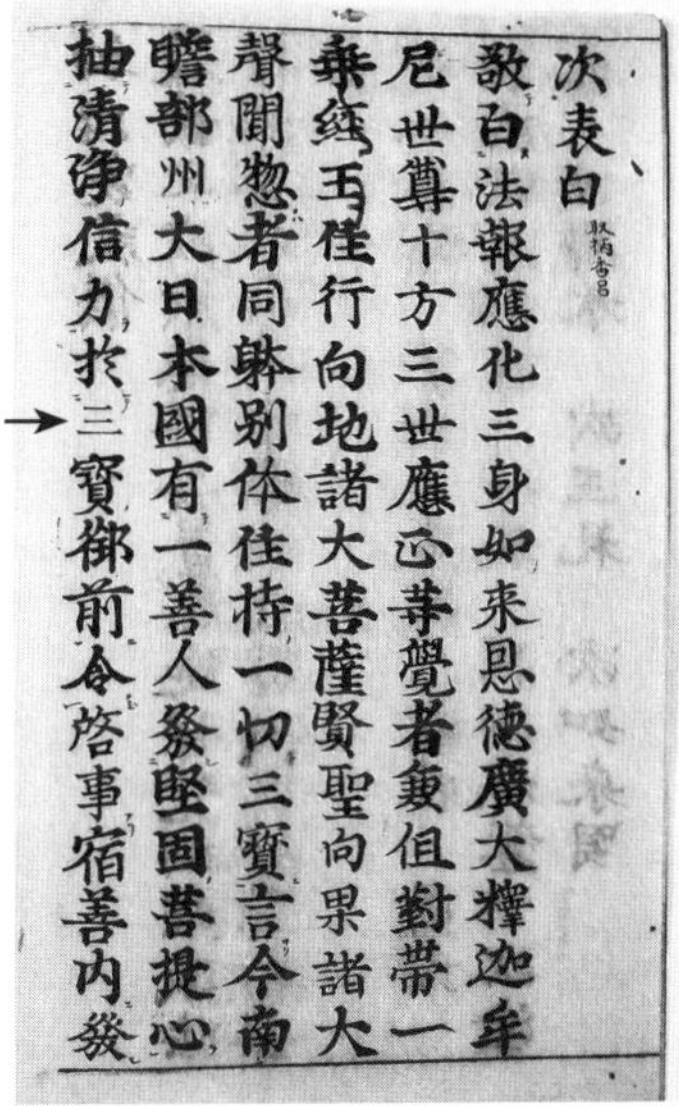
次表白
敬白法報應化三身如來恩徳廣大釋迦牟
尼世尊十方三世應正等覺者兼但對帶一
乘緣玉住行向地諸大菩薩賢聖向果諸大
聲聞惣者同躰別体住持一切三寶言令南
瞻部州大日本國有一善人發堅固菩提心
抽清淨信力於三寶御前令啓事宿善内發

図86（右）新造活字の併用
最終行の「三」字。

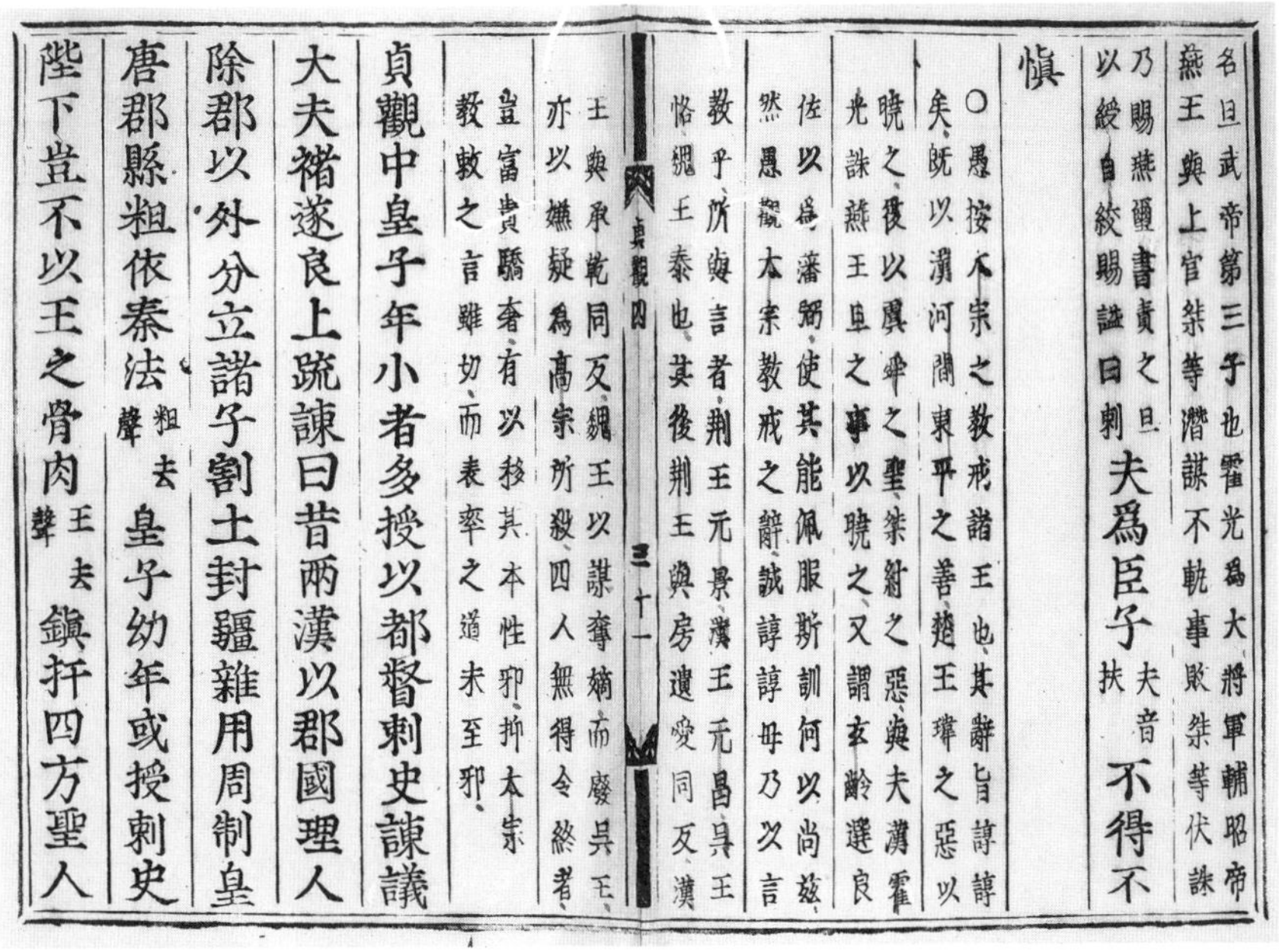
名旦武帝第三子也霍光爲大將軍輔昭帝
燕王與上官桀等譖誅不軌事敗桀等伏誅
乃賜燕王書責之曰
以綬自絞賜諡曰剌
夫爲臣子 夫音扶 不得不
愼
○愚按太宗之教戒諸王也其辭旨諄諄
矣既以漢河間東平之善趙王燕王之惡以
曉之復以虞舜之聖桀紂之惡與夫漢霍
光誅燕王之事以曉之又謂玄齡選良
佐以爲藩弼使其能佩服斯訓何以尚茲
然愚觀太宗教戒之辭諄諄毋乃又言
教乎所與言者荆王元景漢王元昌吳王
恪魏王泰也其後荆王與房遺愛同反漢
王與承乾同反魏王以謀奪嫡而廢吳王
亦以嫌疑爲高宗所殺四人無得令終者
豈富貴驕奢有以移其本性邪抑太宗
教敕之言雖切而表率之道未至邪
貞觀四 三十一
貞觀中皇子年小者多授以都督刺史諫議
大夫褚遂良上疏諫曰昔兩漢以郡國理人
除郡以外分立諸子割土封疆雜用周制皇
唐郡縣粗依秦法 粗去聲 皇子幼年或授刺史
陛下豈不以王之骨肉 王去聲 鎭扞四方聖人

図87（下）古活字版の特徴
（匡郭の四隅が離れている、
文字の墨付きが不均一）
朱句点、朱引の書入あり。

るためです。

○活字の墨付きの濃淡、文字の大小・字様の変化がある――活字ごとに微妙に印面の高さが異なったり、新造活字を交えたりした場合に起こります。また、文字のない部分の込め物に墨が付いてしまうこともあります。

○文字に転倒がある――近代活版印刷にも稀にある現象です。

○印刷ではなく、押捺した文字があることがある――同じ丁に同じ文字が多数出現する場合、活字が足りなくなるので、その分は空白のまま印刷し、その後印鑑のように活字を押捺していくことがあります。墨付きの具合が異なります（特に裏から見るとわかりやすい）。

○版面が割れてひびが入ったり、文字の筆画が重なり合ったりというような、整版ならではの現象が起きない。

このなかでよく言われるのは第二の点ですが、匡郭のない本には通用しません。また、第三点以下は、慎重・丁寧に製作された本には見られません。最も確実なのは第一の点が確認されるかどうかです。

＊時期による違い

慶長・元和は私家版的要素が強く、贅沢な製本で、活字も大ぶりです。寛永に入ると商業的なものが出てきて、活字が小さくなり、製本もやや劣ります。

三、古活字版のいろいろ

・文禄・慶長勅版…後陽成天皇の命による刊行。文禄二年（一五九三）『古文孝経』（現存しない）、慶長二年（一五九七）『錦繍段』『勧学文』同四年『日本書紀神代巻』『四書』『古文孝経』『職原抄』同八年『白氏五妃曲』が確認されます。書目選定には当時の公家の学問のありようが反映されています。

・元和勅版…後水尾天皇の命により元和七年（一六二一）刊行された『皇朝類苑』一点。宋代の類書で、佚存書（本国で滅びてしまったテクスト）。縦長、右肩上がりの繊細な字様で、従来銅活字と言われてきましたが、最近は木活字という説が有力です。

・伏見版…徳川家康が慶長四年から一一年にかけて伏見円光寺の閑室元佶（元足利学校庠主）に命じて刊行させた『孔子家語』『七書』『貞観政要』『周易』『吾妻鑑』。武家の権力者らしい内容。活字が円光寺その他に現存。

・駿河版…駿府に退隠した家康が以心崇伝・林羅山らに命じて刊行させた『大蔵一覧集』（元和元年）『群書治要』（同二年）。銅活字を用います（印刷博物館に現存）。

・（豊臣）秀頼版…慶長一一年刊『帝鑑図説』。挿絵入りで、異版が多いことで知られる。

寺院による出版で特筆すべきは、京都の日蓮宗寺院が盛んに行ったことです。これには、経済・文化両面で力を付けた町衆の支援があったことでしょう。要法寺版・本国寺版・本能寺版が知られています。他に、宗存版（北野経王堂版）は一切経刊行を試みたもの（中断）で、活字が延暦寺慈眼堂に現存します。妙心寺版（臨済宗・京都）は行書風肉太のユニークな活字で知られます。叡山版は慶長から寛永にかけて長期・多数の出版があり、多くは覆刻整版の町版に継承されます。天海版（天台宗・江戸）は家康の側近の僧天海が行った一切経の出版で、死後完成します。活字が上野寛永寺に現存します。

個人による出版としては、甫庵版・如庵版・富春堂版・直江版・那波本などがありますが、特に重要なのは嵯峨本でしょう。烏丸光広・中院通勝ら公家が提供したテクストなどを、本阿弥光悦・角倉素庵が、美麗な挿絵・下絵・版下・料紙を用いて出版したもので、和文の文学書出版の先駆的な試みであるとともに、その工芸品としての価値も評価されています。出版物のなかでは、同時代の出来事を描いた『大坂物語』（大坂冬の陣・夏の陣のルポ）が、既存のテクストではなく、まさに出版のために作られたテクストを用いた、という点で、近世の出版のあり方を示す重要なものです。

四、意義

新しいメディアの登場は、情報伝達や文化のあり方を大きく変えます。古活字版の登場は、携帯電話やインターネットによってコミュニケーションの方法が大きく変化している現代と通じる面があるかもしれません。それまでごく狭い範囲でしか流通していなかった書物が、ちょっとした手間で、誰でも複製できてしまう、何か新しいオモチャを手にした子供のように、皆が競って出版という遊びを始めたような、そういう雰囲気を感じます。しかしその背景には、戦国時代を通じて密かに蓄積されてきた公家・武家・僧侶、中央と地方、中国・朝鮮と日本、といったさまざまな文化の融合や、安土桃山時代という世界に開かれた時代精神や、平和の到来とともに新しい文化を創ろうとする知識階層の共同体意識や――そういった要素があり、それらが書物という形になって表れた、と見るべきでしょう。

⑲ 近世初期・前期の出版

京都を中心に、専門的な出版者が登場し、商業出版の時代に入っていきます。元禄頃までの状況について述べます。

一、京都における商業出版の発達

それぞれの寺院に属していた職人集団、あるいは、史料に表れない古活字版の職人集団（例えば嵯峨本を手がけた人々など）が京都市中で自立し、注文に応じて、あるいは世上に流布している版本の覆刻といった形で、売るための本を作り出したのが始まりであろう、と言われていますが、史料に乏しく、はっきりしません。

＊古活字版から整版へ

寛永年間（一六二四〜一六四三）を中心とするこの時期は、古活字版が次第に衰退し、整版に取って代わられます。その理由として、

・版木を作るのにはお金がかかるが、一度作れば必要に応じて何度でも増刷できる。

・訓点（返点・送仮名など）を印刷するのには、整版の方がたやすい。

といったことが考えられます。売れる本を作り、投資した資金を回収し、将来的にも財産として伝えてい

くには、整版の方がよかったのでしょう。
なお、古活字版の技術を持っていた人々が多くキリシタンであり、その弾圧が激しくなると共に京都から姿を消し、自然と整版に移っていった、という説が最近提唱されました。

＊出版物の多様化

既に古活字版において、仏書・漢籍以外のもの、特に嵯峨本を中心に物語・和歌・連歌・謡曲など和文の書物が出版されるようになったこと、また物語などには挿絵が入るようになったことは、室町時代までの状況と大きく異なるものでしたが、この時期の商業出版はそれらを覆刻し、また新規に作品を求め、更に多種多様な出版を展開しました。その代表例が、同時代文学である仮名草子（かなぞうし）と俳諧（はいかい）です。

また、漢籍や医書も、内容が多様化し、新しく入ってきた明代のものの和刻も盛んに行われるようになります。

＊無刊記本・覆刻・重版・類版

商業出版が始まったとはいえ、まだ共通のルール（版権）が確立されていないため、刊記（刊年・版元名）を明記しないものも多くあります。同版で無刊記と有刊記のものがあった場合、無刊記本のほうが先に刊行された可能性が高いと言われます。

テクストを新たに探す手間を省くため、既存の出版物を勝手に覆刻することも多かったでしょう。しかし、それぞれの出版者が次第に刊記を明記し、いわば出版の権利を主張するようになると、許可なく覆刻することは重版（じゅうはん）、また類似の内容のものを刊行することは類版（るいはん）と呼ばれて争いのもととなっていきます。

＊主な版元

現在、それぞれの時期について、個別の版元の研究が進んでいます。本書では代表的な版元のみを簡略に取り上げます。なお、版元の名称は、屋号または姓と名乗りの組み合わせで、通用しているものを用います。

出雲寺和泉掾（いずもじいずみのじょう）（林和泉掾）…禁裏・幕府御用達。写本を含め、京都と江戸との書物の流通に努めました。出版物は和歌・物語・漢詩文が中心。武鑑（大名や幕臣の人名録）出版でも知られます。

村上勘兵衛（むらかみかんべえ）（村上平楽寺（へいらくじ））…仏書・医書など。一七世紀半ばに日蓮宗関係を中心に出版するようになります。現在も平楽寺書店として京都に健在です。

風月庄左衛門（ふうげつしょうざえもん）（沢田氏。初代は風月宗知〈智〉）…漢詩文・医書など。一八世紀中頃の当主沢田一斎は白話小説（中国の口語体小説）の翻訳出版を行い、文学史上に名を残しています。

田原仁左衛門（たはらにざえもん）…漢詩文・禅宗関係書など。

中野市右衛門（なかのいちえもん）（初代は中野道伴・豊雪斎）…医書・仏書・謡本・仮名草子など。

西村又左衛門（にしむらまたざえもん）…禅宗・浄土真宗関係、謡本など。

杉田良庵玄与（すぎたりょうあんげんよ）…軍記物などの和書中心。

敦賀屋久兵衛（つるがやきゅうべえ）…仏書、仮名草子など。

二、江戸・大坂における出版の始まり

＊江戸における出版の始まり

古く元和年間（一六一五〜二三）に伊藤新兵衛という版元の存在が知られていますが、その後商業出版らしきものはしばらく見られません。あったとしても、明暦三年（一六五七）に市中の六割を焼いた明暦の大火によって、版木や出版物の多くが失われてしまったでしょう。

一七世紀後半になると江戸の版元名を持つ書物が増えてきますが、仏書・漢籍などいわゆる物の本（もののほん）は、京都の版元が江戸に出店を出し、そこから出ているものが多く、これらを扱う版元は書物問屋といいます。一方、江戸独自の仮名草子や浄瑠璃などは地本（じほん）と呼ばれ、それらを中心的に刊行する版元（地本問屋）が活躍するようになります。

＊この時期の江戸版の特徴

題簽…角書（つのがき）（書名に「新板」などの宣伝文句を小さな字で付加する）があったり、装飾があったりすることが多い。

　また、書体も勢いがあるダイナミックなものが多い。

版式…上方版の重版の場合、小さい文字で行数を詰め、挿絵の図柄を変えることが多い。

料紙…灰色がかった粗悪な紙を用いていることがあります。

＊重版から相合版へ

貞享（一六八四〜八八）頃から、京都・江戸あるいは京都・大坂・江戸の版元が連名で刊記に登場する**相合版**が増え、上方版の重版は見られなくなります。消費地としての江戸の拡大とともに、江戸の版元の地位が向上したと言えましょう。

＊主な版元

松会…初代は市郎兵衛。その後、三四郎と名乗る時期もあります。仮名草子・実用書の類の京都版を重版、また独自の出版物として武鑑（幕府・諸大名の名簿）などの刊行も行いましたが、一八世紀初頭に没落。

鱗形屋…三左衛門・孫三郎・孫兵衛などと名乗っています。仮名草子のほか、浄瑠璃本の出版で知られます。浮世絵の元祖とされる**菱川師宣**の挿絵が入ったものを多く出しています。江戸中期まで続きます。

鶴屋喜右衛門…京都にも同名の版元がありますが、関係は不明。書物・地本両方を出版。往来物（初等教科書）や暦のほか、仮名草子・浄瑠璃も扱います。幕末まで続きます。

山本九左衛門…通俗的な仏書、浄瑠璃などが中心。一八世紀以降は赤本・黒本・青本（いずれも子ども向け絵本）を刊行。

＊大坂における出版の始まり

大坂は豊臣秀吉が城を築き、町を整備して、江戸時代に入っても商業に中心地として順調に発展していきました。しかし、出版が始まるのは江戸よりも遅れ、初期のものは寛文一〇年（一六七〇）刊『（寛文重宝記）』、寛文一一年に深江屋太郎兵衛が京都の山本七郎兵衛と相合版で刊行した『落花集』という俳諧書、寛文一三年（延宝元年）板本安兵衛刊『生玉万句』（井原西鶴のデビュー作、俳諧書）などです。

京都の本屋が中心的に扱っている仏書や漢籍・医書・歌書などはあまり刊行されず、地誌や重宝記（雑学百科）などの実用書が中心でした。また、新興の文学として、西鶴を中心とする談林俳諧と浮世草子が盛んに出版されたことが大きな特徴です。ただし、全体に単独版は少なく、相合版が多く見られます。

版元としては、深江屋のほか、やはり西鶴本や実用書の刊行で知られる森田（毛利田）庄太郎がいます。

＊元禄大平記

都の錦作、元禄一五年（一七〇二）刊の浮世草子。伏見から大坂に下る夜舟に乗り合わせた京都と大坂の本屋が、出版業界の内幕、西鶴などの作家や学者らの評判、三都の遊里や芝居の話題などで盛り上がるという筋で、当時の出版に関する貴重な資料としてよく引用されます。『都の錦集』（叢書江戸文庫6、国書刊行会、一九八九）に翻刻、『浮世草子Ｉ』（岩崎文庫貴重本叢刊近世編3、貴重本刊行会、一九七四）に影印があります。

⑳ 近世中期の出版　付・非商業出版

版元が組織化され、商業出版が三都それぞれに特色を持ちながら発達していきます。一方、近世全体を通じて行われた非商業的な出版についても概観します。

一、本屋仲間

＊本屋仲間の結成

他の都市より商業出版が先行した京都では、版元同士が講（こう）という信仰上の組織を作り、定期的に集会を持ち、出版資金を融通し合うなどの互助会的な役割を持たせていました。これが、重版・類版の防止など、自分たちの既得権益を守る同業者組合に成長していったようです。おそらく元禄以前には存在し、幕府から正式に公認されたのは正徳六年（享保元年、一七一六）のことです。ついで江戸で享保六年、大坂で享保八年に認められ、三都が揃うことになります。

＊本屋仲間の活動

仲間の代表として対外交渉などに当たると共に、仲間内部を統率する役を行事（ぎょうじ）（大坂では行司と表記）といいます。その職務には次のようなものがあります。

・町奉行からの触・達の伝達
・他の仲間との交渉
・出版の際の内部審査と町奉行への開板願の届け出
・仲間内部の争論の解決（重版・類版など）
・仲間以外の出版物への対応（本屋仲間が扱うのは商業出版される物の本のみ。武家・公家・学者などの個人的な出版、草双紙や演劇関係のもの（江戸で言う地本）は対象外。しかしそれらの中に重版・類版がある可能性もありますし、初め私家版あるいは公的機関での出版物が、本屋仲間から売り出されることもあります）

＊出版の手続きと刊行までの手順

版下原稿を行事に提出→重版・類版・禁制などに抵触しないかを内部審査→版元から正式の願いを受理し、同時に開板人（版元）と行事連名の**開板願書**を奉行所に提出→形式的な審査を経て許可（江戸では幕末になると、昌平坂学問所が検閲する場合がありました）→行事が版元へ通知、同時に**板木株帳**に登録（ここで版権が発生する）→改めて版下清書→彫師が版木制作→摺師が印刷→表紙師が製本→見本を奉行所に届ける（「上ゲ本」）とともに、仲間に手数料を納める→添章と呼ばれる販売許可証が仲間から交付される→自分の店あるいは支店などで販売。

＊版木株

出版の権利。重版・類版を排除できます。丸株（全体を所有）と相合株（複数の版元で分割所有）があります。また、願株（まだ版木ができていない状態の株）焼株（版木が焼失してしまった状態の株）も同様の効力があり、版木そのものが無くても権利があることがわかります。なお、留板といって、相合株や素人蔵版者の場合、ほとんどの株を実際に印刷刊行する版元に置いておき、勝手な刊行を防ぐため数枚のみを他の権利者が留めておくというものもあります。

二、主な版元とその活動

＊江戸

前川六左衛門…漢学関係。江戸本屋仲間の中心として、京都の本屋仲間と対抗しました。

須原屋（小林）新兵衛…荻生徂徠一門の漢学関係書を独占的に出版。特に服部南郭（徂徠の弟子）校訂の『唐詩選』は幕末に至るまで何度も改版されたベストセラーとなります。

須原屋市兵衛…杉田玄白『解体新書』、平賀源内『物類品隲』、森島中良『紅毛雑話』など、田沼時代（田沼意次が権勢をふるった一八世紀中盤）に花開いた蘭学や海外への関心を反映した書物を出版したことで知られます。

＊京都

小川多左衛門…禅宗関係や漢籍、特に貝原益軒の啓蒙的著作を独占的に出版。

林九兵衛…元禄頃から活躍。京都の儒者伊藤東涯（古義堂二代目）の弟子で、儒学・漢詩文関係の出版のほか、自らも浮世草子の執筆・刊行を行いました。

八文字屋八左衛門…西鶴以後の浮世草子の中心である八文字屋本や歌舞伎評判記。
井筒屋庄兵衛…芭蕉一門の俳諧書出版。
橘屋（野田）治兵衛…芭蕉の弟子で地方に勢力を広げた美濃派・伊勢派の俳諧書出版。
山本九兵衛…浄瑠璃本。海賊版に「山木」版があります。

＊大坂

柏原屋（渋川）清右衛門…渋川版『御伽草子』の出版で知られます。
正本屋（山本）九右衛門…山本九兵衛の出店。竹本座の浄瑠璃本。
正本屋（西沢）九左衛門…豊竹座の浄瑠璃本。

付・非商業出版

＊私家版

本屋仲間に所属する版元ではなく、個人が自費で制作出版するものがありました。これらはごく少部数で知人に配るためのもので、現在の自費出版に近い性格のものです。多くは版元名を記さず、「〇〇蔵版（板）」とあるのみですが、なかには版元名を記すものもあり、その場合は入銀本と呼んでいます。

＊官版

幕府が制作出版したものを官版と言います。古くは徳川家康の伏見版・駿河版があり、その後は五代綱吉の元禄官版（常憲院本ともいう。四書五経の注釈書）、八代吉宗の『六諭衍義』『六諭衍義大意』（中国で皇帝が発布した国民教化の訓辞とその翻訳）や朝鮮医学の集大成とされる医書『東医宝鑑』が知られます。

しかし、最も大規模なものは寛政一一年（一七九九）から始まった昌平坂学問所による漢籍の刊行です。狭義の官版はこれを指します（図73がその例）。総計一九七点あり、学問所内での印刷・刊行のほか、版木を貸し出して、江戸の有力版元（須原屋茂兵衛・和泉屋庄次郎など）に市販させました。入手しにくいテクストの普及を目的としたものです。

幕末には長崎奉行所・蕃書調所（後の洋書調所・開成所）が語学・医学の翻訳書や、海外ニュースを載せた定期刊行物などを、陸軍所が西洋式兵学書を刊行、近代化に貢献しました。

このほか、江戸初期の天海版一切経も幕府による資金提供があったと思われます。

＊群書類従

国学者塙保己一が江戸に和学講談所を設立、幕府の援助を得て、和学者を総動員して行った一大刊行事業です。これも狭義の官版と同様、入手しにくい和書の普及を目的としていますので、たとえば『源氏物語』『古今和歌集』などは入っていません。続編の企画は子孫に継承され、一部木版で刊行、維新後、正編とともに活版により刊行完結しています。近代以降の文学・歴史等の研究に多大の貢献をしました。現在も版木が印刷可能な状態で保存されています。

＊藩版

狭義の官版に刺激されて、各地の藩においても、藩校の教科書用の漢籍などを自ら制作出版するようになります。なお、それ以前から、藩主の趣味的な刊行物（和歌・漢詩・俳諧など）や藩に仕える学者の著作などの藩版はあります。

これらも官版同様、版元から改めて印刷出版されることが多いのですが、中には、越後新発田藩の藩版のように、商業出版物を藩が覆刻している、という例が報告されています。

＊寺院版ほか

中世からの伝統を継ぎ、各宗派では所用の経典の寺院版を出していますが、多くの場合、本山が蔵版者となり、本屋に刊行させていました（なお、そういった「御用」を勤める本屋は、恐らく各種版本を寺院に納入する役割も担っていたでしょう）。この場合は商業出版の一形態と考える方がよいでしょう。

その大規模なものとしては、黄檗山万福寺による**鉄眼版一切経**の刊行があります。整版・袋綴による日本最初の一切経で、多数の出資者を募って刊行、近世を通じて全国の寺院に販売されました。現在も万福寺宝蔵院に版木が置かれ、貝葉書院という仏教書専門の出版社が注文に応じて摺り立て（印刷製本）を行っています。

有名な寺社では、参詣の人々に対して、簡単な由緒や寺宝・神宝などについて説明したパンフレットである略縁起（多くは本文共紙表紙・紙縒綴の簡略なもの）や一枚物の絵図を出版しているところも多くあります。

図88　施印本
中央直刷外題の下に「印施不許賣買」とある。本文共紙表紙・紙縒綴の簡便なもの。

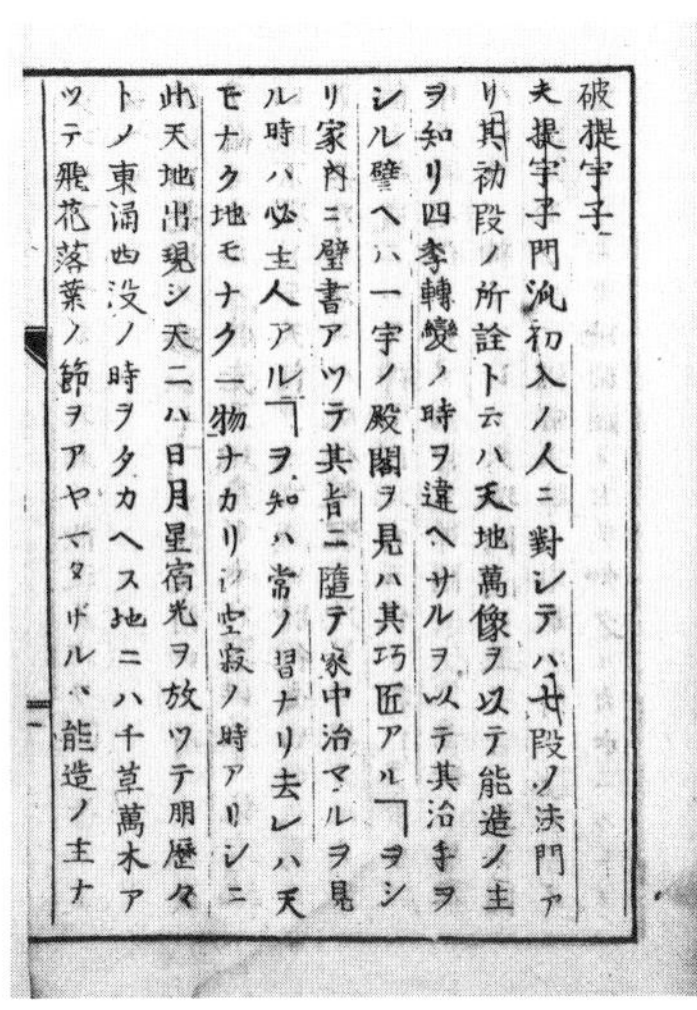

破提宇子
夫提宇子門派初入ノ人ニ對シテハ廿段ノ法門アリ其初段ノ所詮ト云ハ天地萬像ヲ以テ能造ノ主ヲ知リ四季轉變ノ時ヲ違ヘサルヲ以テ其治手ヲシル譬ヘハ一宇ノ殿閣ヲ見ハ其巧匠アルヿヲシリ家內ニ壁書アツテ其旨ニ隨テ家中治マルヲ見ル時ハ必主人アルヿヲ知ハ常ノ習ナリ去レハ天モナク地モナク一物ナカリシ空寂ノ時アリシニ此天地出現シ天ニハ日月星宿光ヲ放ツテ明歴々トノ東涌西没ノ時ヲタカヘス地ニハ千草萬木アツテ飛花落葉ノ節ヲアヤマタザルハ能造ノ主ナ

図89　近世木活字版
本文中の「ヿ」は「コト」と読む。

＊施印本（せいんぼん）

　宗教関係や教訓書などの中には、篤志家が出資・出版して、その地方の人々に広く配布するというものもあります。これを施印本と呼びます。

＊近世木活字版（もっかつじ）

　古活字版が衰えた後、一八世紀後半頃から、主として明朝体の字様の木活字による印刷が行われるようになりました。これを近世木活字版（近世木活・近世活字版）といいます。幕末に近づくと特に盛んになります。

　私家版として少部数印刷する、漢詩文等の遺稿集、藩校の教科書などが多く見られます。整版本よりも比較的安価で素早く出版できるという利点を活かしたものでしょう。また、版権が発生しないため、正式の手続きを踏まなくても出版できることから、幕政批判のパンフレットも木活字版で出ていることが多くあります。

㉑ 近世後期・幕末明治期の出版

出版の中心は江戸に移ってきます。安永・天明の頃も含めて概観します。

一、江戸

＊地本問屋の活躍

いわゆる草双紙や浮世絵（錦絵）を中心にした出版を行っていた地本問屋は、一八世紀後半、有能な戯作者を抱えて、絵と文章両面で大人の鑑賞に堪えうる黄表紙（きびょうし）（その最初は恋川春町（こいかわはるまち）作・画『金々先生栄花夢（きんきんせんせいえいがのゆめ）』安永四年〈一七七五〉刊）や狂歌絵本などを出版、江戸のみならず全国を市場とするようになっていきます。その代表が蔦屋重三郎（つたやじゅうざぶろう）です。

当時の地本の制作過程をストーリー化した黄表紙に十返舎一九（じっぺんしゃいっく）作・画、享和二年（一八〇二）刊『的中地本問屋（あたりやしたじほんどんや）』があり、原稿執筆から版木彫刻・印刷・製本・出版に到るまでの家内制手工業的な様子を知ることができます。『江戸の戯作絵本』続巻二（現代教養文庫一一〇八、社会思潮社、一九八五）に収められています。

＊寛政の改革と出版

松平定信は風紀引き締め政策の一環として、出版物に対しても政治・世相批判や好色物の禁止を打ち出します。内容的には従来の触れと変わらないのですが、寛政三年（一七九一）流行作家山東京伝と版元蔦屋重三郎が洒落本（吉原における男女の駆け引きを描く小説）出版をとがめられ処罰されたのをきっかけに、洒落本は衰え、黄表紙は歴史物・仇討物へ転換し、長編化して合巻に、また文章中心の読本（歴史物や中国作品翻案物。代表作に曲亭馬琴『南総里見八犬伝』）や人情本（恋愛小説。「泣き本」とも呼ばれ、女性がターゲット。代表作に為永春水『春色梅児誉美』）が多く出版されるようになっていきます。

儒学は昌平坂学問所を中心に興隆し、物の本においても江戸が優位に立つことになります。

＊本屋と貸本屋

庶民の多くは、往来物などの教科書類や暦などは別として、娯楽読み物としての書物は購入するのではなく、貸本屋を通して借りて読んでいました。江戸時代の本屋は一般に、出版・新刊小売・古書販売を兼ね、場合によっては写本制作や貸本も行うものでしたが、貸本に関しては中期以降、専門業者が増えてきます。読者人口が増加したことの表れでしょう。

ただ出版に比べて資料が少なく、実態があまり明らかではありません。その中で名古屋にあった大野屋惣八（略称大惣）は、明和四年（一七六七）から明治三二年（一八九九）まで続き、その蔵書の行方を辿ることができる、稀な例です。

多くの貸本屋の蔵書は散逸し、蔵書印によってそれと見分けるしかありません。

*主な版元

須原屋茂兵衛…須原屋一門の中心で、江戸最大の版元。武鑑（幕府・大名の人名録）と江戸絵図の出版で知られます。

須原屋伊八…漢詩文・狂歌などの他、蘭学書でも知られます。

和泉屋金右衛門…漢詩文・仏書など。水戸藩の蔵版本を扱います。

和泉屋庄次郎…二代目の松沢老泉は、書誌学的な著述でも知られ、当時の学者と交流がありました。

英平吉…和漢両方の学術書を刊行。『近代名家著述目録』（堤朝風原著）の編集でも知られます。

岡田屋嘉七…増上寺の門前町だった芝の書物問屋最大手。

山城屋佐兵衛…漢詩文中心。幕末には洋学書も出版。

　江戸は本屋仲間関係の資料として『割印帳』（出版許可済の版本の台帳）が残っていますが、他の史料は豊富ではありません（第11章参照）。

二、上方と地方

*大坂

　独自の出版を行うほか、京都や江戸で既に刊行されたものの版木株を買い取って、単独版または相合版で刊行することが多くなります。

河内屋（柳原）喜兵衛…江戸中期以降、大坂で勢力を誇った河内屋一統の総本家。

河内屋（岡田）茂兵衛…江戸後期、京都・江戸の版木株を買い集めた中心版元。

河内屋（森本）太助…演劇関係の出版、名所図会の版木株買い取りなど。

大坂は、本屋仲間結成以来の主要史料がほぼ完全に残っていて（大阪府立中之島図書館蔵、『大坂本屋仲間記録』として影印あり）、研究に活用されています。

*京都

伝統があり、また学問においても私塾や寺院が多数あって、物の本の需要は相変わらず高く、前期・中期以来の版元が継続しています。前章・前々章で触れた以外のものを挙げます。

永田調兵衛…前期から活躍。浄土真宗関係書。現在も永田文昌堂として存続し、自家の出版資料を多数保存しています。

銭屋（佐々木）惣四郎…中期から活躍。和漢にわたる文学書。ここも出版関係の資料を残していることでも知られます。現在も寺町通に店があり、古書店を経営。

残念ながら京都は、本屋仲間関係の史料は大坂に比べて豊富ではありません。

*地方出版の興隆――名古屋その他

三都以外で早く出版が始まったのは、尾張藩のお膝元名古屋です。国学・漢学・本草学が一体化した「名古屋学」と呼ばれる学問が栄えた土地柄、地元の学者の著作を中心に多数の出版物があります。

風月孫助…漢学・俳諧など。

永楽屋（片野）東四郎…国学（特に本居宣長の著作）、漢学・俳諧、さらに葛飾北斎を起用して『北斎漫画』

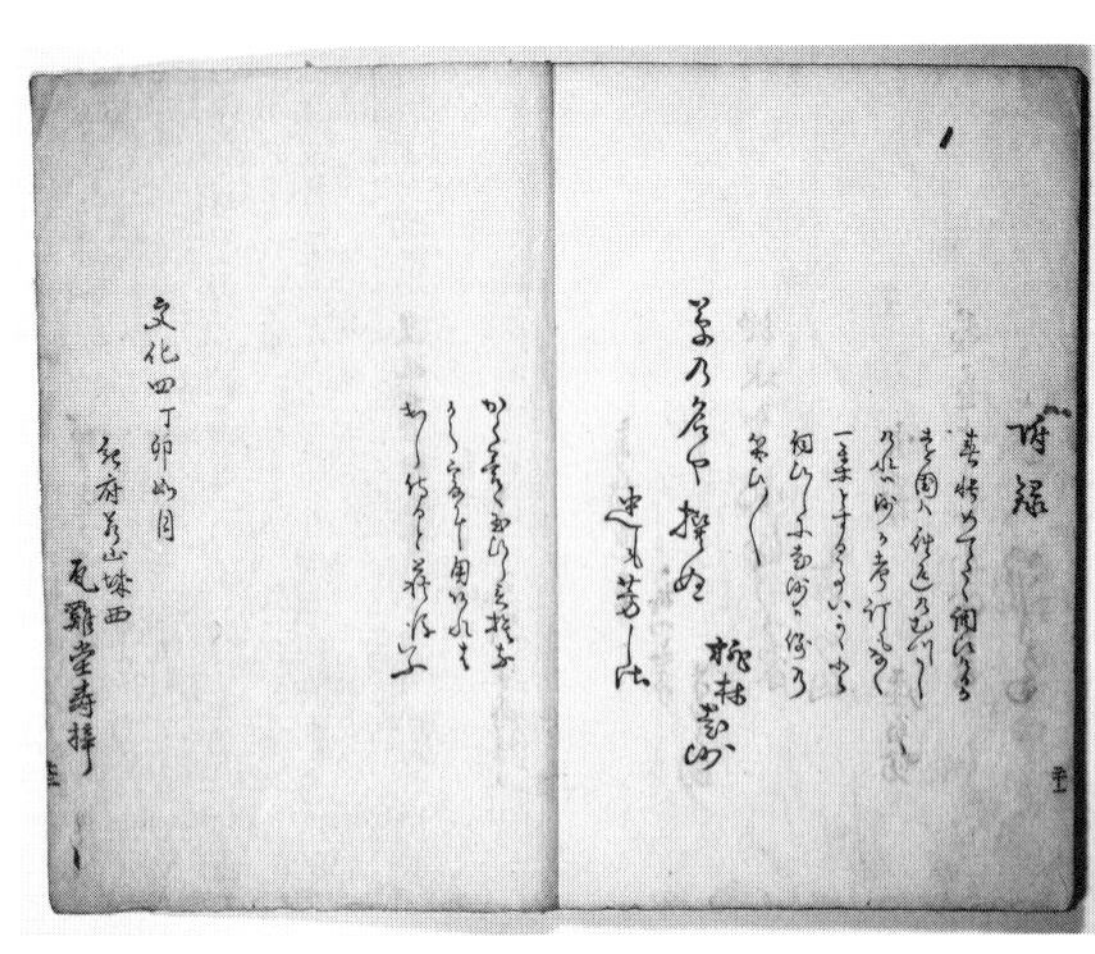

図90　地方版（和歌山）
刊記に「文化四丁卯如月／紀府若山城西／瓦雞堂壽梓」とある。

『富嶽百景』などの絵本類も積極的に刊行しました。

他には、やはり大藩のあった和歌山・仙台・金沢・広島などが多いでしょう。地方の学者らの著作を三都の版元と相合版で、逆に三都の版元の書物に相版元として加わる場合もあり、地方における学問の発達と書物の購買力の高まりが窺えます。

三、幕末の様相

＊本屋仲間の解散

天保一三年（一八四二）、天保の改革の一環として本屋仲間の解散が命じられます。嘉永四年（一八五一）に再び結成されますが、この間に新規参入が増え、地方における読者人口の増加と重なって、初心者向けの書物が急速に増えていきます。**往来物**（書道手本を兼ねた書簡文例集・用語集）はもちろんのこと、基本的な儒学書を仮名でやさしく解釈した注釈書も普及します。

＊学問と出版のネットワーク化

本居宣長に私淑した平田篤胤は、その学問を地方の神主や豪農に浸透させ、彼らを出資者として、自著を頒布しました。学問のネットワークが、同時に書物を媒介にした情報流通のネットワークにもなったわけです。

この時期の商業出版物には多数の版元を列挙した刊記が増えてきますが、版元同士の流通ネットワークとは別に、このような独自のネットワークが作られたことは注目すべきでしょう。

四、明治期の出版と木版印刷の終焉

明治維新とともに学問体系が西洋中心に変わり、また神仏分離・廃仏毀釈によって仏教寺院が打撃を受けると、それまで出版活動を支えてきた儒学書・仏書が需要を激減させます。また、印刷も次第に西洋式の活版が普及してくるため、版木を所有することで成り立っていた版権が無意味になってきます。

テクストと形態の両面の要素から、江戸時代の版元が急激に没落し、新しいテクスト（執筆者）を手配できる新興の書店が出版界をリードするようになります。現在も続く丸善（早矢仕有的）や博文館（大橋佐平）などです。

なお、木版から活版へと移行する過程で、銅版・石版・木口木版といった新しい印刷方式が西洋から導入され、挿絵などに用いられたり、一冊丸ごとそのような方法で印刷されたりしています。

新聞・雑誌という速報性のあるメディアの登場、出版による政治・思想宣伝、それを抑圧する国家の出版統制、初等教育の義務化による教科書の需要、版権・著作権の確立など、出版をめぐる状況は大きく変化していきますが、これらは既に本書の対象範囲を超えていますので、ここまでで触れるのを留めます。

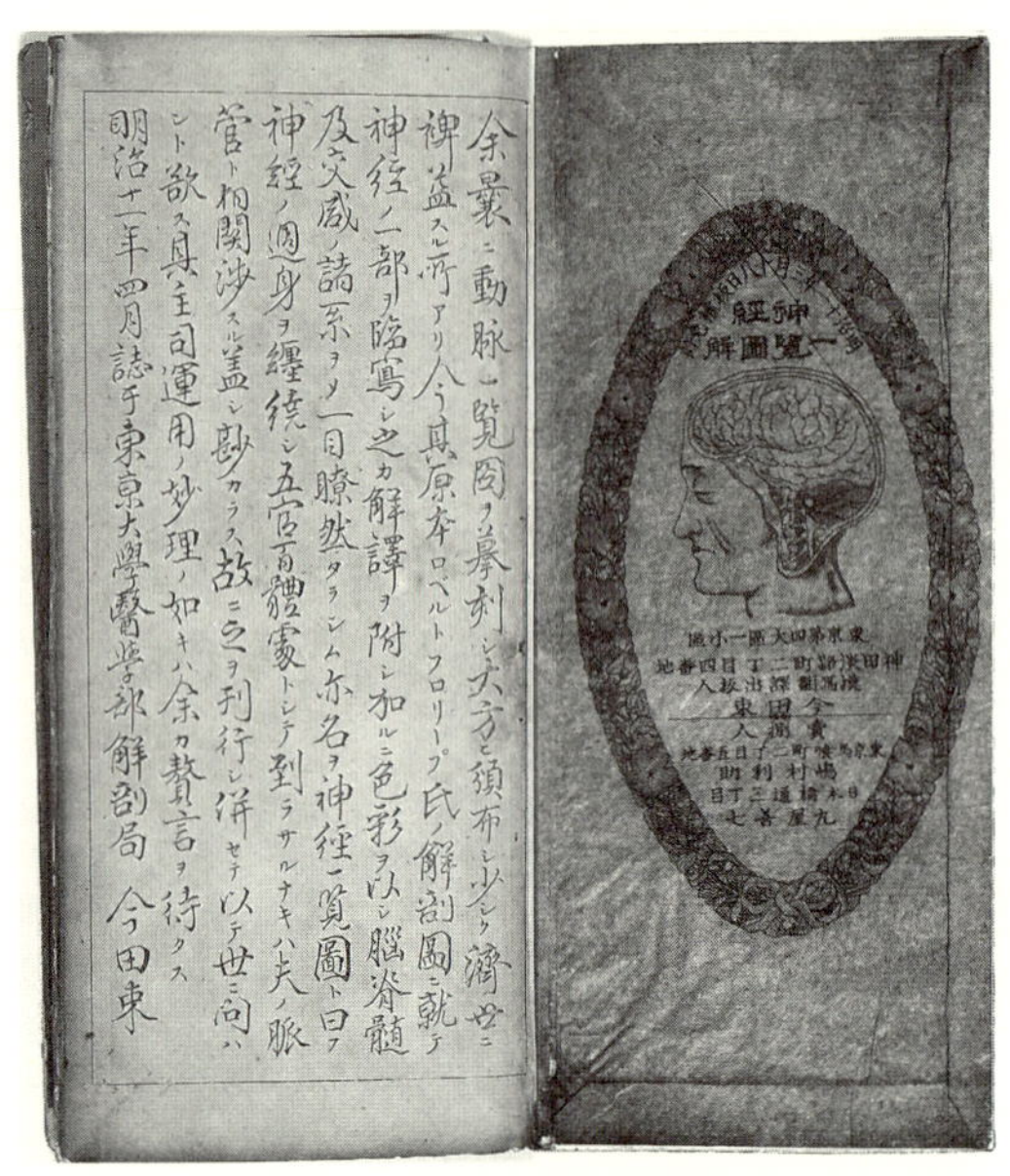

余曩ニ動脉一覧図ヲ摹刻シ大方ニ頒布シ少ク濟世ニ裨益スル所アリ今ヤ其原本ロベルトフロリープ氏ノ解剖図ニ就テ神経ノ一部ヲ臨写シ之カ解訳ヲ附シ加ルニ色彩ヲ以シ脳脊髄及交感諸系ヲシテ一目瞭然タラシム亦名ヲ神経一覧図ト曰フ神経ノ週身ヲ纏繞シ五官百體霊トシテ到ラサルナキハ夫ノ脉管ト相関渉スル蓋シ尠カラス故ニ之ヲ刊行シ併セテ以テ世ニ向ハント欲ス其主司運用ノ妙理ノ如キハ余カ贅言ヲ待タス

明治十一年四月誌于東京大学医学部解剖局　今田東

図91　明治の出版（医学書）

序文と図の部分は銅版、学名を記した部分は活版による印刷。

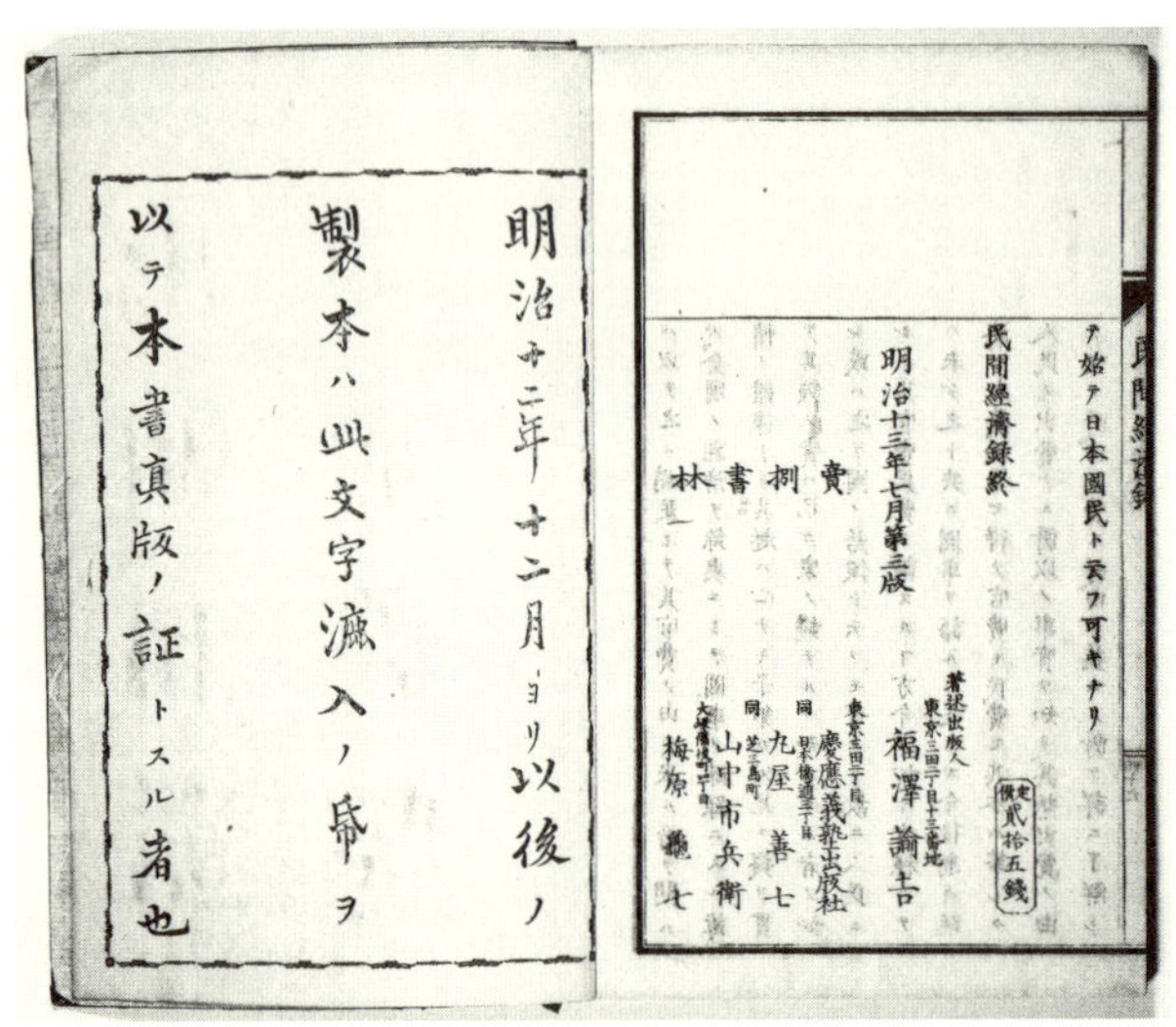

明治十二年十二月ヨリ以後ノ製本ハ此文字漉入ノ紙ヲ以テ本書真版ノ証トスル者也

テ始テ日本國民ト云フ可キナリ

民間經濟錄終

明治十三年七月第三版

著述出版人　福澤諭吉

慶應義塾出版社

賣捌書林　丸屋善七　山中市兵衛　梅原龜七

定價　貳拾五錢

図92　明治の出版（経済書）

海賊版が多かったため、透かし入りの紙（左）を綴じ込んだ。

22 近世の写本と蔵書

現存する写本の多くは近世のものです。時代が近いので当然かも知れませんが、そこには商業的・非商業的両面の写本制作の活動がありました。ここも生産と享受（所蔵）の観点から見ていきます。

一、根強い写本文化

商業的な出版が軌道に乗り、中世以前では考えられなかったようなさまざまなテクストが版本で流布するようになった近世においても、写本の制作や享受は根強く続いていました。この理由は、いくつかの要素に分けて考えるべきでしょう。

・写本でないと流通できないテクストがあった…これは同時代の事件や徳川家ほか大名家の登場する軍記物などが出版を制限されていたため、写本によって貸本屋を通じて流布するという別ルートが作られたからです。実録と呼ばれる小説類がその典型です。

・写本を版本より上位に見る意識があった…例えば嫁入本と呼ばれる、金襴などの裂（きれ）表紙（または金泥下絵の紺色表紙）、鳥の子紙による列帖装の和歌・物語等の写本が、近世に入って大量に作られていますが、公家・大名・豪商などの嫁入り道具として用いられたとされます。中世からの伝統が色濃い世界では、写本でなくてはならない、という意識が働くのでしょう。形態こそが重要であり、テクストそのものは版本を写しているだけ、という場合も多く見受けられます。御伽草子などの物語に彩色の挿絵をふんだんに盛り込んだ奈良絵本・奈良絵巻の制作も同様の理由から中期頃まで続いていきます。

これらの写本は流通を前提に作られる、商業的写本といってよいでしょう。

・有名人あるいは公家・書家などの筆跡を尊重する意識があった…これは第24章にも関わることですが、「書は人なり」の意識からか、たとえ断簡零墨であっても名のある人の筆跡やすぐれた書を尊ぶ意識が強く、人が手で書いたものへの敬意が近世にも続いていたのでしょう。

この場合は、流通を意図しないで作られる場合と、はじめから商品として作られる場合とがあります。

・一般への流布を嫌うテクストがあった…江戸前期の儒学者山崎闇斎を始祖とする闇斎学派では、講義内容を筆録したり、それをまた転写したりして伝え、ほとんど出版をしませんでした。中世の学問のあり方を守り続けていると言ってよいでしょう。さまざまな芸道の秘伝書も、近世にはかなり版本になっていますが、まだ一子相伝の世界は残っていました。

・多くの人が自分自身で書物の制作を行った…今でこそ、パソコンやインターネットによって気軽に著作を発表できる時代になりましたが、実は近世も教養ある人々がなにがしか自己の体験や知識を書き残そうとする時代でもありました。版本にして多くの人に読んでもらいたいというところまではいかなくても、身近な人や子孫には伝えたい、という意識で書物を残します。そういう写本が多く見られます。また、学者の家などでは、当然自筆稿本やノート類が大量に作られます。政治の世界では、上は幕府や藩の役所から町や村の自治組織に至るまで、さまざまな書類・帳簿・日記類が作られますし、経済の世界でも大福帳あるいは掛取帳と呼ばれる取引台帳など、日々さまざまな写本が生み出されていました。

これらは非商業的ですが、それぞれの職場や家において貴重な書物として継承されていきます。

＊形態的特徴

ほとんどが袋綴になっていきます。一部の特殊なもの（秘伝書・絵巻など）に巻子本が、仏書や書道手本に折本が残り、嫁入本には列帖装が引き続き使われています。仏教関係の写本には粘葉装の小冊子が見られます。

二、宮廷主導の学芸復興

ここからは蔵書を中心に見ていきます。

後陽成天皇（在位一五八七～一六一一、一六一七没）・後水尾天皇（在位一六一一～一六二九、一六八〇没）は、和歌を中心とする古典文学（古今集・伊勢物語・源氏物語など）を権威化し、いわば文化の力によって武家政権に対抗しようとしました。長い戦乱を経て平和が到来したのを機に、積極的な書写活動を行い、また勅版という日本初の試みによって出版文化を先導し、京都を中心にした学芸復興の動きを作り出しました。禁裏文庫と呼ばれる天皇家の蔵書はこの時期に形成されていきます。

万治四年（一六六一）正月一五日、内裏炎上によりこの蔵書は大半が焼失してしまいますが、後西天皇により作られていた副本は無事で、寛文六年（一六六六）それらが禁裏に収められ、現在の**東山御文庫**（京都御所にある天皇家の蔵書。宮内庁書陵部が管理している）の中核となっています。また、霊元天皇（在位一六六三～一六八七）の命令によって冷泉家その他の歌書類が大量に書写され、蔵書に加えられました。これらは**御所本**、あるいは桂宮家・有栖川宮家に分与された分は**桂宮本**・**有栖川宮本**（高松宮本）と呼ばれ、現在、前二者は宮内庁書陵部、後者は国立歴史民俗博物館の所蔵となっています。

冷泉家蔵書を例外として、この時に書写されたものが、現在最も古い（あるいは信頼できる）写本となっているテクストも多く、書物の伝来の不安定さと、書写活動の重要さを教えてくれます。

三、公家の蔵書形成

第16章で述べた近衛家のほかには次のような家の蔵書が今も見られます。

柳原家…博士家である日野家から分かれた家で、宮中の実務に通じ、そのための蔵書を蓄積していました。特に江戸中期の柳原紀光が、有職故実のほか、歴史書『続史愚抄』の編纂を志し、大量の資料を収集・書写しています。現在、宮内庁書陵部と西尾市岩瀬文庫に主要なものは分蔵されています。

冷泉家…江戸前期、一部の貴重な書物が流失したため、勅封（天皇の許可がないと書庫を開けられない）とされた時期もありました。中期以降の当主は武士や町人を弟子にして和歌を指導したため、当時の歌壇の関係資料も多数所蔵しています。

このほか、ある程度まとまって残っているものでは、**清原家**（近世以降は舟橋家。博士家の一つ。京都大学附属図書館清家文庫）・**菊亭家**（今出川家とも。音楽の家。専修大学附属図書館菊亭文庫）・**西園寺家**（五摂家に次ぐ家格。明治の当主公望が創立した立命館大学に西園寺文庫あり）などがありますが、その他大多数の家の蔵書は散逸しています。

四、幕府・御三家の蔵書

徳川家康は、豊臣秀吉没後、天下の継承を視野に入れつつ、身近に文化的ブレーンを置き、書物の収集に努めました。禅僧の以心崇伝（金地院崇伝とも）、天台宗僧侶の天海、儒学者の林羅山などが関わっています。漢籍、特に政治や歴史に関わるものを中心に、五山僧に命じて、公家や寺社に伝わる古写本を写させたほか、金沢文庫他からは直接入手しています。こうして集められた書物は将軍引退後移住した駿府（現在の静岡）に置かれ、没後将軍家と御三家に分与されました。これが**駿河御譲本**です。

幕府…御譲本を中核に、将軍の私的コレクションとして形成されたのが**紅葉山文庫**です。ここには御書物奉行という専門職が置かれ、保存・管理に当たり、将軍や幕府諸機関・幕臣への貸し出しが行われました。出納の記録は『御書物奉行日記』として残っています。維新後は明治政府に引き継がれ、現在一部が**宮内庁書陵部**にあるほかは国立公文書館**内閣文庫**にあります。

尾張藩…駿河御譲本以後、初代藩主義直の漢籍その他の収集、その後も歴代藩主が収集を続けました。戦前に**蓬左文庫**として公開、戦後名古屋市に譲渡されました。

紀伊藩…明治以降、**南葵文庫**として公開しましたが、御譲本などの貴重書は一部流出、関東大震災以後、東京帝国大学に譲渡、現在も東京大学総合図書館の蔵書の重要な部分を占めています。

水戸藩…藩主の個人文庫よりも、『大日本史』編纂のために光圀が作った学問所である彰考館が有名。同時期の前田綱紀と競い合うように全国に家臣を派遣して資料収集に当たりました（水戸黄門の伝説はこれが元になっているとも言う）。戦災で半ばを焼失しましたが、現在も**彰考館文庫**として水戸に存続しています。

田安徳川家…八代将軍吉宗が創設した御三卿（ごさんきょう）の一つ。領地は持たず、常に江戸にいました。初代宗武（むねたけ）は和歌や音楽に秀で、有職故実の研究をし、その関係の蔵書が伝えられ、現在国文学研究資料館が所蔵しています。

これらの蔵書では、明清の唐本や和書の版本も当然多くを占めています。

五、大名の蔵書

戦国・安土桃山時代にも、竹中重門（たけなかしげかど）や直江兼続（なおえかねつぐ）ら学問好きの武将がいましたが、江戸時代に入ってからは、徳川家康あるいは公家との結びつきから書物を集める大名が多く現れました。藩主の蔵書は江戸と地元の両方に置かれていることが多く、明治維新後、家の浮沈と共に散逸したものも多くあります。

中期から後期には各地で藩校が設立され、漢籍を中心とした蔵書が形成され、幕末には洋書がその中に加わっている場合もありますが、これらは版本が中心で、入手しにくい唐本などが写本で補われています。

初期には**脇坂安元**（わきさかやすもと）（漢籍・和書）・**榊原忠次**（さかきばらただつぐ）（和書）・**松平忠房**（まつだいらただふさ）（和書）など。忠房のコレクションは**島原市島原図書館松平文庫**に現存。他は散逸。多くは公家あるいは徳川家（および林羅山）蔵書の転写ですが、いずれも質の高いコレクションで、親本が失われてしまったテクストは、これらが翻刻や注釈に使われます。松平文庫のうち日本古典文学関係の主要なものは『松平文庫影印叢書』に収められています。

〈前期・中期〉

前田綱紀の蔵書は、加賀藩の財力を背景にした膨大・良質なもので、同時に彼自身が書誌学的研究も行っている点、単なる収集家ではありません。主要な蔵書は**尊経閣文庫**（東京）に、古文書など歴史資料は金沢市立玉川図書館の**加越能文庫**にあります。

伊達吉村は和歌に造詣が深く、和書の収集が中心です。仙台市立図書館**伊達文庫**があります。その親戚である一関藩主**田村宗永**（建顕とも）も同様の蔵書で、散逸しましたが主要なものが龍門文庫にあります。

このように、文芸や学問に特に関心の強い当主が現れないと、個性ある良質のコレクションは生まれないのですが、なかには特定の藩主に限らず形成されたものもあります。阿波蜂須賀家の蔵書は**阿波国文庫**と呼ばれ、戦中・戦後に流失や焼失でほとんどが失われましたが、柴野栗山や屋代弘賢ら個人蔵書家の献上を受けた厖大なものでした。一方、**越前松平家**の蔵書（松平文庫）は福井県立図書館に寄託、**岡山藩池田家**の蔵書は岡山大学附属図書館池田家文庫となっていて、当時の姿を伝えています。

〈後期〉

豊後佐伯藩の**毛利高標**の**佐伯文庫**は唐本の収集で知られ、文政一〇年（一八二七）主要部分を幕府に献納しました（現在宮内庁書陵部・国立公文書館内閣文庫所蔵）。

松平定信は寛政の改革の中心人物ですが、自身も和歌や和文随筆を得意とする文化人で、幅広い蔵書**楽亭文庫**がありました。これは桑名藩に継承されました（維新後散逸）。

松浦静山は大名には珍しく戯作類を収集し、松浦史料博物館に現存します。

水野忠央は紀伊藩の御付家老（もともとは徳川家康の命により藩主の補佐役となった家臣。大名と同等の扱いで、新宮城主でした）で、『丹鶴叢書』刊行のため和書を収集しました。いまは散逸しています。

六、学者・素封家

林羅山は京都出身、徳川家康に仕え、博士家以外で初めて世襲の儒者という身分を作り出した人です（正確には、子の鵞峰によって確立されます）。和漢・神仏に広がる学問関係書を多数蔵していましたが、明暦の大火（一六五七）で大部分を焼失、失意の内に亡くなり、わずかに残された蔵書は鵞峰が継承し国立公文書館内閣文庫に現存します。同じく家康のブレーンだった**天海**の蔵書は「天海蔵」と称され、叡山文庫・日光東照宮宝物館などに現存します。江戸初期の多様な写本・版本が原装のまま伝わっています。

京都では**伊藤仁斎**・**東涯**父子に始まる儒学の塾古義堂が歴代の蔵書を戦前まで伝え、天理図書館に完全な形で伝えられます。そのほか、**元政**（詩人・歌人）の蔵書は彼ゆかりの深草瑞光寺に、**藤原貞幹**（考古学中心の国学）の蔵書は静嘉堂文庫・大東急記念文庫に、**小石元瑞**（西洋医学）の究理堂文庫は子孫に、**山本亡羊**（本草学）の山本読書室蔵書は西尾市岩瀬文庫にそれぞれ現存します。歌人では小沢蘆庵の蔵書が新日吉神社（現在は新日吉神宮）に伝わります。

大坂は学問的には新興の地でしたが、国学の先駆者**契沖**が出て、その蔵書は弟子の**今井似閑**により、彼の蔵書も合わせて京都の賀茂別雷神社（上賀茂神社）**三手文庫**に奉納されています。また、町人たちが出資して設立した**懐徳堂**という儒学中心の私塾は明治初期まで続き、その蔵書は大阪大学附属図書館にあります。ほかに、ユニークな蔵書家として、**木村蒹葭堂**がいます。書物はもとより、古い器物や動植物などさまざまなものを収集、交流のあった文化人たちに公開していました。博物学と呼ばれる当時の総合的な学問の様子をよく示しています。蔵書・蔵品は散逸（一部は幕府に献納、内閣文庫に現存）、日記が大阪歴史博物館にあります。『**群書一覧**』という和書の総合的な解題目録を著した**尾崎雅嘉**も大坂で活躍しました。

後期の江戸においては、幕府の学問所との関わりを持ちながら、特に考証学・書誌学的な研究をグループで行っている学者がいました。**屋代弘賢**は幕臣であり、幕府の命により百科事典『古今要覧稿』の編纂に従事しました。その蔵書を不忍文庫と称し、阿波蜂須賀家に献上されました。漢学においては**狩谷棭斎**が出ました。唐本や日本の古い漢籍の写本・版本の書誌学的な考証を行い、日本における書誌学の先駆者と言ってよいでしょう。弟子に**渋江抽斎**・**森立之**などがいます。蔵書は散逸、海外に渡ったものも多くあります。

紅葉山文庫の管理に当たった御書物奉行の中にも、**鈴木白藤**・**近藤正斎**（重蔵）のような蔵書家がいました。特に正斎は文庫の蔵書の来歴などを考証し、また北方探検を行うなど、多彩な活動で知られます（いずれも散逸）。

地方では、伊勢松阪の本居宣長が国学の大成者として名高く、その蔵書は地元の本居宣長記念館にあり、分家の蔵書（東京大学文学部国文学研究室本居文庫）とともに重要な資料です。また、同じ松阪に**小津桂窓**という豪商の蔵書**西荘文庫**がありましたが、戦後散逸しました。和漢にわたる幅広い蔵書でした。漢学塾としては、豊後日田の**咸宜園**（広瀬淡窓）と備後神辺の**廉塾**（菅茶山）がよく知られています。蔵書はそれぞれ地元に伝えられています。

七、図書館の先駆的存在

蔵書の形成のなかで特徴的なのが、神社への奉納という形です。**北野天満宮**や**大坂天満宮・住吉大社**には、それぞれ京都・大坂の本屋仲間が新刊本を奉納する習わしでした。万一火災等で版木を失った場合に覆刻の原本とするという経済的理由もあったようです（いずれも現存）。また、伊勢神宮には内宮（ないくう）に**林崎文庫**（はやしざきぶんこ）、外宮（げくう）に**豊宮崎文庫**（とよみやざきぶんこ）という神官たちが運営していた図書館があり、ここには一般からの奉納がありました。特に有名なのは、京都の商人**村井古巌**（むらいこがん）（敬義（たかよし））の林崎文庫への奉納です。両文庫は維新後神宮文庫となり、現在に至ります。

三河吉田（現在の豊橋）にあった**羽田八幡宮文庫**（はだはちまんぐうぶんこ）は、幕末の神官羽田野敬雄（はだのたかお）が地元の人々に奉納を呼びかけ、それらを公開するという、公共図書館の先駆けでした。蔵書は現在豊橋市中央図書館と西尾市岩瀬文庫に伝わります。

近代の蔵書

社会の激動に伴う書物の流動、その中で活躍した機関や人々を見ていきます。

一、公的機関・図書館の創設

＊内閣文庫と帝国図書館

旧幕府の蔵書の内、紅葉山文庫は明治政府の管理下に置かれ、明治一八年に**内閣文庫**となりました。教育・研究機関であった昌平坂学問所・医学館・開成所の蔵書は、将軍家の静岡移封に伴って一部移動したもの以外、組織としてこれらを引き継いだ東京大学（帝国大学・東京帝国大学）には行かず、公共図書館として明治五年湯島昌平坂に**書籍館**（しょじゃくかん）が開設され、そこに集められます（和学講談所蔵書も同様）。七年、浅草に移転、**浅草**（あさくさ）**文庫**と改称、翌八年、書籍館は再び湯島に戻りますが、蔵書はそのまま浅草文庫として公開を続け、一四年に閉鎖、二三年に内閣文庫に合流しました（一部は現在の東京国立博物館へ）。その後、漢籍を中心とする貴重書の一部は**宮内省図書寮**（くないしょうずしょりょう）（現在の宮内庁書陵部）に移管されました。戦後は国立公文書館の一部となって現在に至ります。

湯島に戻った書籍館には旧藩校の蔵書が各地から集められ、これが核となり、一三年、東京図書館と改称、一八年に上野に移転、三〇年四月に**帝国図書館**（ていこくとしょかん）（通称上野図書館）となりました。この蔵書が戦後新設された国立国会図書館に引き継がれます。古典籍の収集も行っていますが、戦前までは検閲のため、戦後は国民への提供のため新刊本が集積されました。古典籍研究の上では、多種多様な収集とともに、明治期の出版物が揃っている点に特徴があります。また、全国民に開かれた公共図書館として、明治以降の文化に大きな影響を与えました(例えば樋口一葉はその日記にここでの読書について記しています)。

＊地方の図書館

地方の公立図書館や旧制中学・高等学校図書館は、旧幕時代の藩主あるいは藩校の蔵書を基礎にしている所もあります。

一方、地方文化の発展を願う篤志家による私設図書館も見られます。

八戸書籍縦覧所…明治七年、旧南部藩士によって設立されたもの。現在、八戸市立図書館に継承されています。

大橋図書館…明治三五年開設。当時の有力出版社である博文館の創業者大橋佐平の遺志によって、一般公開されたもの。現在、三康図書館として蔵書を継承しています。

岩瀬文庫…明治四一年開設。現在の愛知県西尾市の実業家、岩瀬弥助によるもの。当時の私設図書館には珍しく、古典籍を主体とする図書館で、ホールや遊園地なども併設した文化施設でした。戦後西尾市に譲渡され、現在は西尾市岩瀬文庫となっています。

鎌田共済会図書館…大正一一年に香川県坂出の実業家鎌田勝太郎によって開設。現在は鎌田共済会郷土博物館となっています。

＊複製と保存

関東大震災によって古典籍が大きな被害を受けたことを教訓に、古典保存会叢書・尊経閣叢刊・貴重図書影本刊行会叢書といった、貴重な書物の複製事業が行われるようになりますが、もっと積極的に、書誌学研究（特にテクストの比較）を行うため、写真版（青焼き、後にマイクロフィルム）によって各地の古典籍を収集するという動きが、戦前から戦後にかけて大倉精神文化研究所・慶応義塾大学附属研究所斯道文庫などの研究機関で行われます。なお、戦後の複製事業では日本古典文学会による複刻日本古典文学館が大規模なものです。

一九七二年に設立された大学共同利用機関である国文学研究資料館では、全国各地の大学教員（一部大学院生や図書館員等を含む）を調査員とし、それぞれ地元の図書館等の資料調査を委嘱、そのデータを集約する、という方法で調査を進めて、その成果が「日本古典資料調査データベース」として公開されています。また、その中から重要な資料（場合によっては全点）のマイクロフィルム撮影を行い、これを永久保存し、また所蔵先の承諾を得て公開・複写に供するのも重要な事業の一つで、将来的にはその画像のインターネット公開も望まれます（すでに一部始まっています）。

二、書物の流動と集散

＊新たな蔵書家の登場

明治維新という政治上の一大改革は、同時に社会や文化においても大きな変化をもたらしました。それまでの支配層・富裕層のうち、武士は俸禄を失い、寺院は廃仏毀釈で困窮、また商人も、大名などに依存していた者は多く倒産しました。

一方、学問体系が漢学から洋学へ、と大きく変化する中で、漢学を支えてきた書物は不要となり、同様のことが仏典や国学関係の書物にもありました。公家・武家社会の儀式や典礼（有職故実）も西洋風に大きく変わり、その関係書は有用性を失います。

書物の形態も、整版本や写本から活版印刷による洋装本へと移っていきます。

このような流れの中、古典籍が市場に大量に出回ることになりました（なお、昭和初期の大恐慌前後、戦後の混乱期にも、経済的理由から同様の現象があります）。

しかし売り手のみで市場は成り立ちません。これらの書物を買った人々は、それまでの所蔵者とは異なる、新たな価値をそこに見出したはずです。古典籍という、歴史性を帯びたモノそのものの魅力と、学問（文学・歴史・美術・宗教などなど）の資料としての価値です。新たな富裕層は主として前者、大学教授等学者は後者のため収集に励みました。

＊外国人コレクター・旧植民地の蔵書

明治以降の収集家でまず特筆すべきは外国人です。

実は江戸時代にも、オランダ使節に加わって来日した**ケンペル**（ドイツ人、一六九〇〜九二滞在）や**シーボルト**（ドイツ人、一八二三〜二九滞在）、幕末・明治のイギリス外交官**サトウ**（一八六二〜八三滞在）らが本国に書物を持ち帰っています。ケンペルは通俗的なものも含め同時代のさまざまな出版物を、シーボルトは社会風俗などの写本中心、サトウは古版本も含めた幅広い書物で、シーボルトの蔵書はオランダ・ライデン大学に、他の二人のものは主に大英図書館に蔵されます。**アストン**（一八六四～八九滞在）は、イギリスにおける日本文化研究の先駆者の一人で、その蔵書はケンブリッジ大学に、また、言語学の御雇外国人教師**チェンバレン**（一八七三～一九一一滞在）の蔵書は弟子の上田万年に譲られ、その後散逸しました。

なお、浮世絵や絵本は日本語が読めなくても鑑賞できる上、アール・ヌーボー時代のジャポニスムの流行もあってフランスを中心に大量に輸出されました。その仲介役が**林忠正**です。

昭和以降では**フランク・ホーレー**（一九三一～六一滞在、ただし一九四二強制送還、一九四六再来日）が幅広いコレクションで有名で、多くは散逸、ただし琉球関係書はハワイ大学にあります。

中国（清）とも正式な国交が結ばれ、それまで一部の例外（黄檗宗の僧侶、長崎に来た商人）を除いて貿易を通じてしか交流がなかった日中間に、知識人同士の学問や芸術を通じた深い関係が生まれました。公使館員として来日した**黎庶昌**や**楊守敬**が書誌学・文献学的見地から日本に伝わる漢籍の古写本・古版本を入手し、日本で**『古逸叢書』**として覆刻、その原本を含め大量に本国に持ち帰ります。多くは**狩谷棭斎**旧蔵書がその弟子や子孫を通じて流れたもので、書物を通しての時間・空間を超えた学問的交流が実現しています。その蔵書は現在、台湾故宮博物院その他にあります。

これ以外にも中国には多くの収集家がおり、また日本からも盛んに輸出されていたため、各地の図書館に和刻本を中心とした日本古典籍があります。

台湾・韓国・中国東北部（旧満州）には、植民地時代の日本が設立した官庁・大学等に古典籍の蔵書があり、戦後はそれぞれの国に引き継がれています。しかし他の一時的な占領地域（中国・東南アジアなど）では日本が破壊・略奪したケースも多く、日本が受けた空襲被害を含め、戦争は書物にとって最大の敵であることを示しています。

＊維新前後の京都と東京

鵜飼徹定…浄土宗の僧侶。寺院から放出され大量に出回った古写経類を収集。晩年は知恩院住職となり、蔵書を寄贈しました。

田中勘兵衛（教忠）…京都の商人。後に京都帝室博物館勤務。古文書・古写本を中心に収集。現在国立歴史民俗博物館所蔵。

神田香巌…京都の商人で、田中勘兵衛の友人。漢籍などの古写本・古版本中心。孫に中国文学研究の大家神田喜一郎がいて、蔵書を引き継ぎました。現在大谷大学所蔵。

富岡鉄斎…京都の漢学者・南画家。子の桃華とともに二代にわたり漢籍等を収集。散逸。

関根只誠…幕府御用達の魚屋。演劇を中心とする俗文学関係。散逸。

淡島寒月…東京の文筆家。西鶴本を尾崎紅葉・幸田露伴らに紹介し、明治文学に大きな影響を与えます。散逸。

＊財閥の収集

岩崎家（三菱）…創立者弥太郎の弟である弥之助は自邸内に静嘉堂文庫を設立、漢学者や図書館員をスタッフに迎えて古書や美術品を収集しました。特に明治四〇年、中国の大蔵書家陸心源の旧蔵書（宋元版を多数含む）を購入したことは著名。没後は子の小弥太が引き続き拡充に努め、松井簡治（国語学者。

『日本国語大辞典』の元になった『大日本国語辞典』を編纂した）旧蔵書など和本も充実させました。一方、弥太郎の子久弥は古版本・古写本、近世の文学書などを幅広く収集、またモリソン文庫（オーストラリア人によるアジア関係洋書のコレクション）購入をきっかけに財団法人**東洋文庫**を設立、それまで収集した古典籍を寄贈しました（岩崎文庫）。

三井家…江戸時代から続く商家。直系の北家を中心に一一家あり、そのうち新町三井家の高辰・高堅父子の収集が有名でしたが、戦後**カリフォルニア大学バークレー校**に買われ、その一部（本居家旧蔵書の大部分）は東京大学が買い取りました（本居文庫）。北家等の収集品（美術品が主）や古文書類は**三井文庫**に収められましたが、戦後の財閥解体で一時期文部省に寄託、土地は譲渡されました（旧国文学研究資料館の場所がそれ）。一九六五年に中野に移転して再出発、二〇〇五年には日本橋に三井記念美術館を開きました。

住友家…江戸時代には銅山経営、明治以降銀行などさまざまな事業を展開。古典籍の蔵書は少ないが、一五代当主吉左衛門が大阪府立中之島図書館の建物一切を寄付したことで知られます。中国古銅器など美術品は泉屋博古館にあります。

安田家…二代目当主善次郎が少年期から歌舞伎関係資料を収集して松廼屋文庫と称していましたが、関東大震災で全焼。昭和に入ってからは古写本・古版本や名家自筆本などを積極的に購入し、短期間で膨大なコレクション**安田文庫**を築きました（その形成には川瀬一馬が深く関わっています）。戦災で焼失したと言われていますが、売却・散逸したものも多いようです。

＊実業家・ジャーナリストの収集

徳富蘇峰…明治から昭和にかけての言論界・政界に大きな影響を与えた人物。**上村観光**・**森大狂**ら研究者を助手にして禅籍を中心に幅広く収集した**成簣堂文庫**は主婦の友社に譲渡、石川武美記念図書館に現存。

久原房之助…日立製作所創業者。それ以前は鉱山経営を行い、その関係で農商務省鉱山局長**和田維四郎**（雲村）と知り合い、彼を岩崎久弥とともに援助して、すぐれた古版本のコレクション久原文庫（古梓堂文庫）を形成しますが、すべて五島慶太に譲渡。

石井光雄…日本勧業銀行総裁。禅に傾倒し、五山版などを多数所蔵。**積翠軒文庫**といいます。死後散逸。

大島雅太郎…三井合名会社理事。国文学者池田亀鑑の助言を得て物語の古写本を収集、戦後散逸しますが、和書には、その邸宅の名を冠した**青谿書屋本**あるいは大島本として著名な伝本があります。

内野皎亭…凸版印刷役員など。漢詩文関係が中心。散逸。

高木利太…大坂毎日新聞社専務。地誌類と古活字版の収集で知られます。前者は天理図書館、後者は一部安田文庫を経て阪本龍門文庫へ、その他は散逸。**高木文庫**といいます。

阪本猷…資産家。**阪本龍門文庫**として現存。古写本、田村宗永旧蔵書、近代文学者自筆原稿などが知られます。一部は奈良女子大学図書館ホームページで画像公開。

五島慶太…東急の創業者。松永安左衛門（電力会社→東京国立博物館・福岡市美術館・松永記念館）・小林一三（阪急創業者→逸翁美術館）・畠山一清（荏原製作所創業者→畠山記念館）らの茶道サークル「延命会」に参加し、古写経・古筆切・茶道具などの収集を開始、戦後久原文庫の古版本・古写本を一括購入したことによって収集範囲が古典籍に広がります。**大東急記念文庫**、ついで五島美術館を設立。

小汀利得…中外商業新報（日本経済新聞）社長。幅広い収集。散逸。

上野精一・淳一父子…朝日新聞社主。ジャーナリズム関係（京都大学に寄贈）のほか、古写本も収集。上野家に現存。

＊学者・文学者・趣味人の収集

黒川春村・真頼父子…幕末から続く国学者の家。文学・神道・有職故実など幅広い蔵書があり、実践女子大学・ノートルダム清心女子大学・国学院大学などに分かれて現存。

内藤湖南（虎次郎）…戦前を代表する漢学者。京都帝国大学教授。善本の一部が杏雨書屋（武田薬品の作った財団）に、残りほとんどが関西大学にあります。

中山正善…天理教第二代真柱。**天理図書館**を創設し、俳諧書の綿屋文庫、伊藤家旧蔵の古義堂文庫、佐佐木信綱の竹柏園文庫、キリシタン関係資料、西洋古版本など日本最大級のコレクションを形成します。図書館員の書誌学的研究も盛んで、雑誌『ビブリア』には館内外の研究者が館蔵書を扱った論考が載ります。毎年二回、東京の天理ギャラリーで所蔵書の展覧会がさまざまなテーマで行われます。

狩野亨吉…京都帝国大学文科大学長。後半生は在野。江戸時代の思想研究で知られ、近世の版本・写本に関する最大級のコレクション**狩野文庫**を形成、東北大学附属図書館に現存し、主要部分はマイクロフィルム化され、一部（古地図など）はホームページで見られます。

幸田成友…経済史学者。露伴の弟。江戸の俗文学から洋書まで幅広い収集。慶應義塾図書館幸田文庫にその大半が収まっています。

市島春城…大隈重信の立憲改進党に入って政治家を志し、東京専門学校（早稲田大学）の経営に参加、初代図書館長となります。**国書刊行会**を創立、歴史や文学の重要文献の翻刻を行います。蔵書の一部は早稲田大学図書館に、その他は散逸。印章の収集でも知られ、早稲田大学會津八一記念博物館に現存します（富岡美術館旧蔵品）。

大野洒竹…医者。俳人。俳諧書コレクション**洒竹文庫**で知られます。主要部分は東京大学総合図書館現蔵。

渡辺霞亭…明治期大阪で活躍した小説家・記者。近世小説を中心とした**霞亭文庫**が東京大学総合図書館に現存、ほとんどがインターネット上で公開されています。

森鷗外…東京大学総合図書館に鷗外文庫。

夏目漱石…東北大学附属図書館に漱石文庫。

三村竹清…東京の商家。好古趣味の雑誌『集古』編集、**稀書複製会**による近世版本の模刻事業などを行いました。文人趣味（書画篆刻）でも知られます。蔵書は一部二松学舎大学へ。

池田亀鑑…国文学者。東京大学教授。『源氏物語』や『土佐日記』の本文研究で知られ、蔵書桃園文庫は東海大学附属図書館に現存。

前田善子…池田亀鑑に師事、国文学関係の古写本を収集。亀鑑により紅梅文庫と命名。主要な部分は天理図書館にあります。

横山重…国文学・民俗学者。連歌・俳諧・浄瑠璃・室町物語・近世小説などのすぐれた写本・版本を収集、翻刻（『古浄瑠璃正本集』『室町時代物語大成』など）。その蔵書**赤木文庫**は慶応・早稲田・関西大学などに散在。

三、陰の主役たち——書誌学者・古書業者

達摩屋伍一…幕末の古書業者。サトウの蔵書形成を助けました。

寺田望南…薩摩出身。収集家でもあり、古書の売買で生計を立てました。

島田翰…漢学者の家に生まれ、漢籍の書誌学研究書『古文旧書考』を徳富蘇峰の後援で出版、中国にも知られます。しかし足利学校や金沢文庫の貴重書を無断で持ち出すなどして逮捕され、自殺しました。

川瀬一馬…国文学・書誌学者。安田文庫ほか、戦前戦後の主な個人コレクションの形成や目録作成に関わり、その知見を元に『五山版の研究』『増補古活字版の研究』『古辞書の研究』『日本書誌学之研究』（正続）など大著を出しました。

長澤規矩也…漢学・書誌学者。父の薫陶を得て若い頃から古典籍に親しみ、宋元版の研究や『内閣文庫国書分類目録』をはじめとする和漢書目録編纂を行います。蔵書は一部東京大学東洋文化研究所へ、他は子息長澤孝三氏より関西大学図書館へ。

鹿田静七…大阪の代表的な古書店松雲堂の当主。初代から三代まで。いずれも大阪文化の発展に貢献。三代目没後閉店、**鹿田文庫**は散逸。

吉田久兵衛…江戸前期以来続く版元浅倉屋歴代当主の名。明治以降は古書店として存続。

横尾勇之助…東京上野の古書店文行堂二代目当主。三村竹清と親しく、雑誌『短冊』を刊行、また『**蔵書印譜**』（正続）を編刊。

村口半次郎・四郎父子…東京の古書店村口書店当主。半次郎は和田維四郎らと関り、四郎は反町茂雄とと

もに戦中戦後の大規模な売り立てなどに関わりました。

反町茂雄…東京神田神保町の代表的な古書店一誠堂書店（酒井宇吉）で修業した後独立、目録販売のみを行う弘文荘を創業。天理図書館、ホーレーなどのコレクション形成に関与。その目録『弘文荘待賈古書目』は書誌学の資料としても貴重です。

㉔ 非書物形態の資料

短くまとまったテクストを記した資料は、書物の形態を取っていないものでも古典籍と縁が深く、書誌学の対象とすべきものです。なお、一枚刷など印刷物は版本に準じて考えますので、ここでは触れません。

一、文書

書物が不特定多数の読者を想定して作られるのに対して、文書は差出人と宛名があり、特定の人間（機関）から特定の人間（機関）への意思伝達を目的として作られる、という点が大きく異なります。

歴史学では最も信頼の置ける資料として**文書**（もんじょ）と**記録**（きろく）（日記類）を重視します。これらは出来事の当事者がリアルタイムで作成した資料ですから、伝聞や記憶の不確かさがありません。それに対して典籍（一般の書物）は後になって編纂されたものなので、あまり重視されません（しかし最近は、単なる歴史的事実だけではなく、人々の感性や心も歴史学の対象となってきたので、典籍もそれらを探る上では重要視されてきてはいます）。書誌学では文書の内容の資料性にまではあまり立ち入りませんが、成立年代や筆者の判定、真偽の区別などの書誌学的知見がそれと関係してくることもあります。

なお、文書は当初の目的を果たしてしまうと廃棄される場合と、後日の証拠として保存される場合とがあります。古くは紙が貴重であったので、廃棄と言っても再利用されることが多く、写本の紙背文書、書物の表紙裏打や屛風・襖などの裏張から貴重な資料が見つかることがあります。ここにも書誌学との近縁性が見られます。

保存される文書は、当初の形態のままではなく、関連のものをまとめて仮綴じにしたり巻子本にしたりしていることが多いので、そういった形態を取った時点で古典籍と言ってもよいものになります。逆に、筆跡を鑑賞するために単独で掛軸などに仕立てられることもあります。

なお、文書全体を扱う歴史学の一分野として古文書学（こもんじょがく）があります。資料調査などでは古典籍と一緒に調査しなくてはならない場合もありますので、基本的な知識は必要です。

二、懐紙・短冊・色紙類

懐紙（かいし）はもともとメモ用に懐に入れていた紙ですが、漢詩や和歌の会において自詠を書き付けるために使われ出し、平安後期には書式などが整えられ、必須のものになりました。**短冊**（たんざく）は懐紙を縦に細く分割したもので、略式の歌会で用いられました。これらも本来はその会が終われば（あるいは別紙に作品をまとめて写してしまえば）廃棄されるものですが、筆跡尊重の観点から保存されることもあり、鑑賞の対象として**掛軸**（かけじく）・**屛風**（びょうぶ）・**手鑑**（てかがみ）などに仕立てられて伝えられているものもあります。**色紙**（しきし）は初めから鑑賞用に作られるもので、掛軸や屛風などに貼られました。これらは基本的に歴史資料ではないため、古文書学では扱いません。書誌学が引き受けるべきものでしょう。ただし、書としての価値が高いもの、絵画を伴うものも多く、美術史学の対象にはなっているので、その成果をよく吸収する必要があります。

＊懐紙

和歌・漢詩は原則として一枚の紙に書かれます。端作（はしづくり）（題・位署）と本文から成り、紙の大きさや種類、端作の書き方、本文の書き方（和歌は三行三字に書く、など）が身分や状況に応じて細かく決められています。紙は原則として素紙（そし）（装飾のない紙）。

連歌・俳諧の懐紙は何枚かの懐紙を二つ折りして仮綴じするので、形態として一応書物の形になっています。金泥などの下絵のあるものもありますが、多くは素紙。

＊短冊

題・本文・署名（多くは名のみ）から成ります。南北朝頃までは素紙、その後雲紙（くもがみ）が多くなり、室町末から江戸前期には金銀泥の下絵を伴うものも出てきます。江戸時代には文様も下絵も多彩になり、近代に続きます。手軽に集められ、鑑賞にも適しているので、明治以降コレクターが多く、専門誌も出版されるほどでした。

＊色紙

正方形で、唐紙（からかみ）と呼ばれる美しい文様入りのものが多い。現在使われている厚紙の色紙はいつ始まったものか不明ですが、早くとも明治以降でしょう。筆者本人の作品ではなく、既存のものを書くことも多くあります。

＊その他

いわゆる半切（はんせつ）などの大きな紙に書いた掛軸や、扇子に書かれた扇面（せんめん）もあります。なお、屏風や手鑑から剝がされた状態のものをマクリと呼びます。

三、書状

文書の一部ですが、古文書学で扱う公的なもの、様式が定まっているもの以外に、ごく私的な書簡も、江戸時代以降は急増します。これらもまとまって巻子本になっていたりするので、扱うべき対象となります。学者・文学者の書簡は、著作や書物に関する内容を含んでいることがあるので、内容面でも書誌学に有益です。

美濃紙や杉原紙全紙をそのまま使ったものを竪紙（たてがみ）、横に半分に折ったものを折紙（おりがみ）、切ったものを切紙（きりがみ）、切紙を繋いだものを継紙（つぎがみ）といいます。近代以降は書簡専用に長く漉かれた巻紙（まきがみ）も使われます。

四、古筆切

書物（あるいは懐紙等）の一部を鑑賞用に切断したもの。主として平安・鎌倉時代書写の歌集や物語、仏典など。特に平安時代の仮名の切は尊重されます。

江戸時代、大名や武士、上層の町人などで、古筆鑑賞の趣味が広がり、特に手鑑（てかがみ）と呼ばれる多種多様の筆跡を集成するアルバムが古筆家（こひつけ）（鑑定を家業とする家）によって作られました。特に貴重なものは一点のみで掛軸になっていますが、多くはこの手鑑や張り交ぜ（はりまぜ）屏風の形でした。

古筆切の資料的価値は、完本としては失われてしまった作品が一部であっても復元できること、すぐれた本文を持つ古写本がない作品については本文を校訂する資料となること、特に鎌倉以降の古筆切では作者自筆原本やそれに近いものが得られることなどがあります。近年、急速に研究が進んでいる分野です。

＊原態の推定

古筆切、つまり断簡となる前の状態をどのように推測するのでしょうか。もと巻子本だったものには巻皺（まきじわ）（水平方向に走る皺）や継ぎ目があり、虫食いの穴が平行して見られます。一方、冊子本では、粘葉装や列帖装は両面書写、列帖装や袋綴には綴じ穴があり、虫食いの穴が左右対称で見られる――といった痕跡がある場合があります。一点だけではわからないものも、同じ種類の切（ツレといいます）を集めて検討することによって解明できるものもあります。

＊茶の湯との関係

筆跡鑑賞というのは、茶の湯の席に床飾りとして掛けることによって広まったと言えます。茶の湯は人間同士のコミュニケーションの場であると同時に、あらゆる美術品を総合的に揃える展覧会のようなものでもあります。その中心が掛軸です。茶の湯の文化史的意義と非書物形態の資料の伝来は密接に関係しています。

五、書誌記述

基本的には大きさ、紙質、内容を記します。文書類の場合は差出人・受取人・日付・標題または概要、懐紙その他では内容全体を写し取るべきでしょう。古筆切では出典を探ることが重要になります。各種データベースや索引を活用しましょう。

第三部――古典籍を読む（応用編）

古典籍がこれからも活きた資料としてわれわれに身近な存在であり続けるためには、図書館の書庫に眠らせておくだけではいけません。

まず、図書館資料全体の中ではどのように位置づけられるべきかを考えます。

その内容も含めて研究を発展させていくために、辞書・注釈書・論文といった、これまでの研究の蓄積に学ぶ必要があります。そこで、それぞれの文献がどのように作られているか、どのように利用すればよいのかを理解します。同時に、みずからの研究成果をまとめた論文を書くための注意点も知っておきましょう。

この第三部は、書誌学のみならず、広く人文科学（主として日本文学を念頭に置いています）の研究の入門にもなるように考えていますので、場合によってはここから読み始めてもらうのもいいかと思います。

25 図書館資料のなかの古典籍

古典籍をより深く知り、学習や研究に活用するためには、さまざまな図書館資料を使う必要があります。まずは図書館資料における古典籍の位置づけを考えます。

一、図書館と古典籍

文学・歴史・思想・宗教など、文字資料を研究対象の中心とする人文科学分野において、図書館は研究対象そのものが所蔵されているという点でかけがえのない機関です。自然現象・社会現象などの実験や調査（フィールドワーク）を研究の中心に置く自然科学・社会科学との違いがここにあります。特に原本資料（古典籍あるいは近代以降の出版物・自筆原稿等）は、一点一点がかけがえのない、オリジナルな資料であり、大切に保管すると同時に、研究に活用されるための態勢が必要となります。

図書館とは、人類が残してきた叡智の結晶ともいうべき資料について、保存と公開の両立を目的に考え出された組織体と言ってもいいでしょう。その目的をしっかりと認識し、そのための設備と人員を備えた図書館に所蔵された資料は、未来に向けて「活きた」ものとなるでしょう。決して死蔵してはいけないものです。

二、図書館資料の位相

A　研究対象となる資料

とはいえ、かけがえのない原本資料を、無制限に閲覧に供することはできません。資料の貴重性、閲覧の目的などに応じて、工夫が必要です。また、学習や研究の場面においては、原本を直接見ることがかえって非効率だったり効果的でなかったりすることもあります。そのために、複製・翻刻・デジタル化などが行われています。


複製（ふくせい）…本書では、装訂・紙質など形態まで含めて原本の復元を行った資料を指します。

影印（えいいん）…文字や絵など、紙面上の情報を写真などで再現した資料で、形態は通常の洋装本。

翻刻（ほんこく）…原本のテクストを現行の字体・字様に置き換えたもの。表記については第27章参照。

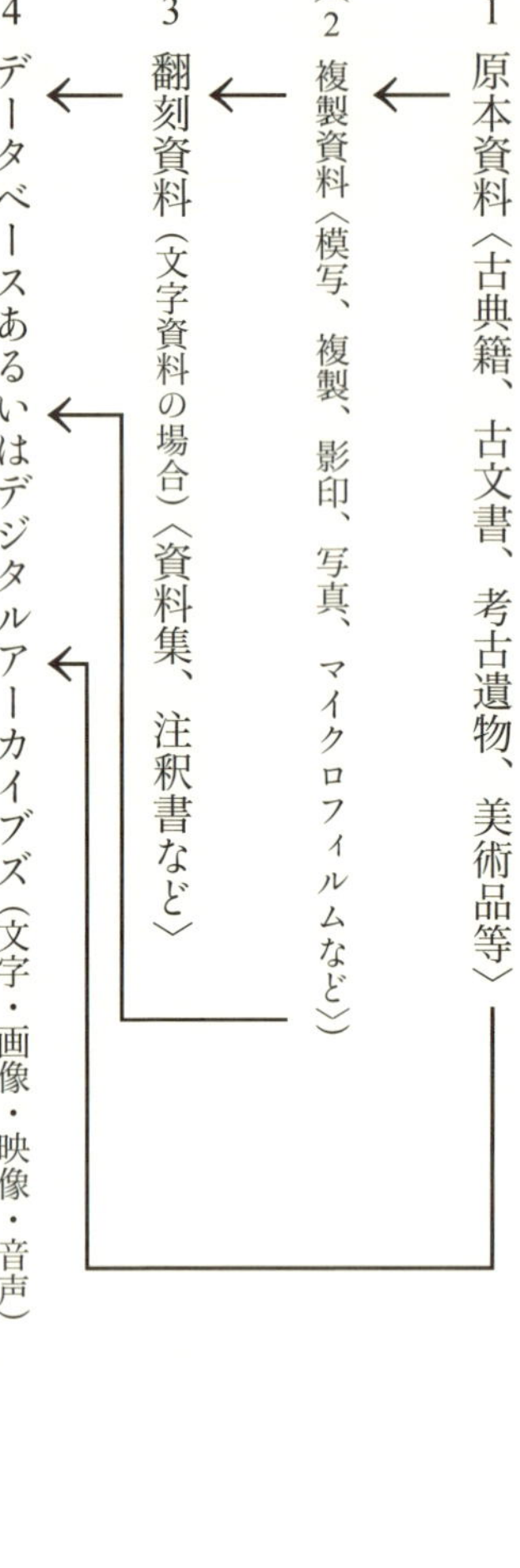
1　原本資料〈古典籍、古文書、考古遺物、美術品等〉
（2　複製資料〈模写、複製、影印、写真、マイクロフィルムなど〉）
3　翻刻資料（文字資料の場合）〈資料集、注釈書など〉
4　データベースあるいはデジタルアーカイブズ（文字・画像・映像・音声）

→原本所蔵が可能な大学・専門図書館による収集・保存・発信が求められる。

B 研究成果がまとめられた資料

資料から読みとれるさまざまな情報を分析して、学問上の知見を深めていくことは、資料を活かす大事な作業です。その成果も図書館は積極的に収集しなければなりません。

1 個別の論文…雑誌に載っているもの、書籍に含まれているもの

2 研究書(専門書)…書き下ろしのもの、既発表論文を集めたもの

3 報告書(研究プロジェクト・遺跡発掘など)

多くは市販されていないものや、少部数・高価格のため、個人での収集は困難です。

→大学・専門図書館による収集・保存が不可欠。

C 研究成果を広く伝えるための資料

図書館や大学・研究機関の維持には公的な資金や広く市民の援助・理解が必要です。原本資料の魅力を伝えたり、研究成果をわかりやすく市民に還元したりすることは、現代社会における司書や研究者の義務とも言えます。特に公共図書館にはそのような図書が必要でしょう。

1 一般向けの書籍(新書、選書の類)

2 一般向け雑誌や新聞などの文章(コラム、エッセイの類)

3 辞典・事典…専門家向けのものもある

→学校・公共図書館が努力して揃えるべきものだが、大学・専門図書館にも必要。

D　将来の教養ある市民を育てるための資料
　児童向けの教養書や学習用マンガ
　　→学校・公共図書館の大事な役割。

大まかにＡＢＣＤの四分類をしてみました。図書館資料を活用する場合、これらの違いを意識する必要があります。注意点としては次のようなことが挙げられます。

＊Ａ→Ｂ→Ｃの順に、情報が利用しやすいように加工されていくが、その分、間違いや省略が多くなり、信頼性が薄れる。
＊実際にはＡ・Ｂ・Ｃはある程度混在しているし、一つの資料が複数の性格を兼ねている場合もある。
＊研究者であっても自分の専門分野以外に関してはＣの存在が貴重。
＊教育（学習）においては、Ｃ→Ｂ→Ａと進んでいけるように資料が揃っていて、資料の配置、レファレンスなどによって学生を誘導できる態勢になっていることが重要。
＊一つの図書館ですべてを満たすことは出来ないが、大学図書館はＡＢＣがバランスよく所蔵され、それらを全て取り扱える司書がいることが大事。公共図書館は、中央にＡＢを、各地の小さな図書館にＢＣＤを、というように、役割分担をすることが必要。
＊インターネット上の情報は、ＡＢＣの位相が区別されず、混在していることが多い。Ａに関しても、メタデータ（資料解題・書誌）が不十分。研究資料として使う場合は、それが根拠ある情報なのかどうか、図書館資料などでチェックする必要がある。

辞書を使う

テクストを読んでいくとき、辞書は欠かせません。その見方と使い方を述べます。

一、辞書のいろいろ

＊日本国語大辞典（小学館、第一版一九七二～七六（二〇巻）、同・縮刷版一九七九～八一（一〇巻）、第二版二〇〇〇～〇二（一三巻＋別巻）、精選版二〇〇六（三巻））

日本語の辞書として最大のもの。古語・現代語両方を含む。用例が豊富。有料データベース「ジャパンナレッジ」でも検索できる。なお、第一版をもとにした『小学館古語大辞典』（一九八三、一巻）もコンパクトな辞典として有用。

＊角川古語大辞典（角川書店、一九八二～九九（五巻）、二〇〇二ＣＤ－ＲＯＭ化）

『日本国語大辞典』に次ぐ大辞典。語釈が丁寧で、用例も珍しいものを拾っている。

＊時代別国語大辞典（三省堂、上代編一九六七（一巻）、室町時代編一九八五～二〇〇一（五巻）（平安・鎌倉・江戸は未刊））

時代を限定しているため、語釈が詳しく、用例も多種多様。

＊岩波古語辞典（岩波書店、一九七四初版、一九九〇補訂版）

持ち運びできる小辞典としては用例が豊富。中世・近世語も充実している。

＊広辞苑（岩波書店、一九五五初版、二〇〇八第六版（別冊附録あり））

百科事典としても使える豊富な内容。

古典籍のことばを調べるときには、できるだけ大きな辞書を複数引いてみることが大切です。また、語釈だけに頼らず、用例を読んで意味を考えるようにします。

＊大漢和辞典（大修館書店、一九五五～六〇初版（一二巻＋索引）、一九六六～六八縮写版、一九八四～八六修訂版、一九九〇語彙索引、二〇〇〇補巻、二〇二一デジタル版およびジャパンナレッジ）

日本最大の漢和辞典。国語辞典ではカバーできない漢語の出典や用例を調べます。また、語彙索引は、熟語を発音で引けますので、宛字の多い擬音語・擬態語の検索に便利です。これをコンパクトにした『広漢和辞典』（一九八一～八二（三巻＋索引））は、日本漢文の用例を増補、すべて返り点・送り仮名付きなので、日本の古典を調べるには役立ちます。

＊漢語大詞典（上海辞書出版社、一九八六～九四、CD－ROM ver.3、商務印書館、二〇〇七（諸版ありますが略します））

中国最大の漢語辞典。固有名詞は載せていませんが、熟語の数と用例が豊富です。

なお、現在はさまざまなデータベースが発達していますが、特に漢文の文献は充実しています。巻末の参考文献を見て、大いに利用して下さい。

二、辞書の項目構成（『日本国語大辞典』第二版を例に）

凡例（はんれい）（その書物の使い方について記したもの）に従って項目を見ていきます。

A 見出し…説明の対象となることば（複合語はハイフンで結ぶ）

B 歴史的仮名遣い…この辞書はAを現代仮名遣いで掲げているので、それと歴史的仮名遣いとが異なる場合、小字で示す（古語辞典の場合は見出しが歴史的仮名遣い）。

C 漢字欄…慣用的な漢字表記を挙げる。

D 品詞欄…品詞を示す。動詞・形容詞・形容動詞は活用の別も示す。

E 語釈…意味の説明。白抜き漢数字・漢数字・算用数字・イロハの順に細分化される。

F 用例…そのことばが実際に文献の中で用いられている例。最古のもの、語釈の助けになるもの、さまざまな分野の文献を選ぶようにしている。時代の古い順に配列し、最後に漢籍・仏典を置く。文献名には成立年代を記す。

G 補助注記…語釈の補足。

H 語誌…そのことばの意味の変遷。

I 方言

J 語源説…複数ある場合は併記する。

K 発音…標準アクセントと京都アクセントを示す。

L　上代特殊仮名遣い

M　辞書…平安から明治に至る主要辞書のうち、このことばを掲載しているものを略称で列挙。

N　表記…Mにおいてそのことばがどのような漢字表記なのかを列挙。

O　同訓異字

用例には年代が付いています。江戸時代以降の用例しか載っていない場合、そのことばのその意味は江戸時代になって成立したと推定されます。もし今調べているテクストが平安時代のものであったら、その意味を当てはめて解釈してはいけないことになります。ことばの意味は時代と共に変化したり、増えていったりしますので、年代には注意しましょう。また、辞書欄の記述から、古辞書(こじしょ)(江戸時代までに成立した辞書)を直接調べるのも、その時代のことばの意味や表記を知る上で大事なことです。特に、『日葡辞書(にっぽじしょ)』は、イエズス会宣教師が作った日本語―ポルトガル語辞書で、安土桃山時代の日常語の意味と発音がわかる貴重な資料です。見出しや用例以外はすべて当時のポルトガル語で記されていますが、それを日本語に訳した『邦訳日葡辞書』(岩波書店、一九八〇)があります。

注釈書を読む

注釈書にも凡例があります。新日本古典文学大系『方丈記　徒然草』（岩波書店、一九八九）所収『徒然草』（久保田淳・校注）を例に、注釈書がどのように作られているか、読むときにはどこを注意すればよいかを見ていきます。

一、翻刻のルール

＊底本の選定…底本（ていほん・そこほん）とは、複製・影印・翻刻などの時に基準として使用した伝本を指します。ここでは現存最古写本の正徹本（しょうてつぼん）です。

＊章段の表示…底本には行頭に朱点を付して段を分けていますが、ここでは近世以来通用してきた烏丸本（からすまるぼん）（後述）の章段を（　）に入れて表示します。

＊翻刻の用字…現在通行の字体を用います（変体仮名は使わない。漢字も通行の字体にする）。

＊翻刻に際しての表記…読みやすさを考慮して、仮名に漢字を宛てたり、濁点・句読点を加えたりします。ただしそのルールとして、次のように定めます。

・底本にある振り仮名は〈　〉でくくる。

・仮名に漢字を宛てた場合は、もとの仮名を振り仮名に残す。

・新たに加えた振り仮名（読み仮名）は（　）でくくる。

・底本の仮名遣いが歴史的仮名遣いに一致しない場合は、歴史的仮名遣いを（　）でくくって傍記する。
・反復記号は原則として底本のままだが、改めた場合はもとの記号を傍記する。

これらのルールは、翻刻者が手を加えた部分を取り除いて、原文を復元できるようにするためのものです。原文を尊重するという大原則と、現代の日本語表記に近づけて読みやすくするという配慮とを両立させるのが大事です。

二、翻刻の実例

これらのことが実際にどのように行われているか、序段と第一段を見てみましょう。

正徹本原文（変体仮名を通行の仮名に置き換える）

つれ〳〵なるまゝに日くらしすゝりにむかひて

① 清濁の区別をつける

つれ〴〵なるまゝに日ぐらしすゞりにむかひて

② 句読点を付ける

つれ〴〵なるまゝに、日ぐらしすゞりにむかひて、

③ 漢字を当てる（当てたところにはもとの仮名を振り仮名として残す）

つれ〴〵なるまゝに、日ぐらし硯（すゞり）に向（む）かひて、

その他の加工

＊底本の漢字表記に読み仮名を付す。

御門→御門（みかど）

＊底本の仮名遣いが歴史的仮名遣いに一致しない場合、傍記する。

物くるおしけれ→物狂（ぐる）お（ほ）しけれ

＊反復記号は原則として残すが、語をまたいで用いられるときはもとの仮名に戻す。

きはゝ→きはは

三、校訂のルール

古典籍、特に写本の場合、底本が誤写や欠損によって、意味が通じなかったり部分的に欠落していたりする場合があります。このときは、校合（きょうごう）（他の伝本と比較すること）して異同（いどう）（校異（こうい）とも。本文の異なりのこと）を見つけ、それに基づいて校訂（こうてい）（底本の本文を正しく改めること）することが必要です。

＊参照する他伝本（対校本（たいこうぼん））

伝東常縁筆本（略称「常」）…正徹本に次いで書写年代が古い写本。東常縁（とうのつねより）は室町時代中期の武家歌人で、古今集注釈や古今伝授でも知られる。「伝」と付けるのは、本人の自筆ではない（あるいは確証がない）が、そのように伝承されている、という意味。

烏丸光広本（略称「烏」）…慶長一八年（一六一三）頃に出版された古活字版で、当時有名な歌人だった烏丸（からすまる）

光広(みつひろ)の奥書がある。濁点を付し、整備された読みやすい本文で、近世・近代を通じてもっともよく読まれた本文。現在通行の章段数や章段の分け方はこれに基づく。

＊表示の方法

・主要な校異を脚注部分の左端に示す。示し方は、底本本文―対校本本文（対校本略称）。

・本文の欠落を補った場合は〔　〕でくくる。

四、校訂の実際

＊異同があるが、底本のままとした場合

人間の種(たね)ならぬこそやんごとなき。　　　　こそ―ぞ（烏）

……底本の「こそ」が烏丸光広本では「ぞ」となっていることを示す。係り結びの原則からすると「ぞ」のほうが正しいにもかかわらず、底本を改めていないのはなぜか。

・伝東常縁筆本も「こそ」である。

・「こそ」の係り結びは中世になると次第に崩れてくる。

この二点から、兼好自身が底本通り書いた可能性が高いと判断されるため。

＊異同があり、底本を改めた場合

一(いち)の人の御有様(ありさま)〔は〕さらなり、　　　　は（常・烏）―ナシ……ここは逆に次の二点の根拠に底本に「は」を付け加えた。

・次の「たゞ人も」と対比的に述べる部分なので、「は」があった方がよい。

・「常」も「は」がある。

校訂後の本文には「は」があるので、校異の示し方は先ほどと逆に、もとの底本本文が—の下に来ている。

五、脚注の内容

注の形式には、頭注（本文の上部）・脚注（本文の下部）・傍注（本文の脇）や、本文を掲げてからその後に載せる形のものもあります。頭注・脚注・傍注は本文と注が一度に見られるため理解しやすいのですが、注の分量が制限されます。本文の後に載せれば分量は自由ですが、視線やページの移動が面倒ですので、専門家向けの詳しい注釈書以外では使われません。

序段の脚注にはさまざまな古典作品が引用されています。これを信頼できる翻刻本によって改めて引用すると、次のようになります（傍線は『徒然草』本文と表現が類似している部分）。

＊和泉式部集・下（清水文雄『校定本　和泉式部集（正・続）』笠間書院、一九八一）

いとつれづれなる夕ぐれに、はしにふして、まへなるせんざいどもを「ただにみるよりは」とて、物にかきつけたれば、いとあやしうこそみゆれ、さはれ人やはみる（八二五の前書）

＊藤原長綱集(『私家集大成』4・中世II、所収「25長綱II」)

つれ〳〵のあまりぬるとき、みるものきくものにつけてかきつくるいたつらことの、むしのすになりてはいちりにし中に、或上人の、法門にことよせて、しのひてすゝめし十首の中に(一～四の前書)

＊源氏物語・手習(新日本古典文学大系二三『源氏物語　五』)

思ふ事を人に言ひつゞけん言の葉は、もとよりだにはか〴〵しからぬ身を、まいてなつかしうことはるべき人さへなければ、たゞ硯に向かひて、思あまるをりには、手習をのみたけきことゝは書きつけ給。

＊堤中納言物語・よしなしごと(新日本古典文学大系二六『堤中納言物語　とりかへばや物語』)

つれ〴〵に侍まゝに、よしなしごとども書きつくるなり。

＊和泉式部集(松井本)(『私家集大成』2・中古II、所収「4和泉式部IV」)

つれ〳〵なりしおり、よしなしことにおほへしこととともかきつけしに、(一八八の前書)

＊枕草子・二二四段(日本古典文学大系一九)(新日本古典文学大系とは章段が異なる)

いみじう暑きころ、(中略)さやうなるに、牛の鞦の香の、なほあやしう、嗅ぎ知らぬものなれど、をかしきこそもの狂ほしけれ。

凡例にもあるように、引用は必ずしも原典の表記のままではなく、わかりやすく改められています。これは、『徒然草』本文の理解を助けるために引用しているのであって、これらの作品を読解するためではないからです。

ここでは、『徒然草』序段の表現が、いかに先行作品、特に平安時代の物語や歌集の表現を利用しているかということが、自ずと理解できるようになっています。多くは手習いや和歌の創作に取りかかろうとする場面の表現ですので、この序段の内容とよく見合っています。しかし最後の『枕草子』のみ、全く異質の場面の表現です。これをここに用いたという点に作者兼好の独自性が見られるのではないか——そういった推測が、こうして用例を集めることによって生まれてきます。注釈においても用例がいかに大事かということが理解できるでしょう。

28 論文を読む・書く

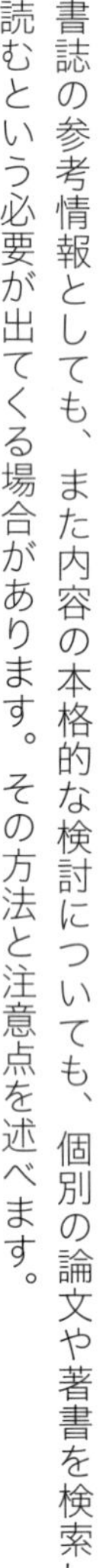

書誌の参考情報としても、また内容の本格的な検討についても、個別の論文や著書を検索し、読むという必要が出てくる場合があります。その方法と注意点を述べます。

一、論文の探し方

＊全体を見渡す

国立国会図書館やいくつかの専門機関において、冊子体の研究文献目録が刊行されています（いました）が、近年は人文科学分野においてもデータベースが充実してきました。

国立国会図書館サーチ（記事・論文） http://iss.ndl.go.jp/

長所…収録が早い（最新情報が得られる）。人文科学全般の論文が入っている。

短所…タイトルの文字でしか検索できない。雑誌しか収録していない。

情報学研究所 CiNii（サイニー） http://ci.nii.ac.jp/

長所…NDL-OPAC雑誌記事索引を包含する巨大データベース、一部本文も見られる。

短所…検索結果が大きすぎる場合がある。雑誌しか収録していない。

MAGAZINPLUS（日外アソシエーツ） http://www.nichigai.co.jp/database/mag-plus.html（案内ページ）

長所…一般向け雑誌・論文集などからも採録している。
短所…有料のため、契約している大学内のコンピュータからしかアクセスできない。

国文学研究資料館国文学論文目録データベース http://base1.nijl.ac.jp/~ronbun/

長所…独自にキーワードを付与しているので、きめ細かい検索ができる。書籍所収の論文や影印・翻刻も収録している。戦前にまでさかのぼってデータを収めている。
短所…分野が日本文学とその周辺に限定される。最近一年ほどのデータは入っていない。

なお、書籍所収の論文の場合、OPACのデータで細目まで入力していると、見つかることがあるので、念のため検索してみましょう。

他に分野別のものとして次のようなデータベースがあります。

国語学研究文献検索 http://www6.kokken.go.jp/kokugogaku_bunken/
INBUDS（インド学仏教学論文データベース）http://www.inbuds.net/jpn/index.html
日本思想史文献データベース検索 http://www.sal.tohoku.ac.jp/dojih/
美術関係文献検索 http://archives.tobunken.go.jp/internet/oakensaku.aspx
東洋学文献類目検索 http://ruimoku.zinbun.kyoto-u.ac.jp/ruimoku/

＊重要な論文かどうか判断する

特に基礎的な知識を得ようとした場合は、そのテーマに関する定評ある論文を読む必要があります。そのような場合は、やみくもに検索するのではなく、概説書・一般書・事典の項目などで参考文献として挙

げてあるものから取りかかるのがよいでしょう。ほかには、

・『日本古典文学研究史大事典』（勉誠社、一九九七）
・『近世文学研究事典』（おうふう、二〇〇六）
・別冊国文学『〇〇必携』シリーズ（学燈社）
・『史学雑誌』「〇〇〇〇年の回顧」（年一回の特集号）

などがあります。また『国語と国文学』『史学雑誌』『日本歴史』などには毎号末尾に最近の雑誌論文や研究書の紹介が載ります。

二、論文を読む目的

＊あるテーマに関する基礎的な知識を得る

概説書・一般書の類ではあまり詳しく載っていない事柄については、雑誌論文あるいは専門書に収録されている論文を読む必要があります。

＊新しい資料に関する情報を得る

新出資料は速報性のある雑誌論文において紹介されることが多くあります。なお、他の分野では既知の資料であっても、その分野の研究者が知らないこともありますので、この点は、関連分野・近接分野の論文にも注意しなければなりません。

＊新しい論点・視点を知る

既知の資料の読み直し、新しい視点からの資料の位置づけ・解釈の変更、新しい理論を用いた作品の読み替え、他分野の研究成果の導入などが考えられます。

この点に関して言うと、自分のテーマとは異なる論文の方がむしろ参考になるかもしれません。研究が活発化している分野の新しい論文を読んでみるとよいでしょう。

三、論文の構成

すぐれた論文はいろいろなことを教えてくれます。自分が論文を書く立場で、注意点を挙げてみます。

構成

タイトル…内容や論点をわかりやすく伝えるものであることが大事。また、特に雑誌論文の場合キーワードになる単語は確実に用いること（そうしないと検索されず、他の人に迷惑をかけます）。ただし、雑誌によって、あるいは分野によっては、タイトルとは別にキーワードを付与することになっている場合もあります。

目次…無い場合もありますが、卒業論文には付けるべきでしょう。

序論…テーマの設定、研究史など、なぜこの論文を書くのか、何を明らかにしたいのかが明確になるような記述を簡潔に行います。卒業論文の場合、テーマと自分との関わり（例えば自分の出身地の歴史を知りたい、とか、親戚や先祖に関係する歴史や文学作品を扱いたい、など）でもよい。

本論…資料の提示・解釈、事実の指摘、先行論文の要約、自らの考察など、さまざまな要素が混在しますが、それらを明確に区別することが大事です。特に、**事実と解釈が融合してしまったり、自分の論であるかのように他人の論を利用したりすることがないよう注意します。**また、筋道を立てて、わかりやすく叙述すること。難解な用語を振り回したり、逆に日常会話のような言葉を使ったりするのは、読む人に対して失礼だし、誤解を招く恐れがあります。

結論…序論に対応して、何をどこまで明らかにしたのかを簡潔に述べます。また、未解決の問題、今後の展開予想などを書いてもよい。論文は過去から未来へと続いていく「学問」という大きな流れの中にあることを意識することが重要です。

注・参考文献…考察の論拠となる先行研究の書誌事項、資料の出典、本論からは外れるが指摘しておきたいことなどは、本文には入れずに注に回します。論文全般について参考にした研究書・論文・資料などは、「参考文献」として最後に列挙します。利用しておきながら明示しないのは著作権を侵す行為です。ただし、辞書・百科事典など一般的な参考書は挙げる必要はありません。

四、執筆上の注意事項

＊引用文は改行・二字下げ

人によっては本文と一行アキにしますが、そこまでしなくてもよいでしょう。

他人の論文を長々と引用するのはよくありません。なるべく短くするか、自分なりに要約しましょう。

引用は作品や資料を中心にすべきです。あくまでも研究対象は作品であり資料であるからです。

＊論文の書誌事項

雑誌論文の場合…著者名「タイトル（なるべく副題も）」（『雑誌名』巻号、発行年月）

同名あるいは紛らわしい雑誌名がある場合は、発行所も加える。

単行本の中の論文の場合…著者名「タイトル（なるべく副題も）」（編者名『書名』発行所、発行年）

著者個人の論文集の場合は編者名は不要。

＊図書の書誌事項

編著者名『タイトル』（発行所、発行年）

論文・図書とも、そのなかの一部分を引用・利用した場合は、そのページも明示する。

＊ウェブページの場合

近年は重要な研究情報がウェブページに掲載されることも多くなってきました。ＵＲＬと閲覧年月日（随時更新される可能性があるので、いつ見たかも大事）を記しておくこと。ちなみに、本書に記したＵＲＬはすべて二〇一〇年三月六日現在で確認しています。

附録

――書誌調査の流れ／和暦西暦年表／月・十干・十二支の異名

書誌調査の流れ

（末尾掲載の書誌カードを参照して下さい）

使用典籍
「標註刪定徒然草読本」

＊全体をざっと見る

三冊程度までの冊数のものであれば、まずざっと全体を見ます。本書の場合、上下二冊ですが、それぞれに見返と刊記がありますので、この二要素については上下合わせて調査する方が効率的だと考えておきます。他に、書き入れや蔵書印についても大まかに様子を見ておきます。箱や帙に重要な情報がある場合は、後で忘れずに記述します。

＊①表紙

原装か改装かを見分け、色・文様を記述、タテ・ヨコを計ります。装訂・料紙は袋綴（四つ目綴）・楮紙以外の場合のみ記述します。

表紙のタテ・ヨコを測る。

＊②外題

原か後か、題簽か直書（刷）かを見分け、文字を写し取ります。

＊③前付

見返から順に、1・2・3と枝番号を振って記述していきます。見返以外は、それぞれに丁数を付します。

1 見返…本書の場合、ここで下巻見返と見比べ、相違点のみを合わせて記述しています。

2 序…序題と年時・署名を写し取ります。内容については、本書の成立に関わるような記述はないので写し取りませんでしたが、著者についての情報があったので注記しました。版式は本文と異なる点のみを記述しています。

3 凡例…序とほぼ同じです。本書はいろいろな記号を用いていることを述べているので、⑤に関わってきますが、ここでは特に触れません。

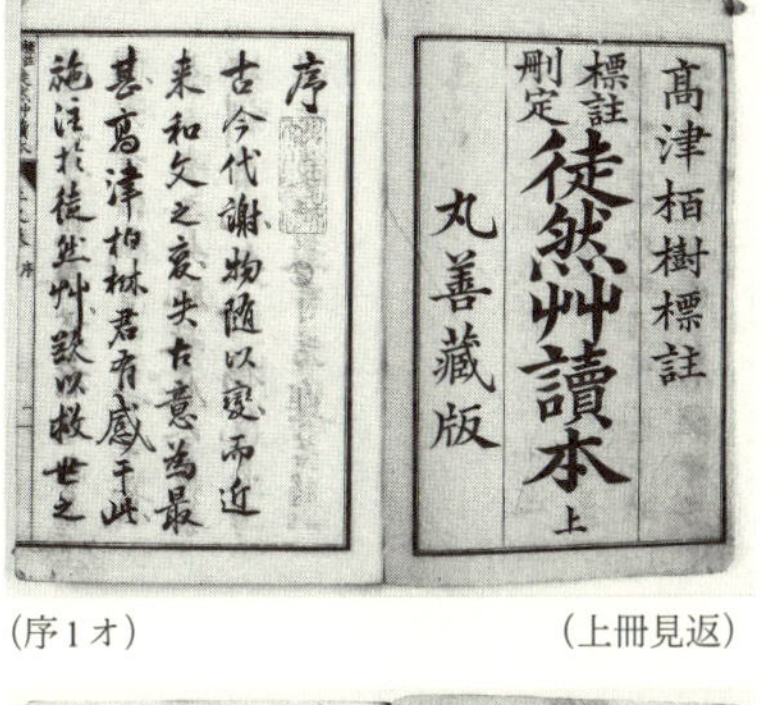

（序1オ）　（上冊見返）

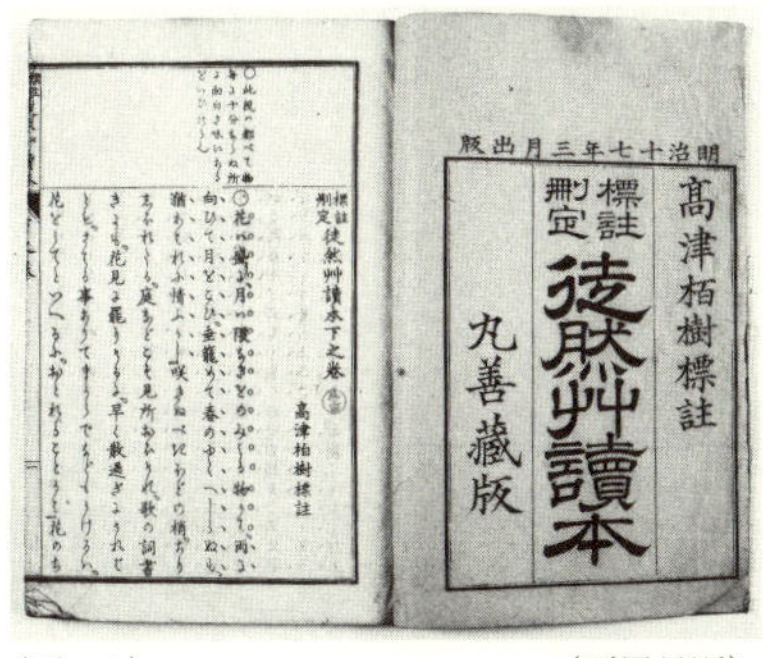

（下1オ）　（下冊見返）

見返

下冊には上欄に「明治十七年三月出版」とあり、書名下の「上」の文字がない。

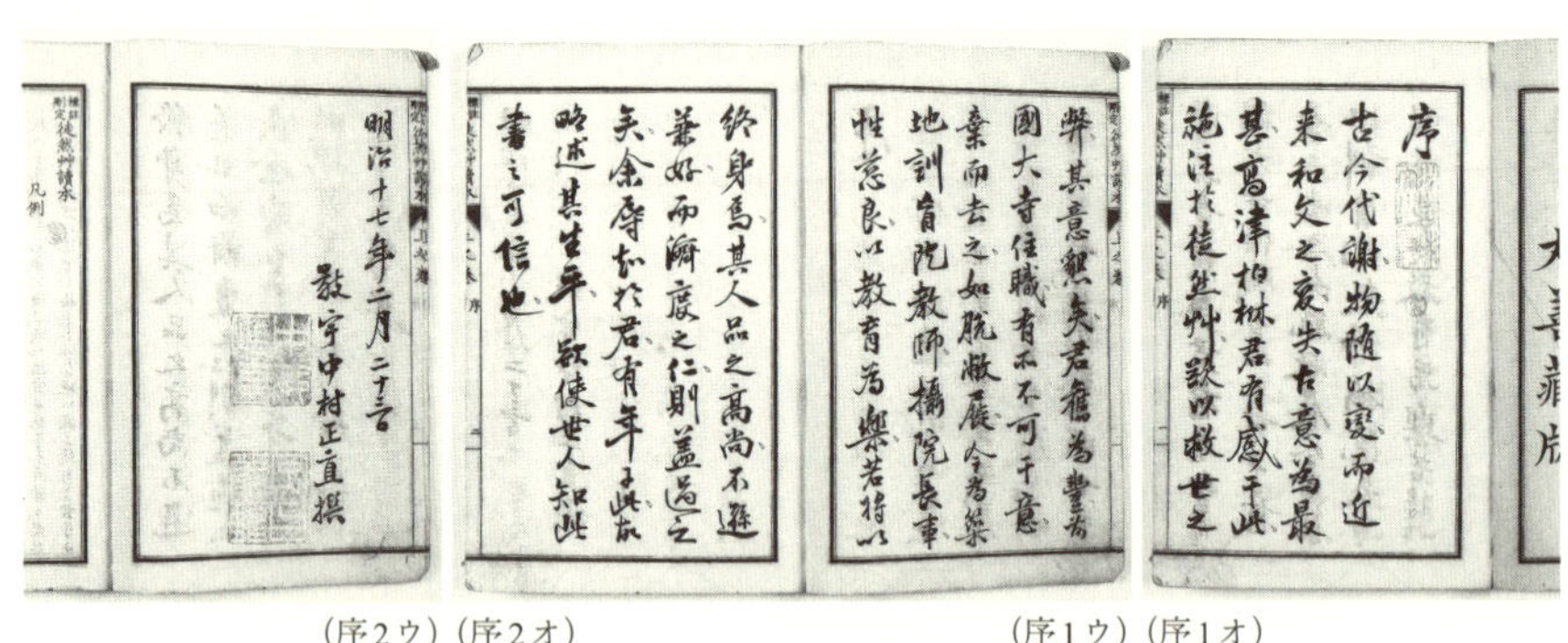

序

古今代謝物隨以變而近来和文之衰失古意為最甚高津柏林君有感于此施注於徒然艸欵以救世之弊其意懇矣君嘗為豐國大寺住職有不可干意棄而去之如脱敝屣今為築地訓盲院教師攝院長事性慈良以教育為樂若將以終身焉其人品之高尚不遜華好而濟度之仁則蓋過之矣余辱知於君有年于此故略述其生平欲使世人知此書之可信也

明治十七年二月二十三日

敬宇中村正直撰

（序2ウ）（序2オ）　（序1ウ）（序1オ）

序

序題は「序」（1オ）、年時は「明治十七年二月二十三日」、署名は年時から4文字分下の位置に「敬宇中村正直撰」とあり、落款印2種を実捺（2ウ）。

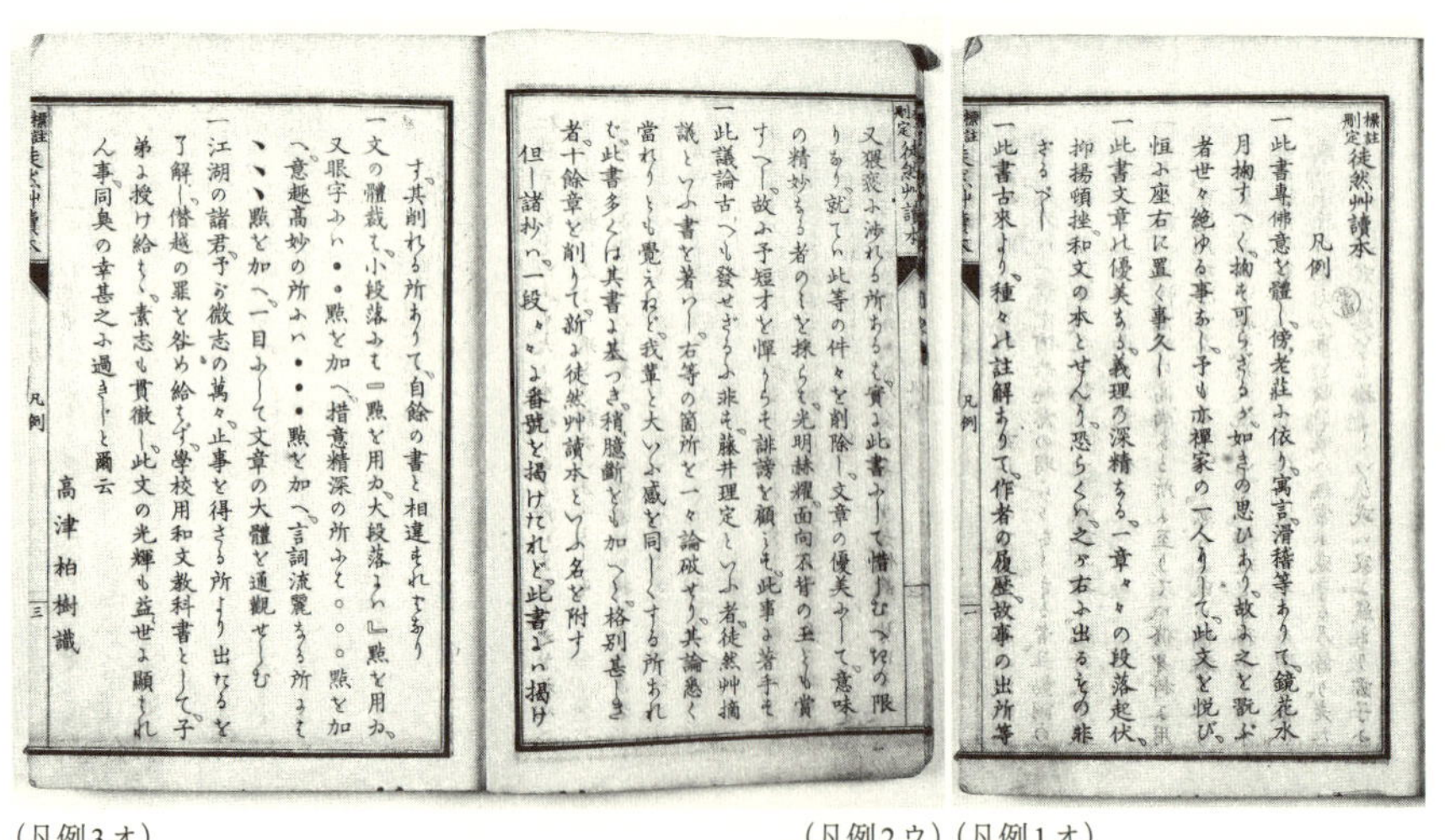

標註刪定徒然艸讀本

凡例

一此書専佛意を體し傍老莊に依り寓言滑稽等ありて鏡花水月掬すべく掬も可らざるが如きの思ひあり故に之を翫ぶ者世々絶ゆる事なし予も亦禪家の一人なりて此文を悦び恒に座右に置く事久し

一此書文章ハ優美なる義理の深精なる一章々の段落起伏抑揚頓挫和文の本とせんも恐らくハ之が右に出るもの非ざるべし

一此書古来より種々ハ註解ありて作者の履歴故事の出所等

……

又猥褻に渉れる所あるも實に此書に於て惜むべきの限りなり就てハ此等の件々を削除し文章の優美にして意味の精妙なる者のミを採らバ光明赫耀面向不背の玉とも賞すべし故に予短才を憚らず誹謗を顧みず此事に着手せり

一此議論古へより發せざるに非ず藤井理定といふ者徒然艸摘議といふ書を著し右等の箇所を一々論破せり其論悉く當れりとも覺えねど我輩と大いに感を同しくする所あれバ此書多くは其書に基つき稍臆斷をも加へて格別甚しき者十餘章を削りて新に徒然艸讀本といふ名を附す

一但し諸抄ハ一段々々に番號を掲げたれど此書にハ掲げず其削れる所ありて自餘の書と相違すればなり

一文の體裁ハ小段落にハ「點を用ひ大段落にハ』點を用ひ又眼字にハ●●點を加へ措意精深の所にハ○○○點を加へ意趣高妙の所にハ●●●點を加へ言詞流麗なる所にハ、、、點を加へ一目にして文章の大體を通觀せしむ

一江湖の諸君予が微志の萬々止事を得ざる所より出たるを了解し僭越の罪を咎め給ハず學校用和文教科書として子弟に授け給ハバ素志も貫徹し此文の光輝も益世に顯れん事同臭の幸甚之に過ぎずと爾云

高津柏樹識

（凡例3オ）　（凡例2ウ）（凡例1オ）

凡例（1ウ・2オは割愛した）

冒頭に「標註刪定徒然艸讀本」、次行に5文字分下げて「凡例」とある（1オ）。署名は15文字下げ、「高津柏樹識」とある（3オ）。

＊④本文冒頭

巻首題・次行の署名・本文冒頭を、文字の配置がわかるように写し取ります。

＊⑤本文の構成

次の点について記述します。

・版式…匡郭の形式、行数字数、匡郭うちのりタテ・ヨコの寸法、版心（ことばで説明するのと写し取るのと両方しています）

・本文の様態…用字、句点・振り仮名・濁点等の有無、書体・字様など。特殊な記号については凡例に言及があることを記しておきます。

・巻尾…巻尾題を写し取ります。また、巻ごとに丁数を数えて記述します。

本書は上下二巻ですが、巻次表記以外は記述すべき相違点がないので、下巻については丁数のみを記述しています。

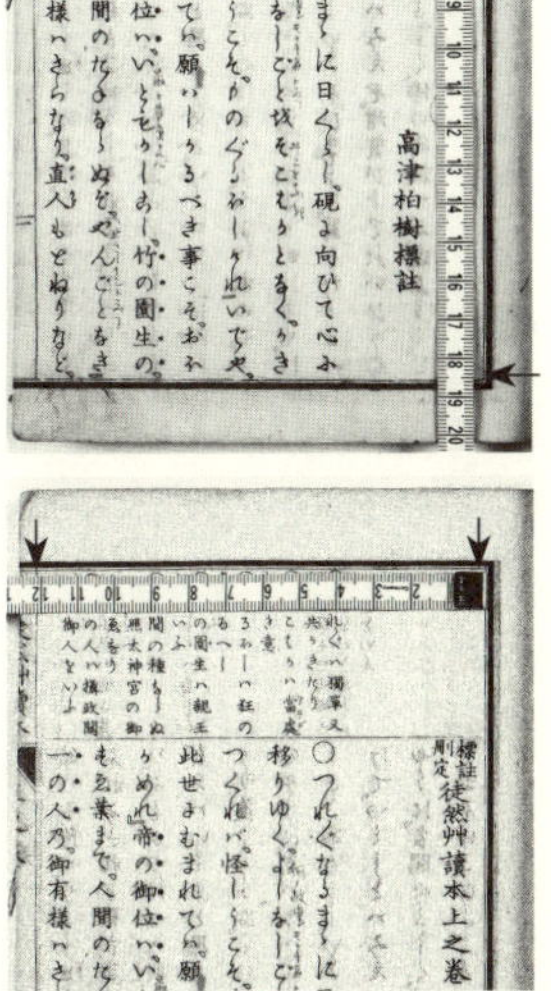

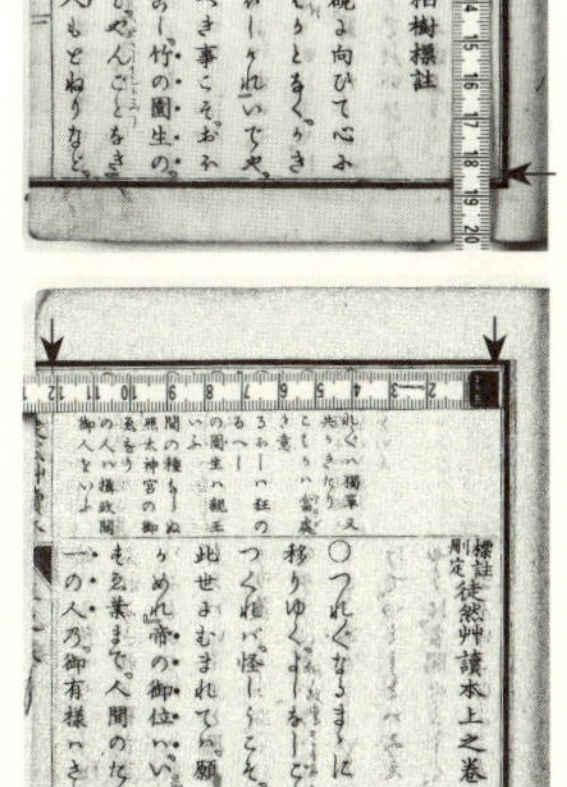

匡郭うちのりタテ・ヨコの寸法を測る。

＊⑥後付

本書にはないので、「ナシ」と記します。

＊⑦刊記・奥書

見返同様、上巻の記載を写し取り、下巻については相違点のみを記述します。文字の配置は非常に複雑なので、③④のように細かく注記しません。ただし〔 〕を用いて、「標註者」の真下には氏名が位置し、その両脇に身分と住所が添えられている、ということを示しました。

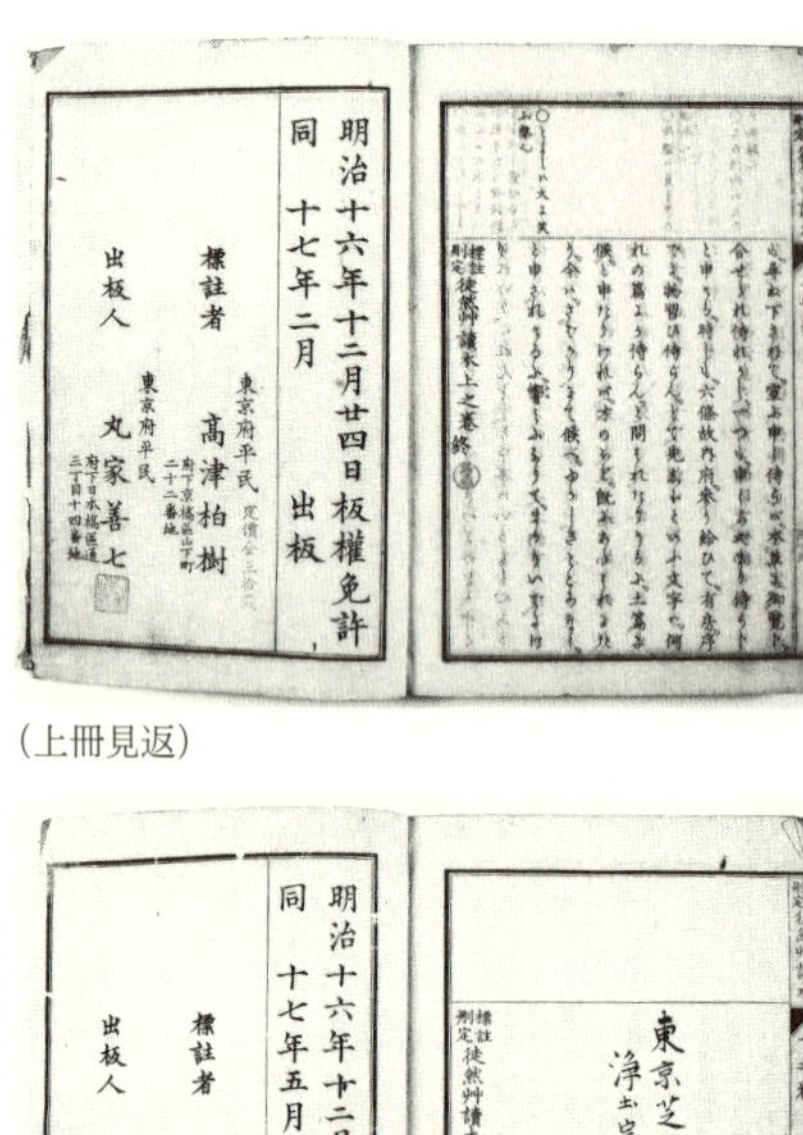

標註刪定徒然艸讀本上之巻終

明治十六年十二月廿四日板權免許
同 十七年二月 出板
標註者 東京府平民 高津柏樹
出板人 東京府平民 丸家善七

(上冊見返)

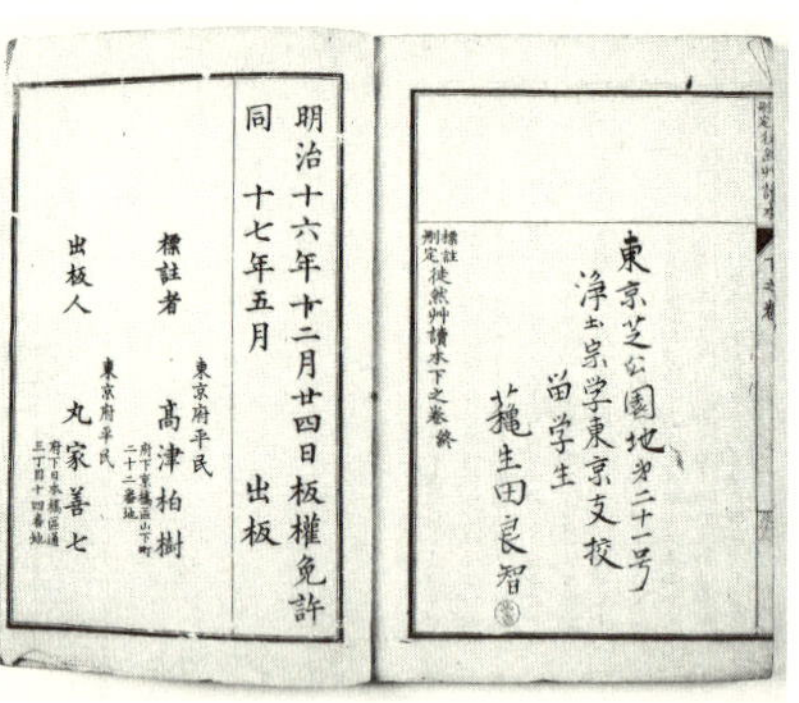

標註刪定徒然艸讀本下之巻終

東京芝公園地第二十一号
浄土宗学東京支校
留学生

明治十六年十二月廿四日板權免許
同 十七年五月 出板
標註者 東京府平民 高津柏樹
出板人 東京府平民 丸家善七

(下冊見返)

刊記
上冊は「十七年二月」出板、下冊は「十七年五月」出板となっている。また、下冊には出板人のところの捺印がない。

＊⑧書入・蔵書印等

・書入…全体にわたる場合と、一部の場合とがあります。一部の場合、冒頭から途中までか、とびとびにあるか、ということもその書物の読まれ方に関わりますので、記述しておきましょう。

・蔵書印…あちこちにある場合は、①〜⑦を記述しながら、そのつど目に付いたものについて、調査カードの後ろの方にメモしておくといいでしょう。
・識語…写し取ります。一つ目のものは名字が蔵書印の印記と一致します。筆跡から見て書入の主でもあるでしょう。二つ目の人との関係は不明です。

（上冊）

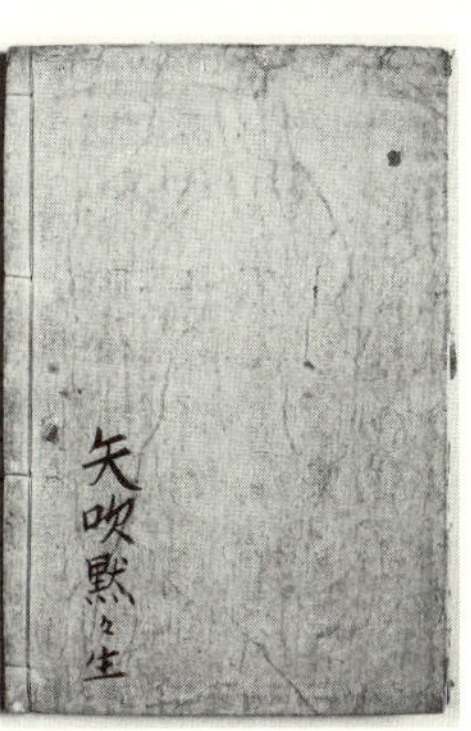

（下冊）

裏表紙に「矢吹黙々生」の識語（署名）がある。

＊⑨参考情報
明治以降の版本ですので、NDL-OPACで調べましたが所蔵されていず、Webcatで幸いに見つかりました。次の段階としてはこの二点を実際に調査することが必要ですが、取りあえずここまでで一段落です。興味のある人は著者について調べてもいいでしょう。

＊書名等の決定
角書（つのがき）は省略する場合もありますが、ただの「徒然艸読本」では、同名異書が数点ありますので、区別しやすくする意味でも「標註刪定」を含めて書名としました。Webcatの書名もその通りです。著者名は「柏」「栢」両方出てきますが、これは④⑦に従いました。

＊成立

刊記に基づいて、刊年と刊行地・刊行者を記します。

＊特記事項

本書の場合は特に記さなくてもいいかもしれませんが、⑨で検定教科書になったという情報があったので、実際に使われたという例として扱えることを記しました。

※239〜240ページの書誌カードは、172パーセント拡大でコピーすることで、Ａ４サイズの用紙になります。また、勉誠出版の本書の紹介ページ（http://bensei.jp/index.php?main_page=product_book_info&products_id=20001）でｐｄｆファイルをダウンロードすることができます。

所蔵者　堀川貴司

請求番号　／

書名・巻冊数・編著者名　標註訓定徒然草読本　半紙本二巻二冊　高津柏樹標註

成立　明治十二年　東京・丸屋善七刊

特記事項　浄土宗で宗乗以外の教科書として使われたものか。

①　原装香色無地　（上）22.3×15.1　（下）22.4×15.1　萌黄色包紙残存

②　左肩　打付墨書「徒然草　上（下）」　題簽剥落痕あり

③1　見返（上）　黄色料紙　双辺内有界「高津柏樹標註／〈標註／訓定〉徒然
草読本上／丸善蔵版」　なお下にも見返あり。欄上に「明治／十／七年
／三／月／出／版」とあり。二行目が隷書体で末尾「上」なく、全体に小さい。訓点が異なる。

③2　序「序（朱捺印「水念珠／石川編」）」「明治十七年一月二十三日／（低四格）識
宇中村正直撰／（低三格）（朱捺印「中邨／正直」「字曰／敬輔」）5行11字　草行。
漢文　句点　行書体　版心「上之巻　序」　二丁　[illegible]　2丁

③3　凡例「〈標註／訓定〉徒然草読本／（低五格）凡例」（低十五格）高津柏樹
識」10行26字　かなまじり文　句点・濁点　版心「凡例　二」　3丁

④　「〈標註／訓定〉徒然草読本上之巻／（低十一格）高津柏樹標註／（低
一行）／〇つれづれなるまゝに日くらし硯に向ひて心に／……」

⑤　四周双辺　無界　本文10行20字　鼇頭20行8字　18.6×12.0（1丁
う　鼇頭4.3）　白口　単黒魚尾　版心「標註訓定徒然草読本　上之巻　一（〜）二」
かなまじり文　フリガナ・句点（。）・批点・区切り（凡例に説明あり）あり。
章段（回頭）改行、「〇」を付す（段数表示なし）。漢字は楷書、かなはくずしているが均等に配列。

⑥　尾題「〈標註／訓定〉徒然草読本上之巻終」　上66丁　下58丁

①表紙②外題③前付④本文冒頭⑤本文の構成⑥後付⑦刊記・奥書⑧書き入れ・蔵書印等⑨参考情報

10年2月6日　氏名　堀川貴司

書誌カードの記入例（表）

①表紙②外題③前付④本文冒頭⑤本文の構成⑥後付⑦刊記・奥書⑧書き入れ・蔵書印等⑨参考情報

⑥ ナシ

⑦1 上裏見返「明治十六年十二月廿四日板権免許／同　十七年二月　出板／標
註者〔東京府平民／高津柏樹／府下京橋區山下町／二十二番地〕／
出板人〔東京府平民／丸屋善七（朱捺印「丸善／印信」）／府下日本
橋區通／三丁目十四番地〕（標記看氏名右に朱捺印「定價金三拾錢」）

⑦2 下裏見返にあり、上の「十七年二月」が「十七年五月」となり、朱捺印二種がない
以外は同じ。

⑧ ○書き入れ　鉛筆書注記　上・45オまであり　不審紙あり（上・1オ）
○印記「荻生田」（朱陽円0.9　序首、凡例首、各巻首尾、上46オ欄外下部）
○下末尾墨書「東京芝公園地第二十一号／浄土宗学東京支校／留学生
／荻生田良智（朱捺印、上記印記のもの）」
○上・下裏表紙左下墨書「矢吹黙々生」　○小口書「徒／然／艸／上（下）」

⑨ ○NDL-OPACになし。同じ著者の他の著作あり、タカツ・ハクジュ 1836-1925とわかる。
○Webcatに2件あり。1つは本書と同じ丸屋善七板（昭和女子大学蔵）、
もう一つは東京・業書閣板、「見返しに「文部省検定済、尋常師範学校
教科用書」とあり」との注記あり。タテの長さ、巻次表記、丁数も本書と一致。
（大阪府立中之島図書館 223.4:38:#）「業」は「叢」の誤入力か。
○浄土宗学東京支校は現在の芝中学・高校（ウィキペディア「浄土宗」）

書誌カードの記入例（裏）

所蔵者　　請求番号

書名・巻冊数・編著者名

成立

特記事項

①表紙②外題③前付④本文冒頭⑤本文の構成⑥後付⑦刊記・奥書⑧書き入れ・蔵書印等⑨参考情報

年　月　日　氏名

①表紙②外題③前付④本文冒頭⑤本文の構成⑥後付⑦刊記・奥書⑧書き入れ・蔵書印等⑨参考情報

和暦西暦年表

（永禄までは元年のみを表示、永禄七年以降は一年ずつ表示しています。＊は南朝年号）

干支	元号	西暦
乙巳	大化	六四五
庚戌	白雉	六五〇
乙卯	（斉明）	六五五
壬戌	（天智）	六六二
癸酉	（天武）	六七三
丙戌	朱鳥	六八六
丁亥	（持統）	六八七
丁酉	（文武）	六九七
辛丑	大宝	七〇一
甲辰	慶雲	七〇四
戊申	和銅	七〇八
乙卯	霊亀	七一五
丁巳	養老	七一七
甲子	神亀	七二四
己巳	天平	七二九
己丑	天平感宝	七四九
己丑	天平勝宝	七四九
丁酉	天平宝字	七五七
乙巳	天平神護	七六五
丁未	神護景雲	七六七
庚戌	宝亀	七七〇
辛酉	天応	七八一
壬戌	延暦	七八二
丙戌	大同	八〇六
庚寅	弘仁	八一〇
甲辰	天長	八二四
甲寅	承和	八三四
戊辰	嘉祥	八四八
辛未	仁寿	八五一
甲戌	斉衡	八五四
丁丑	天安	八五七
己卯	貞観	八五九
丁酉	元慶	八七七
乙巳	仁和	八八五
己酉	寛平	八八九
戊午	昌泰	八九八
辛酉	延喜	九〇一
癸未	延長	九二三
辛卯	承平	九三一
戊戌	天慶	九三八
丁未	天暦	九四七
丁巳	天徳	九五七
辛酉	応和	九六一
甲子	康保	九六四
戊辰	安和	九六八
庚午	天禄	九七〇
癸酉	天延	九七三
丙子	貞元	九七六
戊寅	天元	九七八
癸未	永観	九八三
乙酉	寛和	九八五
丁亥	永延	九八七
己丑	永祚	九八九
庚寅	正暦	九九〇
乙未	長徳	九九五
己亥	長保	九九九
甲辰	寛弘	一〇〇四
壬子	長和	一〇一二
丁巳	寛仁	一〇一七
辛酉	治安	一〇二一
甲子	万寿	一〇二四
戊辰	長元	一〇二八
丁丑	長暦	一〇三七
庚辰	長久	一〇四〇
甲申	寛徳	一〇四四
丙戌	永承	一〇四六
癸巳	天喜	一〇五三
戊戌	康平	一〇五八
乙巳	治暦	一〇六五
己酉	延久	一〇六九
甲寅	承保	一〇七四
丁巳	承暦	一〇七七
辛酉	永保	一〇八一
甲子	応徳	一〇八四
丁卯	寛治	一〇八七
甲戌	嘉保	一〇九四
丙子	永長	一〇九六
丁丑	承徳	一〇九七
己卯	康和	一〇九九
甲申	長治	一一〇四
丙戌	嘉承	一一〇六
戊子	天仁	一一〇八
庚寅	天永	一一一〇
癸巳	永久	一一一三
戊戌	元永	一一一八
庚子	保安	一一二〇
甲辰	天治	一一二四
丙午	大治	一一二六
辛亥	天承	一一三一
壬子	長承	一一三二
乙卯	保延	一一三五
辛酉	永治	一一四一
壬戌	康治	一一四二
甲子	天養	一一四四
乙丑	久安	一一四五
辛未	仁平	一一五一
甲戌	久寿	一一五四
丙子	保元	一一五六
己卯	平治	一一五九
庚辰	永暦	一一六〇
辛巳	応保	一一六一
癸未	長寛	一一六三
乙酉	永万	一一六五
丙戌	仁安	一一六六
己丑	嘉応	一一六九
辛卯	承安	一一七一
乙未	安元	一一七五
丁酉	治承	一一七七

干支	元号	西暦
辛丑	養和	一一八一
壬寅	寿永	一一八二
甲辰	元暦	一一八四
乙巳	文治	一一八五
庚戌	建久	一一九〇
己未	正治	一一九九
辛酉	建仁	一二〇一
甲子	元久	一二〇四
丙寅	建永	一二〇六
丁卯	承元	一二〇七
辛未	建暦	一二一一
癸酉	建保	一二一三
己卯	承久	一二一九
壬午	貞応	一二二二
甲申	元仁	一二二四
乙酉	嘉禄	一二二五
丁亥	安貞	一二二七
己丑	寛喜	一二二九
壬辰	貞永	一二三二
癸巳	天福	一二三三
甲午	文暦	一二三四
乙未	嘉禎	一二三五
戊戌	暦仁	一二三八
己亥	延応	一二三九
庚子	仁治	一二四〇
癸卯	寛元	一二四三
丁未	宝治	一二四七
己酉	建長	一二四九
丙辰	康元	一二五六
丁巳	正嘉	一二五七
己未	正元	一二五九
庚申	文応	一二六〇
辛酉	弘長	一二六一
甲子	文永	一二六四
乙亥	建治	一二七五
戊寅	弘安	一二七八
戊子	正応	一二八八
癸巳	永仁	一二九三
己亥	正安	一二九九
壬寅	乾元	一三〇二
癸卯	嘉元	一三〇三
丙午	徳治	一三〇六
戊申	延慶	一三〇八
辛亥	応長	一三一一
壬子	正和	一三一二
丁巳	文保	一三一七
己未	元応	一三一九
辛酉	元亨	一三二一
甲子	正中	一三二四
丙寅	嘉暦	一三二六
己巳	元徳	一三二九
辛未	*元弘	一三三一
壬申	正慶	一三三二
甲戌	建武	一三三四
丙子	*延元	一三三六
戊寅	暦応	一三三八
庚辰	*興国	一三四〇
壬午	康永	一三四二
乙酉	貞和	一三四五
丙戌	*正平	一三四六
庚寅	観応	一三五〇
壬辰	文和	一三五二
丙申	延文	一三五六
辛丑	康安	一三六一
壬寅	貞治	一三六二
戊申	応安	一三六八
庚戌	*建徳	一三七〇
壬子	*文中	一三七二
乙卯	永和	一三七五
乙卯	*天授	一三七五
己未	康暦	一三七九
辛酉	永徳	一三八一
辛酉	*弘和	一三八一
甲子	至徳	一三八四
甲子	*元中	一三八四
丁卯	嘉応	一三八七
己巳	康応	一三八九
庚午	明徳	一三九〇
甲戌	応永	一三九四
戊申	正長	一四二八
己酉	永享	一四二九
辛酉	嘉吉	一四四一
甲子	文安	一四四四
己巳	宝徳	一四四九
壬申	享徳	一四五二
乙亥	康正	一四五五
丁丑	長禄	一四五七
庚辰	寛正	一四六〇
丙戌	文正	一四六六
丁亥	応仁	一四六七
己丑	文明	一四六九
丁未	長享	一四八七
己酉	延徳	一四八九
壬子	明応	一四九二
辛酉	文亀	一五〇一
甲子	永正	一五〇四
辛巳	大永	一五二一
戊子	享禄	一五二八
壬辰	天文	一五三二
乙卯	弘治	一五五五
戊午	永禄元	一五五八

干支	元号	西暦	閏月
甲子	永禄七	一五六四	
乙丑	八	一五六五	
丙寅	九	一五六六	八
丁卯	一〇	一五六七	
戊辰	一一	一五六八	
己巳	一二	一五六九	五
庚午	元亀元	一五七〇	
辛未	二	一五七一	
壬申	三	一五七二	正
癸酉	天正元	一五七三	
甲戌	二	一五七四	一一
乙亥	三	一五七五	
丙子	四	一五七六	
丁丑	五	一五七七	七
戊寅	六	一五七八	
己卯	七	一五七九	
庚辰	八	一五八〇	三
辛巳	九	一五八一	
壬午	一〇	一五八二	
癸未	一一	一五八三	正
甲申	一二	一五八四	
乙酉	一三	一五八五	八
丙戌	一四	一五八六	
丁亥	一五	一五八七	
戊子	一六	一五八八	五
己丑	一七	一五八九	
庚寅	一八	一五九〇	
辛卯	一九	一五九一	正
壬辰	文禄元	一五九二	

干支	元号	西暦	閏月
癸巳	二	一五九三	九
甲午	三	一五九四	
乙未	四	一五九五	三
丙申	慶長元	一五九六	七
丁酉	二	一五九七	
戊戌	三	一五九八	
己亥	四	一五九九	三
庚子	五	一六〇〇	
辛丑	六	一六〇一	一一
壬寅	七	一六〇二	
癸卯	八	一六〇三	
甲辰	九	一六〇四	八
乙巳	一〇	一六〇五	
丙午	一一	一六〇六	
丁未	一二	一六〇七	四
戊申	一三	一六〇八	
己酉	一四	一六〇九	
庚戌	一五	一六一〇	二
辛亥	一六	一六一一	
壬子	一七	一六一二	一〇
癸丑	一八	一六一三	
甲寅	一九	一六一四	
乙卯	元和元	一六一五	六
丙辰	二	一六一六	
丁巳	三	一六一七	
戊午	四	一六一八	三
己未	五	一六一九	
庚申	六	一六二〇	一二
辛酉	七	一六二一	
壬戌	八	一六二二	
癸亥	九	一六二三	八

干支	元号	西暦	閏月
甲子	寛永元	一六二四	
乙丑	二	一六二五	
丙寅	三	一六二六	四
丁卯	四	一六二七	
戊辰	五	一六二八	
己巳	六	一六二九	二
庚午	七	一六三〇	
辛未	八	一六三一	一〇
壬申	九	一六三二	
癸酉	一〇	一六三三	
甲戌	一一	一六三四	七
乙亥	一二	一六三五	
丙子	一三	一六三六	
丁丑	一四	一六三七	三
戊寅	一五	一六三八	
己卯	一六	一六三九	一一
庚辰	一七	一六四〇	
辛巳	一八	一六四一	
壬午	一九	一六四二	九
癸未	二〇	一六四三	
甲申	正保元	一六四四	
乙酉	二	一六四五	五
丙戌	三	一六四六	
丁亥	四	一六四七	
戊子	慶安元	一六四八	正
己丑	二	一六四九	
庚寅	三	一六五〇	一〇
辛卯	四	一六五一	
壬辰	承応元	一六五二	
癸巳	二	一六五三	六
甲午	三	一六五四	

干支	元号	西暦	閏月
乙未	明暦元	一六五五	
丙申	二	一六五六	四
丁酉	三	一六五七	
戊戌	万治元	一六五八	一二
己亥	二	一六五九	
庚子	三	一六六〇	
辛丑	寛文元	一六六一	八
壬寅	二	一六六二	
癸卯	三	一六六三	
甲辰	四	一六六四	五
乙巳	五	一六六五	
丙午	六	一六六六	
丁未	七	一六六七	二
戊申	八	一六六八	
己酉	九	一六六九	一〇
庚戌	一〇	一六七〇	
辛亥	一一	一六七一	
壬子	一二	一六七二	六
癸丑	延宝元	一六七三	
甲寅	二	一六七四	
乙卯	三	一六七五	四
丙辰	四	一六七六	
丁巳	五	一六七七	一二
戊午	六	一六七八	
己未	七	一六七九	
庚申	八	一六八〇	八
辛酉	天和元	一六八一	
壬戌	二	一六八二	
癸亥	三	一六八三	五

干支	元号	西暦	閏月
甲子	貞享元	一六八四	
乙丑	二	一六八五	
丙寅	三	一六八六	三
丁卯	四	一六八七	
戊辰	元禄元	一六八八	
己巳	二	一六八九	正
庚午	三	一六九〇	
辛未	四	一六九一	八
壬申	五	一六九二	
癸酉	六	一六九三	
甲戌	七	一六九四	五
乙亥	八	一六九五	
丙子	九	一六九六	
丁丑	一〇	一六九七	二
戊寅	一一	一六九八	
己卯	一二	一六九九	九
庚辰	一三	一七〇〇	
辛巳	一四	一七〇一	
壬午	一五	一七〇二	八
癸未	一六	一七〇三	
甲申	宝永元	一七〇四	
乙酉	二	一七〇五	四
丙戌	三	一七〇六	
丁亥	四	一七〇七	
戊子	五	一七〇八	正
己丑	六	一七〇九	
庚寅	七	一七一〇	八
辛卯	正徳元	一七一一	
壬辰	二	一七一二	
癸巳	三	一七一三	五
甲午	四	一七一四	

干支	元号	西暦	閏月
乙未	五	一七一五	
丙申	享保元	一七一六	二
丁酉	二	一七一七	
戊戌	三	一七一八	一〇
己亥	四	一七一九	
庚子	五	一七二〇	
辛丑	六	一七二一	七
壬寅	七	一七二二	
癸卯	八	一七二三	
甲辰	九	一七二四	四
乙巳	一〇	一七二五	
丙午	一一	一七二六	
丁未	一二	一七二七	正
戊申	一三	一七二八	
己酉	一四	一七二九	九
庚戌	一五	一七三〇	
辛亥	一六	一七三一	
壬子	一七	一七三二	五
癸丑	一八	一七三三	
甲寅	一九	一七三四	
乙卯	二〇	一七三五	三
丙辰	元文元	一七三六	
丁巳	二	一七三七	一一
戊午	三	一七三八	
己未	四	一七三九	
庚申	五	一七四〇	七
辛酉	寛保元	一七四一	
壬戌	二	一七四二	
癸亥	三	一七四三	四
甲子	延享元	一七四四	
乙丑	二	一七四五	一二

干支	元号	西暦	閏月
丙寅	三	一七四六	
丁卯	四	一七四七	
戊辰	寛延元	一七四八	一〇
己巳	二	一七四九	
庚午	三	一七五〇	
辛未	宝暦元	一七五一	六
壬申	二	一七五二	
癸酉	三	一七五三	
甲戌	四	一七五四	二
乙亥	五	一七五五	
丙子	六	一七五六	一一
丁丑	七	一七五七	
戊寅	八	一七五八	
己卯	九	一七五九	七
庚辰	一〇	一七六〇	
辛巳	一一	一七六一	
壬午	一二	一七六二	四
癸未	一三	一七六三	
甲申	明和元	一七六四	一二
乙酉	二	一七六五	
丙戌	三	一七六六	
丁亥	四	一七六七	九
戊子	五	一七六八	
己丑	六	一七六九	
庚寅	七	一七七〇	六
辛卯	八	一七七一	
壬辰	安永元	一七七二	
癸巳	二	一七七三	三
甲午	三	一七七四	

干支	元号	西暦	閏月
乙未	四	一七七五	一二
丙申	五	一七七六	
丁酉	六	一七七七	
戊戌	七	一七七八	七
己亥	八	一七七九	
庚子	九	一七八〇	
辛丑	天明元	一七八一	五
壬寅	二	一七八二	
癸卯	三	一七八三	
甲辰	四	一七八四	正
乙巳	五	一七八五	
丙午	六	一七八六	一〇
丁未	七	一七八七	
戊申	八	一七八八	
己酉	寛政元	一七八九	六
庚戌	二	一七九〇	
辛亥	三	一七九一	
壬子	四	一七九二	二
癸丑	五	一七九三	
甲寅	六	一七九四	
乙卯	七	一七九五	一一
丙辰	八	一七九六	
丁巳	九	一七九七	七
戊午	一〇	一七九八	
己未	一一	一七九九	
庚申	一二	一八〇〇	四
辛酉	享和元	一八〇一	
壬戌	二	一八〇二	
癸亥	三	一八〇三	正
甲子	文化元	一八〇四	
乙丑	二	一八〇五	八

干支	元号	西暦	閏月
丙寅	三	一八〇六	
丁卯	四	一八〇七	
戊辰	五	一八〇八	六
己巳	六	一八〇九	
庚午	七	一八一〇	
辛未	八	一八一一	二
壬申	九	一八一二	
癸酉	一〇	一八一三	一一
甲戌	一一	一八一四	
乙亥	一二	一八一五	
丙子	一三	一八一六	八
丁丑	一四	一八一七	
戊寅	文政元	一八一八	
己卯	二	一八一九	四
庚辰	三	一八二〇	
辛巳	四	一八二一	
壬午	五	一八二二	正
癸未	六	一八二三	
甲申	七	一八二四	八
乙酉	八	一八二五	
丙戌	九	一八二六	
丁亥	一〇	一八二七	六
戊子	一一	一八二八	
己丑	一二	一八二九	
庚寅	天保元	一八三〇	三
辛卯	二	一八三一	
壬辰	三	一八三二	一一
癸巳	四	一八三三	
甲午	五	一八三四	
乙未	六	一八三五	七
丙申	七	一八三六	

干支	元号	西暦	閏月
丁酉	天保八	一八三七	
戊戌	九	一八三八	四
己亥	一〇	一八三九	
庚子	一一	一八四〇	
辛丑	一二	一八四一	正
壬寅	一三	一八四二	
癸卯	一四	一八四三	九
甲辰	弘化元	一八四四	
乙巳	二	一八四五	
丙午	三	一八四六	五
丁未	四	一八四七	
戊申	嘉永元	一八四八	
己酉	二	一八四九	四
庚戌	三	一八五〇	
辛亥	四	一八五一	
壬子	五	一八五二	二
癸丑	六	一八五三	
甲寅	安政元	一八五四	七
乙卯	二	一八五五	
丙辰	三	一八五六	
丁巳	四	一八五七	五
戊午	五	一八五八	
己未	六	一八五九	
庚申	万延元	一八六〇	三
辛酉	文久元	一八六一	
壬戌	二	一八六二	八
癸亥	三	一八六三	
甲子	元治元	一八六四	

乙丑	慶応元	一八六五	五
丙寅	二	一八六六	
丁卯	三	一八六七	
戊辰	明治元	一八六八	四
己巳	二	一八六九	
庚午	三	一八七〇	一〇
辛未	四	一八七一	
壬申	五	一八七二	
癸酉	六	一八七三	太陽暦開始
甲戌	七	一八七四	
乙亥	八	一八七五	
丙子	九	一八七六	
丁丑	一〇	一八七七	
戊寅	一一	一八七八	
己卯	一二	一八七九	
庚辰	一三	一八八〇	
辛巳	一四	一八八一	
壬午	一五	一八八二	
癸未	一六	一八八三	
甲申	一七	一八八四	
乙酉	一八	一八八五	
丙戌	一九	一八八六	
丁亥	二〇	一八八七	
戊子	二一	一八八八	
己丑	二二	一八八九	
庚寅	二三	一八九〇	
辛卯	二四	一八九一	
壬辰	二五	一八九二	
癸巳	二六	一八九三	
甲午	二七	一八九四	
乙未	二八	一八九五	

丙申	二九	一八九六
丁酉	三〇	一八九七
戊戌	三一	一八九八
己亥	三二	一八九九
庚子	三三	一九〇〇
辛丑	三四	一九〇一
壬寅	三五	一九〇二
癸卯	三六	一九〇三
甲辰	三七	一九〇四
乙巳	三八	一九〇五
丙午	三九	一九〇六
丁未	四〇	一九〇七
戊申	四一	一九〇八
己酉	四二	一九〇九
庚戌	四三	一九一〇
辛亥	四四	一九一一
壬子	大正元	一九一二
癸丑	二	一九一三
甲寅	三	一九一四
乙卯	四	一九一五
丙辰	五	一九一六
丁巳	六	一九一七
戊午	七	一九一八
己未	八	一九一九
庚申	九	一九二〇
辛酉	一〇	一九二一
壬戌	一一	一九二二
癸亥	一二	一九二三
甲子	一三	一九二四
乙丑	一四	一九二五
丙寅	昭和元	一九二六

月・十干・十二支の異名

序跋、奥書、識語などに年月日を記すとき、これらの異名を用いている場合があります。音読みのものは漢籍・仏書、また日本人の漢文著作に、訓読みのものは和文のものに多く見られます。出てきた時にはこの一覧で確かめて、通常の表記を（　）に括って注記しておくとよいでしょう。

月の異名　*ふりがなはすべて現代仮名遣いによる。

正月―孟（もう）春　初春　睦月（むつき）　陬月（すうげつ）　孟陬（もうすう）　大簇（たいそう）
二月―仲（ちゅう）春　如月（きさらぎ・じょげつ）　夾鍾（きょうしょう）(鐘)
三月―季（き）春　晩春　弥生（やよい）　清明（せいめい）　寎月（へいげつ）　姑洗（こせん）
四月―孟夏　初夏　卯月（うづき）　余月（よげつ）　中呂（ちゅうりょ）
五月―仲夏　皐月（さつき・こうげつ）　蕤賓（すいひん）
六月―季夏　晩夏　水無月（みなづき）　且月（しょげつ）　林鐘（りんしょう）(鍾)
七月―孟秋　初秋　文月（ふ(み)づき）　相月（そうげつ）　夷則（いそく）
八月―仲秋　葉月（はづき）　壮月（そうげつ）　桂月（けいげつ）　南呂（なんりょ）
九月―季秋　晩秋　暮秋　長月（ながつき）　菊月（きくげつ）　玄月（げんげつ）　無射（ぶえき）
十月―孟冬　初冬　神無月（かんなづき）　陽月（ようげつ）　応鍾（おうしょう）(鐘)
十一月―仲冬　霜月（しもつき）　辜月（こげつ）　黄鍾（こうしょう）(鐘)
十二月―季冬　晩冬　師走（しわす）　臘月（ろうげつ）　嘉平（かへい）　蜡月（さげつ）　涂月（とげつ）　大呂（たいりょ）

十干の異名

甲（こう／きのえ）	閼逢（あっぽう）	乙（おつ・いつ／きのと）	旃蒙（せんもう）
丙（へい／ひのえ）	柔兆（じゅうちょう）	丁（てい／ひのと）	強圉（きょうぎょ）
戊（ぼ／つちのえ）	著雍（ちょよう）	己（き／つちのと）	屠維（とい）
庚（こう／かのえ）	上章（じょうしょう）	辛（しん／かのと）	重光（ちょうこう）
壬（じん／みずのえ）	玄黓（げんよく）	癸（き／みずのと）	昭陽（しょうよう）

十二支の異名

子（し／ね）	困敦（こんとん）	丑（ちゅう／うし）	赤奮若（せきふんじゃく）
寅（いん／とら）	摂提格（せっていかく）	卯（う／ぼう）	単閼（せんあつ）
辰（しん／たつ）	執徐（しつじょ）	巳（し／み）	大荒落（たいこうらく）
午（ご／うま）	敦牂（とんしょう）	未（び／ひつじ）	協洽（きょうこう）
申（しん／さる）	涒灘（とんだん）	酉（ゆう／とり）	作噩（さくがく）
戌（じゅつ／いぬ）	閹茂（えんも）	亥（がい／い）	大淵献（たいえんけん）

※干支を訓で読むとき、甲子（かっし）は「きのえね」、乙丑（いっちゅう）は「きのとのうし」というように、「え」はそのまま続けて読み、「と」は間に「の」を入れて読むのが古くからの習慣。

おわりに——書誌学の未来

第5章や第7章で触れた、ほとんど内題のない書物の話の続きです。

もしその書物を同定するのに版心題しか手がかりがなかった場合、同じ版心題を持ち、しかも外題が存在する伝本のデータがどこかにあれば、それを参照して書名を決定できます。

書誌調査とは、そのように互いに情報を提供し合うことで、それぞれの書物の同定を確かなものにしていく作業でもあります。いまは第11章で紹介したような参考書・データベースを利用して、それで足りない情報は自ら伝本を調査して見つけていくしかありませんが、将来的には、各所蔵機関が共通した項目を備えた古典籍の書誌データを記述し、共有するシステムが出来ることが理想でしょう。

さらに、すべての内容が画像によって公開されれば理想的ですが、少なくとも表紙・巻首・刊記奥書などの重要な部分の画像をそのデータに付けてもらえれば、大いに参考になります（逆に、現在公開中のフル画像の古典籍には、書誌情報を付加していく努力が必要だと思います）。

また、書誌学調査のツールとしては、インターネットで検索できる蔵書印や筆跡、奥書、刊記等のデータベース（画像を伴うもの）の作成も望まれます。

このような環境整備と、古典籍調査に対する所蔵機関やそれを支える組織（国・自治体・大学等）の理解があって、まだまだ埋もれている各地の古典籍がようやく活かされる状態になっていくでしょう。

そこから浮かび上がってくるのは何でしょうか。やはりそれは人ではないかと思います。書物を作る人れれば、本書の目的は達せられたことになります。（テクストもモノも）、読む人、伝える人など、その書物に関わったさまざまな人が、書物を通じて、時空を超えたネットワークを作っている様子が見えてきます。そして、その中に今その書物を見ている自分もいて、また未来へとそれを受け継いでいくのだという感覚を、書誌調査や書物の歴史の学習を通じて身に付けてくれれば、本書の目的は達せられたことになります。

本書は鶴見大学文学部ドキュメンテーション学科において行った書誌学関係の授業と、司書課程の科目である図書館資料論Ⅱ（専門資料論・資料特論の合併）をもとにしたものです。先行のさまざまな文献を参考に、乏しいながらもこれまで古典籍の調査に関わってきた個人的知見を加えて執筆しました。特に建仁寺両足院の調査メンバーである漢籍・仏書の専門家、また西尾市岩瀬文庫悉皆調査のリーダーである塩村耕氏からは、調査の中で実物を前にして具体的に書物の見方を教わり、また調査後の酒宴においても豊富な知識や経験をお聞きして、それらが知らず知らず血肉となって本書の記述に活かされていると思います。深く感謝したいと思います。

もちろん、授業を支えてくれた学生諸君と鶴見大学図書館のスタッフ、同僚の諸氏にもさまざまな御教示や御示唆を受けました。また、一部の図版に鶴見大学図書館蔵本を使わせて頂きました。

本書の執筆は勉誠出版の吉田祐輔氏のお誘いによるものです。氏には本書の構成・内容についても有益なアドバイスを頂きました。図版撮影は、吉田氏と松澤耕一郎氏にお願いしました。なお、校正には藤川雅恵氏の手を煩わせました。

参考文献（調査の際の参考書も含む。入門書的なものを中心にしたが、一部専門書・論文も挙げた）

・本書全体に関わるもの

橋本不美男『原典をめざして――古典文学のための書誌――』（笠間書院、一九七四、一九九五新装版）
長沢規矩也『図書学辞典』（汲古書院、一九七九）
川瀬一馬『日本書誌学用語辞典』（雄松堂出版、一九八二）
井上宗雄他編『日本古典籍書誌学辞典』（岩波書店、一九九九）
長沢規矩也『書誌学序説』（吉川弘文館、一九六〇、一九七九重修）
川瀬一馬『日本書誌学概説（増訂版）』（講談社、一九七二）
長沢規矩也『古書のはなし――書誌学入門――』（冨山房、一九七六）
山岸徳平『書誌学序説』（岩波書店、一九七七）
藤井隆『日本古典書誌学総説』（和泉書院、一九九一）
中野三敏『書誌学談義　江戸の板本』（岩波書店、一九九五）
廣庭基介・長友千代治『日本書誌学を学ぶ人のために』（世界思想社、一九九八）
林望『リンボウ先生の書物探偵帖』（講談社文庫は－42－2、二〇〇〇）（『書誌学の回廊』日本経済新聞社、一九九五、の文庫版）
川瀬一馬著、岡崎久司編『書誌学入門』（雄松堂出版、二〇〇一）
山本信吉『古典籍が語る――書物の文化史――』（八木書店、二〇〇四）
橋口侯之介『和本入門』『続和本入門』（平凡社、二〇〇五・二〇〇七、平凡社ライブラリー版、二〇一一）
櫛笥節男『宮内庁書陵部　書庫渉猟――書写と装訂――』（おうふう、二〇〇六）
吉野敏武『古典籍の装幀と造本』（印刷学会出版部、二〇〇六）
慶應義塾大学附属研究所斯道文庫編『図説　書誌学――古典籍を学ぶ――』（勉誠出版、二〇一〇、二〇二三訂正新版）
大沼晴暉『図書大概』（汲古書院、二〇一二）

国文学研究資料館編『古典籍研究ガイダンス　王朝文学を読むために』（笠間書院、二〇一二）
国文学研究資料館編『本　かたちと文化　古典籍・近代文献の見方・楽しみ方』（勉誠社、二〇二四）

1. 調査用具と参考書

『東方年表』（平楽寺書店、一九五五）…中国・朝鮮の年号もわかる。
『歴史手帳』（吉川弘文館、毎年発行）…歴史事項が充実。
児玉幸多編『くずし字解読辞典』（東京堂出版、一九九三）…形から引く。
児玉幸多編『くずし字用例辞典』（東京堂出版、一九九三）…部首から引く。
東京手紙の会編『くずし字辞典』（思文閣出版、二〇〇〇）…筆跡類解読に有用。
『五体字類』（西東書房、二〇〇一改訂第三版、二〇〇二）…楷行草隷篆の五書体。

4. 表紙

切畑健『名物裂』（日本の染織一九、京都書院美術双書、一九九四）
日本色彩研究所・福田邦夫『日本の伝統色』（読売新聞社、一九八七）
長崎盛輝『日本の伝統色　その色名と色調』（京都書院、一九九六。青幻舎、二〇〇一）
吉岡幸雄『日本の色辞典』（紫紅社、二〇〇〇）
永田泰弘監修『色の手帖』（小学館、二〇〇二新版）
尚学図書・言語研究所編『文様の手帖』（小学館、一九八七）
岡登貞治『新装普及版　文様の事典』（東京堂出版、一九八八）
同『新装普及版　日本文様図鑑』（同、一九八八）
視覚デザイン研究所『日本・中国の文様事典』（視覚デザイン研究所、二〇〇〇）
「表紙模様集成稿」「同索引」「同続稿」（国文学研究資料館『調査研究報告』一、二、四～六、一二～一四、一九八〇・三～一九九三・三）
『表紙文様集成』（国文学研究資料館『調査研究報告』二五別冊、二〇〇四・一一）

6. 前付と後付

朝倉治彦『近世出版広告集成』（全六冊、ゆまに書房、一九八三）
小泉吉永編『近世蔵版目録集成　往来物編』（全四冊、岩田書院、二〇〇五～二〇〇六）

7．本文（1）——版式・写式／8．本文（2）——文字・絵

矢田勉『国語文字・表記史の研究』（汲古書院、二〇一二）
竹村真一『明朝体の歴史』（思文閣出版、一九八六）
吉田金彦他編『訓点語辞典』（東京堂出版、二〇〇一）
沖森卓也『日本語の誕生　古代の文字と表記』（吉川弘文館、二〇〇三）
小林芳規『図説　日本の漢字』（大修館書店、一九九八）
小松茂実『かな――その成立と変遷――』（岩波新書、一九六八）
古谷稔『かなの鑑賞基礎知識』（至文堂、一九九五）
高田信敬「『東湖遺唫』の「闕畫」――山田俊雄先生に」（『鶴見日本文学』一三、二〇〇九・三、『文献学の栞』武蔵野書院、二〇二〇、に関連論文とともに収録）
永井一彰『板木の諸相』（日本書誌学大系一一一、青裳堂書店、二〇二一）
鈴木重三『絵本と浮世絵　江戸出版文化の考察』（美術出版社、一九七九、ぺりかん社、二〇一七改訂増補）
石川透『魅力の御伽草子』（三弥井書店、二〇〇〇）

10．書入・蔵書印等　付・保存容器と保存状態

水田紀久『日本篆刻史論考』（青裳堂書店、一九八五）…江戸時代の篆刻に関する研究。
落款字典編集委員会『必携落款字典』（柏書房、一九八二）…人物別落款印・蔵書印集成。
高田忠周『朝陽字鑑精萃』（西東書房、一九八九）…篆書字典の古典。
小林石寿『五体篆書字典』（木耳社、一九八三）…多様な書体を載せる。
丘襄二『篆楷字典』（国書刊行会、一九七六）…形から引ける字典。
洪鈞陶《篆真字典》（北京・文物出版社、一九九六）…形から引ける字典。
渡辺守邦・後藤憲二『新編蔵書印譜』（青裳堂書店、二〇〇一、増訂版上中下補、二〇一三〜二〇二三）
国立国会図書館編『人と蔵書と蔵書印』（雄松堂出版、二〇〇二）
中野三敏・後藤憲二『近代蔵書印譜』（初編〜六編、青裳堂書店、一九八四〜二〇二〇）
蔵書印ツールコレクション　https://seal.dhii.jp

11．参考情報

『内閣文庫国書分類目録』（全三冊、一九六一～六二、内閣文庫）
『群書解題』（全一三冊、続群書類従完成会、一九六〇～八八）
『日本古典文学大辞典』（全六冊、岩波書店、一九八三～八五）
加藤友康・由井正臣編『日本史文献解題辞典』（吉川弘文館、二〇〇〇）
市古貞次・大曾根章介編『国文学複製翻刻書目総覧』（正続二冊、貴重本刊行会、一九八二～八九）
大倉精神文化研究所編『日本思想史文献解題』（角川書店、一九九二新版）
小野玄妙『仏書解説大辞典』（全一三巻・別冊二冊・計一五冊、大東出版社、一九三三～八八、別冊を除く縮刷一冊本、一九九九）
『新纂禅籍目録』（別冊追補あり、駒澤大学図書館、一九六二～六四）
小曾戸洋『日本漢方典籍辞典』（大修館書店、一九九九）
長沢規矩也・長澤孝三『和刻本漢籍分類目録　増補補正版』（汲古書院、二〇〇六）
『内閣文庫漢籍分類目録』（内閣文庫、一九七一改訂）
『東京大学東洋文化研究所漢籍分類目録』（汲古書院、一九八一縮印合冊訂正）
『京都大学人文科学研究所漢籍分類目録』（同朋舎出版、一九八一縮刷合冊）
『東京大学総合図書館漢籍目録』（東京堂出版、一九九五）→HP上で公開 http://kanseki.dl.itc.u-tokyo.ac.jp/kanseki/
『朝鮮図書解題』（名著普及会、一九六九復刊）
藤本幸夫『日本現存朝鮮本研究　集部』（京都大学学術出版会、二〇〇六）『同　史部』（ソウル：東国大学校出版部、二〇一八）
前間恭作『古鮮冊譜』（全三冊、東洋文庫叢刊、一九四四～五七）
川瀬一馬『五山版の研究』（全二冊、ＡＢＡＪ、一九七〇）
川瀬一馬『増補版　古活字版之研究』（全三冊、ＡＢＡＪ、一九六七）
矢島玄亮『徳川時代出版者出版物集覧』（正続二冊、萬葉堂書店、一九七六）
井上隆明『改訂増補　近世書林板元集成』（青裳堂書店、一九九八）
慶應義塾大学附属研究所斯道文庫編『江戸時代書林出版書籍目録集成』（全四冊、井上書店、一九六二～六四）…寛文～

明和に刊行された書籍目録の影印と書名索引。
朝倉治彦・大和博幸編『享保以後江戸出版書目　新訂版』（臨川書店、一九九三）
『享保以後大阪出版書籍目録』（龍渓書舎、一九九八復刻）…『大坂本屋仲間記録』（全一八冊、清文堂出版、一九七五〜九三）に基づく。
鈴木俊幸編『増補改訂近世書籍研究文献目録』（ぺりかん社、二〇〇七）
鈴木俊幸編『近世近代初期書籍研究文献目録』（勉誠出版、二〇一四）
丸山季夫「刻師名寄」（『国学者雑攷』吉川弘文館、一九八二の別冊）
市古貞次他編『国書人名辞典』（全五冊、岩波書店、一九九三〜九九）
國學院大學日本文化研究所編『和学者総覧』（汲古書院、一九九〇）
長澤孝三編『漢文学者総覧』（汲古書院、一九七九）
橋本政宣編『公家事典』（吉川弘文館、二〇一〇）…『公卿補任』の人物別再編
『地下家伝』（全六冊、現代思潮社、一九七八復刊）…下級公家
『寛政重修諸家譜』（全二六冊、続群書類従完成会、一九六四〜六七復刊）…藩主・幕臣
『系図纂要』（全三三冊、名著出版、一九九〇〜九七）…最大の系図集成
森銑三・中島理寿編『近世人名録集成』（全五冊、勉誠社、一九七六〜七八）…近世に作られた各種人名録の集成。
法政大学文学部史学研究室編『日本人物文献目録』（平凡社、一九七四）
なお、インターネット上の日本文学・中国文学関係の情報については、やたがらすナビ http://yatanavi.org/ にまとめられています。

12. 他の伝本との比較

山下浩『本文の生態学　漱石・鷗外・芥川』（日本エディタースクール出版部、一九九三）
松澤和宏『生成論の探究　テクスト・草稿・エクリチュール』（名古屋大学出版会、二〇〇三）

本文研究は日本古典文学においても、また中国学においても蓄積がありますが、ヨーロッパの文献学の成果にも目を向けるべきでしょう。近代作家の草稿や活版印刷に関わる内容ですが、示唆を受ける点が多いと思います。

13. 紙その他の原材料

久米康生『和紙の文化誌』（毎日コミュニケーションズ、一九九〇）

久米康生『和紙文化辞典』（わがみ社、一九九五）
湯山賢一編『文化財学の課題――和紙文化の継承――』（勉誠出版、二〇〇六）
宮島新一『唐紙と金銀泥下絵』（日本の美術四三〇、至文堂、二〇〇二）
遠藤諦之輔『古文書修補六十年　和装本の修補と造本』（汲古書院、一九八七）
池田寿『書跡・典籍、古文書の修理』（日本の美術四八〇、至文堂、二〇〇六）
宍倉佐敏編『必携古典籍・古文書料紙事典』（八木書店、二〇一一）
石川九楊『書を学ぶ――技法と実践』（ちくま新書一〇三、筑摩書房、一九九七）
座談会「郷土の文化を語る」（『あいち地方文化』一九四四年一月号）…名古屋最大の版元永楽屋東四郎の当主の貴重な回想が載っています。

14．中国・朝鮮の書物と日本

冨谷至『木簡・竹簡の語る中国古代』（世界歴史選書、岩波書店、二〇〇三）
陳国慶（沢谷昭次訳）『漢籍版本入門』（研文出版、一九八四）
京都大学人文科学研究所附属漢字情報研究センター編『漢籍目録――カードのとりかた』（朋友書店、二〇〇五）
米山寅太郎『図説中国印刷史』（汲古選書四〇、汲古書院、二〇〇二）
井上進『中国出版文化史　書物世界と知の風景』（名古屋大学出版会、二〇〇二）
大庭脩『江戸時代における唐船持渡書の研究』（関西大学出版部、一九六七）
大庭脩『漢籍輸入の文化史』（研文出版、一九九七）
高橋智『書誌学のすすめ――中国の愛書文化に学ぶ――』（東方書店、二〇一〇）
京都仏教各宗学校連合会編『新編大蔵経 成立と変遷』（法蔵館、二〇二〇）

15．古代・中世の写本と蔵書（1）――寺院

小野則秋『日本文庫史研究』（全二冊、臨川書店、一九七九〈上巻は復刊〉）
田中塊堂『日本写経綜鑑』（三明社、一九五三）
『久能寺経と古経楼』（五島美術館展示図録、一九九一）
頼富本宏・赤尾栄慶『写経の鑑賞基礎知識』（至文堂、一九九四）
『奉納された中世史――写経と版経――』（石川県立歴史博物館展示図録、一九九四）

高橋正隆『大般若経の流布』（善慶寺、一九九五）
『古写経――聖なる文字の世界――』（京都国立博物館展示図録、二〇〇四）

16. 古代・中世の写本と蔵書（2）――公家・武家

出光美術館編『平安の仮名　鎌倉の仮名』（二〇〇五）
藤本孝一『文書・写本の作り方』（日本の美術五〇五、至文堂、二〇〇八）
田島公編『禁裏・公家文庫研究』第一輯～第三輯（思文閣出版、二〇〇三～二〇〇九）
財団法人冷泉家時雨亭文庫他編『冷泉家　王朝の和歌守展』（朝日新聞出版、二〇〇九）
関靖『金沢文庫の研究』（藝林舍、一九七六復刻。初版は一九五一）
川瀬一馬『増補新訂　足利学校の研究』（講談社、一九七四、吉川弘文館、二〇一五新装版）
『足利学校――日本最古の学校　学びの心とその流れ――』（足利市立美術館展示図録、二〇〇四）
川瀬一馬『日本における書物蒐蔵の歴史』（ぺりかん社、一九九九、吉川弘文館、二〇一九新装版）
小川剛生『中世の書物と学問』（日本史リブレット七八、山川出版社、二〇〇九）

17. 古代・中世の出版

川瀬一馬『入門講話　日本出版文化史』（日本エディタースクール出版部、一九八三）
白石克『慶應義塾図書館所蔵　日本古刊本図録』（全二冊、慶應義塾大学三田メディアセンター、一九九五～九六）
中根勝『日本印刷技術史』（八木書店、一九九九）
高橋正隆『大般若経の流布』（善慶寺、一九九五）
川瀬一馬『五山版の研究』（全二冊、ABAJ、一九七〇）
川瀬一馬『増補版　古活字版之研究』（全三冊、ABAJ、一九六七）

18. 古活字版

川瀬一馬『増補版　古活字版之研究』（全三冊、ABAJ、一九六七）
天理図書館編『富永先生古稀記念　きりしたん版の研究』（天理大学出版部、一九七三）
渡辺守邦『古活字版伝説』（青裳堂書店、一九八七）
印刷史研究会編『本と活字の歴史事典』（柏書房、二〇〇〇）
国立国会図書館図書部編『国立国会図書館所蔵古活字版図録』（汲古書院、一九八九）

高木浩明『中近世移行期の文化と古活字版』(勉誠出版、二〇二〇)

19．近世初期・前期の出版／20．近世中期の出版　付・非商業出版／21．近世後期・幕末明治期の出版

蒔田稲城『京阪書籍商史』(臨川書店、一九八二復刊)
上里春生『江戸書籍商史』(名著刊行会、一九七六復刊)
宗政五十緒『近世京都出版文化の研究』(同朋舎出版、一九八二)
弥吉光長『未刊史料による日本出版文化』(全八冊、ゆまに書房、一九八五～二〇〇三)
長島弘明「江戸時代の出版」(『東海地区大学図書館協議会誌』三七、一九九二・二)
今田洋三『江戸の本屋さん』(平凡社ライブラリーこ―18―1、平凡社、二〇〇九)(NHKブックス299、日本放送出版協会、一九七七、の文庫版)
内田啓一『江戸の出版事情』(青幻舎、二〇〇七)
中野三敏監修『江戸の出版』(ぺりかん社、二〇〇五)
永井一彰『板木は語る』(笠間書院、二〇一四)
奥野彦六『江戸時代の古版本』(臨川書店、一九八二増訂。初版一九四四)
岡雅彦・和田恭幸「近世初期版本刊記集影」(一)～(五)(国文学研究資料館『調査研究報告』一七～二一、一九九六・三～二〇〇〇・九)
太田正弘『寛永版目録』(私家版、二〇〇二)
後藤憲二『寛永版書目幷図版』(青裳堂書店、二〇〇二)
岡雅彦他編『江戸時代初期出版年表〔天正十九年～明暦四年〕』(勉誠出版、二〇一一)
岡雅彦編『江戸時代前期出版年表〔万治元年～貞享五年〕』(勉誠社、二〇二三)
市古夏生『近世初期文学と出版文化』(若草書房、一九九八)
市古夏生編『元禄・正徳　板元別出版書総覧』(勉誠出版、二〇一四)
塩村耕『近世前期文学研究――伝記・書誌・出版――』(若草書房、二〇〇四)…前期江戸での出版物一覧を含む。
塩村耕『古版大阪案内記集成』(重要古典籍叢刊一、和泉書院、一九九九)…前期大坂での出版物一覧を含む。
中嶋隆『初期浮世草子の展開』(若草書房、一九九六)
木村八重子『草双紙の世界』(ぺりかん社、二〇〇九)

『中央大学創立125周年記念特別展　浮世絵百華　平木コレクションのすべて』（たばこと塩の博物館展示図録、中央大学文学部、二〇〇九）
長友千代治『近世貸本屋の研究』（東京堂出版、一九八二）
柴田光彦『大惣蔵書目録と研究』（全二冊、青裳堂書店、一九八三）
福井保『江戸幕府編纂物』（雄松堂出版、一九八五）
笠井助治『近世藩校に於ける出版書の研究』（吉川弘文館、一九六二）
朝倉治彦・大和博幸編『近世地方出版の研究』（東京堂出版、一九九三）
太田正弘『尾張出版文化史』（六甲出版、一九九五）
長友千代治『江戸時代の図書流通』（思文閣出版、二〇〇二）
長友千代治『江戸時代の書物と読書』（東京堂出版、二〇〇一）
鈴木俊幸『江戸の読書熱　自学する読者と書籍流通』（平凡社選書二二七、平凡社、二〇〇七）
鈴木俊幸『書籍流通史料論　序説』（勉誠出版、二〇一二）
鈴木俊幸『近世読者とそのゆくえ　読書と書籍流通の近世・近代』（平凡社、二〇一七）
橋口侯之介『江戸の古本屋　近世書肆のしごと』（平凡社、二〇一八）
『明治維新と平田国学』（国立歴史民俗博物館展示図録、二〇〇四）
前田愛『近代読者の成立』（前田愛著作集二、筑摩書房、一九八九）
倉田喜弘『著作権史話』（千人社、一九八三）

22. 近世の写本と蔵書

横田冬彦編『知識と学問をになう人びと』（身分的周縁と近世社会5、吉川弘文館、二〇〇七）
吉岡眞之・小川剛生編『禁裏本と古典学』（塙書房、二〇〇九）
福井保『紅葉山文庫』（東京郷学文庫、郷学舎、一九八〇）
森銑三・中島理壽編『近世著述目録集成』（勉誠社、一九七八）
岡村敬二『江戸の蔵書家たち』（講談社選書メチエ七一、一九九六）

23. 近代の蔵書

書誌研究懇話会編『全国図書館案内』上・下・補遺（三一書房、一九九〇〜九二）

岡田温監修『日本　文庫めぐり――蔵書の命運――』（出版ニュース社、一九六四）
日本古典文学会編『訪書の旅　集書の旅』（貴重本刊行会、一九八八）
『内閣文庫百年史　増補版』（汲古書院、一九八六）
松本剛『略奪した文化　戦争と図書』（岩波書店、一九九三）
中野三敏『近代蔵書印譜』初編～五編（青裳堂書店、一九八四～二〇〇七）
横山重『書物捜索』全二冊（角川書店、一九七八～七九）
陳捷『明治前期日中学術交流の研究』（汲古書院、二〇〇三）
横山學『書物に魅せられた英国人　フランク・ホーレーと日本文化』（歴史文化ライブラリー一六三、吉川弘文館、二〇〇三）
『東洋文庫の名品』（財団法人東洋文庫、二〇〇七）
『典籍逍遙　大東急記念文庫の名品』（財団法人大東急記念文庫、二〇〇七）
反町茂雄『一古書肆の思い出』（全五冊、平凡社、一九八六～九二、平凡社ライブラリー版一九八八～八九）
反町茂雄編『紙魚の昔がたり』（全三冊、八木書店、一九八七～九〇）

24．非書物形態の資料

佐藤進一『［新版］古文書学入門』（法政大学出版局、一九九七）
大友一雄監修『古文書に親しむ』（文化財探訪クラブ一一、山川出版社、二〇〇二）
日本古典文学影印叢刊一六『短冊手鑑』（日本古典文学会、一九七八）
小笹喜三『平安人物志短冊集影』（思文閣出版、一九七三）
波多野幸彦『ホンモノニセモノ　茶掛けの書』（主婦の友社、一九八七）
村上翠亭・高城弘一監修『古筆鑑定必携　古筆切と極札』（淡交社、二〇〇四）
国文学研究資料館編『古筆への誘い』（三弥井書店、二〇〇五）
宇佐見直八監修『京表具のすすめ』（法蔵館、一九九一）

25．図書館資料のなかの古典籍

井上真琴『図書館に訊け！』（ちくま新書四八六、筑摩書房、二〇〇四）
『東北大学生のための情報探索の基礎知識　基本編』（東北大学附属図書館、二〇〇四・〇六・〇七・〇八・〇九）

26．辞書を使う

松井栄一『出逢った日本語・50万語　辞書作り三代の軌跡』（小学館、二〇〇二）
沖森卓也編『図説日本の辞書』（おうふう、二〇〇八）
大木一夫編『ガイドブック　日本語史調査法』（ひつじ書房、二〇一九）
漢文関係オンラインデータベース（無料・無登録で使えるもの）
＊漢典 http://www.zdic.net/　最も詳しい漢字漢語辞典（中国語）
＊寒泉 http://skqs.lib.ntnu.edu.tw/dragon/　十三経・全唐詩など
＊瀚典 http://hanji.sinica.edu.tw/　二十五史・十三経など
＊捜韻 https://sou-yun.cn/　中国歴代の詩
＊大正新修大蔵経テキストデータベース http://21dzk.l.u-tokyo.ac.jp/SAT/index.html
＊CBETA（電子仏典協会）http://www.cbeta.org/index.php

27．注釈書を読む

武川武雄『日本古典文学の出版に関する覚書』（日本エディタースクール出版部、一九九三）

28．論文を読む・書く

板坂元『考える技術・書く技術』（講談社現代新書三二七、講談社、一九七三）
山内志朗『ぎりぎり合格への論文マニュアル』（平凡社新書一〇三、平凡社、二〇〇一）
東郷雄二『［新版］文科系必修研究生活術』（ちくま学芸文庫ト―11―1、筑摩書房、二〇〇九）
林紘一郎・名和小太郎『引用する極意　引用される極意』（勁草書房、二〇〇九）

図版一覧（＊は鶴見大学図書館蔵本、他は個人蔵本を使用した）

本文掲載図版

図版一覧

附録図版

索　引

（主に書誌学用語について、その語の説明や図版のある頁を中心に挙げた）

【あ】

相合株〔あいあいかぶ〕　164
相合版〔あいあいばん〕　161, 162, 172, 174
青鈍色〔あおにびいろ〕　42
浅葱色〔あさぎいろ〕　42
小豆色〔あずきいろ〕　43
後付〔あとづけ〕　17, 22, 60
後表紙〔あとびょうし〕　17
後遊紙〔あとゆうし〕　59
移写〔いしゃ〕　94
異植字版〔いしょくじばん〕　151
一枚物〔いちまいもの〕　30, 168
一切経〔いっさいきょう〕　126, 130, 146, 155, 156
佚存書〔いつぞんしょ〕　155
五つ目綴〔いつつめとじ〕　33
一筆〔いっぴつ〕　76
異同〔いどう〕　93, 114, 217
異版〔いはん〕　110
異本注記〔いほんちゅうき〕　93
入木〔いれき〕　64, 88
印〔いん〕　87
印記〔いんき〕　99
陰刻〔いんこく〕　98
印信〔いんじん〕　134
印泥〔いんでい〕　98
印仏〔いんぶつ〕　145
浮世絵〔うきよえ〕　170
浮世草子〔うきよぞうし〕　162
薄様〔うすよう〕　120
打紙〔うちがみ〕　121, 139
内曇〔うちぐもり〕　122
打付書〔うちつけがき〕　50
内法〔うちのり〕　66, 233
梅(文様)〔うめ〕　44
埋木〔うめき〕　64
裏打〔うらうち〕　102
裏表紙〔うらびょうし〕　17, 22
裏見返〔うらみかえし〕　22, 55, 87, 97
売出印〔うりだしいん〕　96, 97
上書〔うわがき〕　76
雲母〔うんも〕　43
影印〔えいいん〕　103, 140, 162, 208
影写〔えいしゃ〕　112
絵入本〔えいりぼん〕　139
絵題簽〔えだいせん〕　47
絵本〔えほん〕　83
絵巻物〔えまきもの〕　139
円印〔えんいん〕　98
衍字〔えんじ〕　113
衍丁〔えんちょう〕　68
衍文〔えんぶん〕　113
押界〔おうかい〕　75
往来物〔おうらいもの〕　174
大本〔おおほん〕　24, 25
大本二つ切〔おおほんふたつぎり〕　25
大本三つ切〔おおほんみつぎり〕　25
大本四つ切〔おおほんよつぎり〕　25
奥書〔おくがき〕　18, 22, 52, 64, 89
奥付〔おくづけ〕　86
送仮名〔おくりがな〕　69, 93
押八双〔おしはっそう〕　47
汚損〔おそん〕　102

御書所〔おふみどころ〕 137
表表紙〔おもてびょうし〕 17, 19
表見返〔おもてみかえし〕 55
親本〔おやほん〕 77, 90
折〔おり〕 30, 33, 78
折紙〔おりがみ〕 202
折紙列帖装〔おりがみれつじょうそう〕 32
折り込み〔おりこみ〕 39
折帖〔おりじょう〕 28
折本〔おりほん〕 28, 125, 145, 179

【か】

改行マーク〔かいぎょうまーく〕 63
改刻〔かいこく〕 70
懐紙〔かいし〕 200, 201
楷書体〔かいしょたい〕 54
魁星印〔かいせいいん〕 46, 55, 56, 96
界線〔かいせん〕 64, 71
改装〔かいそう〕 19, 39
解題〔かいだい〕 106
開板願書〔かいはんねがいしょ〕 164
回文印〔かいぶんいん〕 99
返点〔かえりてん〕 69, 93
書入〔かきいれ〕 92
書き入れ〔かきいれ〕 18, 22
カギカッコ〔かぎかっこ〕 51
角筆〔かくひつ〕 95
掛軸〔かけじく〕 42, 200
花口魚尾〔かこうぎょび〕 66
カジノキ〔かじのき〕 120
貸本屋〔かしほんや〕 99, 171, 177
画帖〔がじょう〕 83
画帖仕立〔がじょうじたて〕 28
火損〔かそん〕 102
型押〔かたおし〕 44
カタカナ〔かたかな〕 80
合冊〔がっさつ〕 37
合点〔がってん〕 93
合羽刷〔かっぱずり〕 84
活版〔かっぱん〕 175, 190
角裂〔かどぎれ〕 32
鼎型〔かなえがた〕 98
仮名書き経〔かながききょう〕 133
仮名草子〔かなぞうし〕 158
かな本系統〔かなぼんけいとう〕 129, 141
かな交じり文〔かなまじりぶん〕 81
カナ交じり文〔かなまじりぶん〕 81
かぶせ彫り〔かぶせぼり〕 111
空押〔からおし〕 44
唐紙〔からかみ〕 122, 139, 201
唐草(文様)〔からくさ〕 44
唐花(文様)〔からはな〕 44
仮綴〔かりとじ〕 35
下欄〔からん〕 94
雁(文様)〔かり〕 45
刊〔かん〕 87
刊記〔かんき〕 18, 22, 86
刊語〔かんご〕 86
漢語〔かんご〕 79
寛黒口〔かんこっこう〕 66
簡策〔かんさく〕 124
巻次表記〔かんじひょうき〕 49, 50, 233
巻首〔かんしゅ〕 51, 62
巻子本〔かんすぼん〕 27, 145, 179
漢籍〔かんせき〕 8
官版〔かんぱん〕 166
巻尾〔かんび〕 51, 62
ガンピ〔がんぴ〕 120
巻尾題〔かんびだい〕 64
漢文〔かんぶん〕 81
漢文訓読〔かんぶんくんどく〕 80

漢文訓読文〔かんぶんくんどくぶん〕　81
黄色〔きいろ〕　43
菊(文様)〔きく〕　44
戯書〔ぎしょ〕　95
亀甲繋(文様)〔きっこうつなぎ〕　44
黄檗色〔きはだいろ〕　43
黄表紙〔きびょうし〕　170
脚注〔きゃくちゅう〕　219
求版〔きゅうはん〕　88
匡郭〔きょうかく〕　21, 64, 73
行間〔ぎょうかん〕　93, 94
校合〔きょうごう〕　21, 113, 217
行事〔ぎょうじ〕　163
経摺装〔きょうしょうそう〕　28
行数〔ぎょうすう〕　21, 69
経折装〔きょうせつそう〕　125
行草体〔ぎょうそうたい〕　54
夾板〔きょうばん〕　101, 102
魚尾〔ぎょび〕　21, 66
雲母刷〔きらずり〕　43
雲母引〔きらびき〕　122
桐(文様)〔きり〕　44
切紙〔きりがみ〕　134, 202
切付表紙〔きりつけびょうし〕　41
切箔〔きりはく〕　122
裂〔きれ〕　41, 177
記録〔きろく〕　199
近世木活字版〔きんせいもっかつじばん〕　58, 169
金石〔きんせき〕　124
金茶色〔きんちゃいろ〕　43
金泥〔きんでい〕　43
銀泥〔ぎんでい〕　43
金襴〔きんらん〕　41, 123, 177
括り〔くくり〕　30
括りを示すカッコ〔くくりをしめすかっこ〕　63
草双紙〔くさぞうし〕　41, 43, 47, 57, 83, 170
くずし字〔くずしじ〕　54
口絵〔くちえ〕　20, 57
朽葉色〔くちばいろ〕　42
句点〔くてん〕　69, 93
具引〔ぐびき〕　122
雲紙〔くもがみ〕　122
栗皮表紙〔くりかわびょうし〕　42
くるみ表紙〔くるみびょうし〕　33
黒色〔くろいろ〕　43
蔵人所〔くろうどどころ〕　137
訓点〔くんてん〕　21, 75, 133
訓読〔くんどく〕　79
下向〔げこう〕　66
化粧裁〔けしょうだち〕　37
外題〔げだい〕　18, 48
欠画〔けっかく〕　83
欠字〔けつじ〕　70
欠筆〔けっぴつ〕　83
欠本〔けっぽん〕　37
原序〔げんじょ〕　57
原装〔げんそう〕　19, 39, 184
慳貪箱〔けんどんばこ〕　100
講〔こう〕　163
香色〔こういろ〕　42, 56
後印〔こういん〕　70, 87
合巻〔ごうかん〕　171
康煕綴〔こうきとじ〕　33
広告〔こうこく〕　22, 60, 61
甲骨〔こうこつ〕　124
合字〔ごうじ〕　80
後序〔こうじょ〕　22
コウゾ〔こうぞ〕　120
校訂〔こうてい〕　217
鼇頭〔ごうとう〕　46, 64
後補〔こうほ〕　50

稿本〔こうほん〕 76
交漉〔こうろく〕 120
古活字版〔こかつじばん〕 66, 149, 157, 169
穀〔こく〕 120
刻印〔こくいん〕 57
黒魚尾〔こくぎょび〕 66
小口書〔こぐちがき〕 37, 51, 92
木口木版〔こぐちもくはん〕 175
焦茶色〔こげちゃいろ〕 42
古辞書〔こじしょ〕 214
誤写〔ごしゃ〕 113
五針眼訂法〔ごしんがんていほう〕 33
誤脱〔ごだつ〕 113
胡蝶装〔こちょうそう〕 30, 125
黒口〔こっこう〕 21
刻工〔こっこう〕 66, 148
古典籍〔こてんせき〕 7
古筆切〔こひつぎれ〕 202
古筆家〔こひつけ〕 202
胡粉〔ごふん〕 122
小本〔こほん〕 25
込め物〔こめもの〕 154
紙縒〔こより〕 32, 37, 38
紙縒綴〔こよりとじ〕 35, 169
紺色〔こんいろ〕 42

【さ】

桜(文様)〔さくら〕 44
下札〔さげふだ〕 93
笹(文様)〔ささ〕 44
錯簡〔さっかん〕 68
削去〔さっきょ〕 76
左右双辺〔さゆうそうへん〕 64
三方折込表紙〔さんぼうおりこみびょうし〕 41
直書〔じかがき〕 48
直刷〔じかずり〕 35, 50
私家版〔しかばん〕 151, 166, 169
識語〔しきご〕 52, 77, 90
色紙〔しきし〕 200, 201
軸〔じく〕 28
軸頭〔じくとう〕 123
字高〔じこう〕 21, 66, 75
四周双辺〔ししゅうそうへん〕 64
四周単辺〔ししゅうたんぺん〕 64
自序〔じじょ〕 57
四針眼訂法〔ししんがんていほう〕 32
字数〔じすう〕 21, 69
字体〔じたい〕 9
下絵〔したえ〕 43, 122
下敷〔したじき〕 73
下綴〔したとじ〕 32, 37
紙釘装〔していそう〕 35
信夫(文様)〔しのぶ〕 44
自筆〔じひつ〕 76
仕覆〔しふく〕 42
四方帙〔しほうちつ〕 101, 102
地本〔じほん〕 160
地本問屋〔じほんどんや〕 170
字面高さ〔じめんたかさ〕 66
写式〔しゃしき〕 9, 21, 73
写本〔しゃほん〕 8
洒落本〔しゃれぼん〕 171
修〔しゅう〕 87
摺写〔しゅうしゃ〕 145
修姓〔しゅうせい〕 108
重版〔じゅうはん〕 158, 159, 161
摺仏〔しゅうぶつ〕 145
宿紙〔しゅくし〕 122
首書〔しゅしょ〕 64
繻子〔しゅす〕 123
主版元〔しゅはんもと〕 71, 86

朱引〔しゅびき〕 93, 153
朱文〔しゅぶん〕 98
入木〔じゅぼく〕 64, 88
序〔じょ〕 51
初印〔しょいん〕 70
字様〔じよう〕 9, 21, 82, 88
帖〔じょう〕 28
小黒口〔しょうこっこう〕 66
上写〔じょうしゃ〕 78
帖装本〔じょうそうぼん〕 28
消息経〔しょうそくきょう〕 133
正面摺〔しょうめんずり〕 8
上欄〔じょうらん〕 70, 93, 94, 231
植字盤〔しょくじばん〕 66, 152
書写奥書〔しょしゃおくがき〕 90
書状〔しょじょう〕 202
所蔵者整理書名〔しょぞうしゃせいりしょめい〕 23
書袋〔しょたい〕 47
書体〔しょたい〕 9, 99
蜀江錦(文様)〔しょっこうにしき〕 45
序文〔じょぶん〕 20, 57
書物問屋〔しょもつどんや〕 160
水損〔すいそん〕 102
杉原紙〔すいばらがみ〕 121
透き写し〔すきうつし〕 112
漉き返し〔すきかえし〕 40, 122, 123
漉桁〔すきげた〕 120
杉原紙〔すぎはらがみ〕 121
砂子〔すなご〕 122
墨〔すみ〕 123
墨付〔すみつき〕 60
墨付き〔すみつき〕 64, 72, 88, 153
墨継ぎ〔すみつぎ〕 82
摺経供養〔すりぎょうくよう〕 145
擦消〔すりけし〕 76
摺師〔すりし〕 164
正格漢文〔せいかくかんぶん〕 81
清書本〔せいしょぼん〕 76
整版〔せいはん〕 8, 157
整版本〔せいはんぼん〕 151
施印本〔せいんぼん〕 35, 169
石経〔せきけい〕 124
石版〔せきばん〕 175
線装〔せんそう〕 125
線装本〔せんそうぼん〕 32
旋風装〔せんぷうそう〕 125
旋風葉〔せんぷうよう〕 28, 125
扇面〔せんめん〕 202
早印〔そういん〕 70, 109
草仮名〔そうがな〕 79
双魚尾〔そうぎょび〕 66
蔵書印〔ぞうしょいん〕 18, 22, 37, 96
装飾経〔そうしょくきょう〕 132
装訂〔そうてい〕 27
蔵版印〔ぞうはんいん〕 96
蔵版者名〔ぞうはんしゃめい〕 66
宋版本系統〔そうはんぼんけいとう〕 128, 141
象鼻〔ぞうび〕 66
双辺〔そうへん〕 50
底本〔そこほん〕 215
素紙〔そし〕 201

【た】

対校本〔たいこうぼん〕 217
大黒口〔だいこっこう〕 66
題詞〔だいし〕 20, 56
題詩〔だいし〕 56
題字〔だいじ〕 56
題辞〔だいじ〕 56
代赭色〔たいしゃいろ〕 43, 98
褪色〔たいしょく〕 102

題簽〔だいせん〕 48
大蔵経〔だいぞうきょう〕 126, 130, 146
橙色〔だいだいいろ〕 43
台頭〔たいとう〕 70
楕円印〔だえんいん〕 98
濁点〔だくてん〕 69, 93
拓本〔たくほん〕 8
竹(文様)〔たけ〕 44
他序〔たじょ〕 57
多色刷〔たしょくずり〕 45, 84
畳物〔たたみもの〕 30
立涌(文様)〔たちわき〕 45
竪紙〔たてがみ〕 202
竪点〔たててん〕 69, 93
縦長本〔たてながぼん〕 26
茶毘紙〔だびし〕 131
他本注記〔たほんちゅうき〕 93
溜め漉き〔ためずき〕 120
俵型印〔たわらがたいん〕 98
断簡〔だんかん〕 37
単魚尾〔たんぎょび〕 66
短冊〔たんざく〕 200, 201
檀紙〔だんし〕 44, 121
丹表紙〔たんびょうし〕 42
単辺〔たんぺん〕 50
単葉装〔たんようそう〕 35
丹緑本〔たんろくぼん〕 84
竹紙〔ちくし〕 119
帙〔ちつ〕 15, 22, 102
竹簡〔ちっかん〕 27, 124
地方出版〔ちほうしゅっぱん〕 173
注〔ちゅう〕 21
中黒口〔ちゅうこっこう〕 66
注釈〔ちゅうしゃく〕 182
注小字双行〔ちゅうしょうじそうぎょう〕 69
虫損〔ちゅうそん〕 102
鍮泥〔ちゅうでい〕 43
中本〔ちゅうぼん〕 25
中縫〔ちゅうほう〕 66
楮〔ちょ〕 120, 139
丁〔ちょう〕 9
蝶(文様)〔ちょう〕 45
丁字引(文様)〔ちょうじびき〕 45
丁数〔ちょうすう〕 20, 21, 22, 68
朝鮮綴〔ちょうせんとじ〕 33
朝鮮版〔ちょうせんばん〕 152
朝鮮本〔ちょうせんぼん〕 7, 8, 40, 44
丁付〔ちょうづけ〕 21, 66, 68
長方印〔ちょうほういん〕 98
散らし書き〔ちらしがき〕 129
疲れ〔つかれ〕 102
継紙〔つぎがみ〕 28
付刊記〔つけかんき〕 86
角書〔つのがき〕 160, 235
壺印〔つぼいん〕 98
艶出〔つやだし〕 44
鶴(文様)〔つる〕 45
定家仮名遣〔ていかかなづかい〕 141
定家様〔ていかよう〕 78, 141
底本〔ていほん〕 215
手鑑〔てかがみ〕 200, 202
テクスト〔てくすと〕 8
粘葉装〔でっちょうそう〕 30, 84, 125, 143, 145, 146, 147
綴葉装〔てつようそう〕 30
転写〔てんしゃ〕 76, 94, 112, 178, 182
典籍〔てんせき〕 199
伝本〔でんぽん〕 9
統一書名〔とういつしょめい〕 103
銅活字〔どうかつじ〕 155
礬砂引〔どうさびき〕 122
謄写〔とうしゃ〕 112

透写〔とうしゃ〕　112
頭書〔とうしょ〕　64
唐鈔本系統〔とうしょうほんけいとう〕　128
頭注〔とうちゅう〕　219
同版〔どうはん〕　110
銅版〔どうはん〕　175
唐本〔とうほん〕　7, 8, 40, 41, 183
特大本〔とくおおほん〕　26
特小本〔とくこほん〕　26
綴じ穴〔とじあな〕　37
綴じ目〔とじめ〕　39, 41
砥粉色〔とのこいろ〕　42
飛雲〔とびぐも〕　122
飛び丁〔とびちょう〕　68
扉〔とびら〕　51
塗抹〔とまつ〕　76
留板〔とめいた〕　165
取り合わせ本〔とりあわせぼん〕　37
鳥の子〔とりのこ〕　24, 120, 139
トロロアオイ〔とろろあおい〕　121
緞子〔どんす〕　41, 123
トンボ(文様)〔とんぼ〕　45

【な】

内向〔ないこう〕　66
内題〔ないだい〕　51
中書本〔なかがきぼん〕　76
流し漉き〔ながしずき〕　120
長帳綴〔ながちょうとじ〕　35
捺印〔なついん〕　57
奈良絵本〔ならえほん〕　85, 178
奈良絵巻〔ならえまき〕　85, 178
膠〔にかわ〕　43
入銀本〔にゅうぎんぼん〕　166
人情本〔にんじょうぼん〕　171
布目(文様)〔ぬのめ〕　44
願株〔ねがいかぶ〕　165
粘剤〔ねんざい〕　121
能写〔のうしゃ〕　109
能筆〔のうひつ〕　78
ノリウツギ〔のりうつぎ〕　121
野毛〔のげ〕　122
ノド〔のど〕　39
糊代〔のりしろ〕　30

【は】

灰色〔はいいろ〕　43
箔置紙〔はくおきがみ〕　122
白魚尾〔はくぎょび〕　66
白紙〔はくし〕　119
帛書〔はくしょ〕　125
白文〔はくぶん〕　98
白棉紙〔はくめんし〕　119
刷毛目(文様)〔はけめ〕　45
箱〔はこ〕　15, 22, 100
箱書〔はこがき〕　22, 102
箱帙〔はこちつ〕　101
端作〔はしづくり〕　201
柱〔はしら〕　66
跋〔ばつ〕　52
白界〔はっかい〕　75
白口〔はっこう〕　21, 66
八双〔はっそう〕　27
跋文〔ばつぶん〕　22, 60
縹色〔はなだいろ〕　42
針見当〔はりけんとう〕　75
針目安〔はりめやす〕　75
版木〔はんぎ〕　168
版木株〔はんぎかぶ〕　164, 172
板木株帳〔はんぎかぶちょう〕　164

判型〔はんけい〕 25
版式〔はんしき〕 9, 20, 21, 22, 64
版下〔はんした〕 9, 56, 58
版下筆者〔はんしたひっしゃ〕 89
半紙本〔はんしぼん〕 24, 25
半紙本二つ切〔はんしぼんふたつぎり〕 25
半紙本三つ切〔はんしぼんみつぎり〕 25
半紙本四つ切〔はんしぼんよつぎり〕 25
版心〔はんしん〕 21, 51, 66
半切〔はんせつ〕 202
版牘〔はんとく〕 124
藩版〔はんぱん〕 168
版本〔はんぽん〕 8
版本写し〔はんぽんうつし〕 114
版元〔はんもと〕 107
版元印〔はんもといん〕 55, 96
凡例〔はんれい〕 21, 59
斐〔ひ〕 120, 139
避諱〔ひき〕 83
皮紙〔ひし〕 119
菱形〔ひしがた〕 98
菱繋(文様)〔ひしつなぎ〕 44
尾題〔びだい〕 21
左肩〔ひだりかた〕 48
筆写体〔ひっしゃたい〕 54
批点〔ひてん〕 69, 93
表紙〔ひょうし〕 17, 19
表紙師〔ひょうしし〕 164
瓢箪型〔ひょうたんがた〕 98
屏風〔びょうぶ〕 200
平織〔ひらおり〕 41
ひらがな 138
封切紙〔ふうきりがみ〕 60
封面〔ふうめん〕 55, 126
複製〔ふくせい〕 103, 189, 208
副題簽〔ふくだいせん〕 47
副葉子〔ふくようし〕 59
袋〔ふくろ〕 47
袋綴〔ふくろとじ〕 32, 125, 143, 147
付訓整版本〔ふくんせいはんぽん〕 151
腐食〔ふしょく〕 102
不審紙〔ふしんがみ〕 94
付箋〔ふせん〕 94
浮線綾(文様)〔ふせんりょう〕 45
付属文書〔ふぞくぶんしょ〕 96
覆刻〔ふっこく〕 110, 111, 147, 158, 168
文殿〔ふどの〕 137
振仮名〔ふりがな〕 69, 93
分冊〔ぶんさつ〕 37
平出〔へいしゅつ〕 70
変体漢文〔へんたいかんぶん〕 81
鋪〔ほ〕 30
方印〔ほういん〕 98
鳳凰(文様)〔ほうおう〕 45
包角〔ほうかく〕 32
仿刻〔ほうこく〕 147
坊刻本〔ぼうこくぼん〕 150
奉書紙〔ほうしょがみ〕 35, 121
傍書〔ぼうしょ〕 76
傍注〔ぼうちゅう〕 219
奉納〔ほうのう〕 186
包背装〔ほうはいそう〕 33, 125, 147
墨釘〔ぼくちょう〕 72
墨滅〔ぼくめつ〕 76
反故紙〔ほごがみ〕 40
補刻〔ほこく〕 88
牡丹(文様)〔ぼたん〕 44
墨格〔ぼっかく〕 72
補入〔ほにゅう〕 77
彫師〔ほりし〕 89, 164
本奥書〔ほんおくがき〕 90
翻刻〔ほんこく〕 103, 111, 162, 182, 208, 215,

216
本文共紙〔ほんぶんともがみ〕 35, 40, 169
本文〔ほんもん〕 17, 21
本屋仲間〔ほんやなかま〕 108, 163, 174

【ま】

麻〔ま〕 120
埋経〔まいきょう〕 132
マイクロフィルム〔まいくろふぃるむ〕 189
前付〔まえづけ〕 17, 20, 55
前表紙〔まえびょうし〕 17
前遊紙〔まえゆうし〕 59
巻緒〔まきお〕 15, 28
巻紙〔まきがみ〕 202
巻皺〔まきじわ〕 203
マクリ〔まくり〕 202
枡形本〔ますがたぼん〕 24, 26
交漉〔まぜすき〕 120
又丁〔またちょう〕 68
町版〔まちはん〕 150
松(文様)〔まつ〕 44
間似合紙〔まにあいがみ〕 121
檀〔まゆみ〕 131
丸株〔まるかぶ〕 164
丸帙〔まるちつ〕 101, 102
卍繋(文様)〔まんじつなぎ〕 44
万葉仮名〔まんようがな〕 79
見返〔みかえし〕 20, 51, 55, 56
ミセケチ〔みせけち〕 77
三つ切〔みつぎり〕 25
三椏〔みつまた〕 120
三つ目綴〔みつめとじ〕 32
緑色〔みどりいろ〕 43
見取り写し〔みとりうつし〕 112
美濃紙〔みのがみ〕 121
明礬〔みょうばん〕 122
海松色〔みるいろ〕 43
明朝体〔みんちょうたい〕 54, 152
明朝綴〔みんちょうとじ〕 32
明版〔みんぱん〕 152
無界〔むかい〕 64
無刊記本〔むかんきぼん〕 89, 158
虫食い〔むしくい〕 203
虫つくろい〔むしつくろい〕 102
結び綴〔むすびとじ〕 35
無双帙〔むそうちつ〕 102
六つ半本〔むつはんぼん〕 24
六つ目綴〔むつめとじ〕 33
無辺〔むへん〕 64
目移り〔めうつり〕 113
萌黄色〔もえぎいろ〕 43
目録〔もくろく〕 21, 51, 59
模刻〔もこく〕 29, 114
模写〔もしゃ〕 112
木活字〔もっかつじ〕 152, 155
木簡〔もっかん〕 27, 119, 124
木記〔もっき〕 87
元奥書〔もとおくがき〕 90
物の本〔もののほん〕 160
揉箔〔もみはく〕 122
文書〔もんじょ〕 199
文様〔もんよう〕 44

【や】

焼株〔やけかぶ〕 165
大和綴〔やまととじ〕 35
山吹色〔やまぶきいろ〕 43
有界〔ゆうかい〕 64
遊紙〔ゆうし〕 59
陽刻〔ようこく〕 98

用字〔ようじ〕 21, 69
洋書〔ようしょ〕 182
洋装本〔ようそうぼん〕 190
用例〔ようれい〕 213
横小本〔よここほん〕 25
横中本〔よこちゅうほん〕 25
横本〔よこほん〕 25
四つ切〔よつぎり〕 25
四つ半本〔よつはんぼん〕 24
四つ目綴〔よつめとじ〕 32
読本〔よみほん〕 57, 171
嫁入本〔よめいりぼん〕 177, 179
寄合書〔よりあいがき〕 76

【ら】

雷文繋(文様)〔らいもんつなぎ〕 44
落丁〔らくちょう〕 68
落款印〔らっかんいん〕 96
乱丁〔らんちょう〕 68
龍(文様)〔りゅう〕 45
諒闇〔りょうあん〕 98
料紙〔りょうし〕 19
両筆〔りょうひつ〕 76
臨写〔りんしゃ〕 112
類版〔るいはん〕 158, 159
流布本〔るふぼん〕 151
零本〔れいほん〕 37
零葉〔れいよう〕 37
列帖装〔れつじょうそう〕 30, 125, 143, 177, 179
蓮華(文様)〔れんげ〕 44
蓮牌木記〔れんぱいもっき〕 87
連綿〔れんめん〕 82, 143
蝋箋〔ろうせん〕 122
六針眼訂法〔ろくしんがんていほう〕 33

【わ】

和化漢文〔わかかんぶん〕 81
和漢混淆文〔わかんこんこうぶん〕 81, 134
和刻本〔わこくぼん〕 8
和書〔わしょ〕 8
和文〔わぶん〕 80
和本〔わほん〕 7, 8
ヲコト点〔をことてん〕 80, 133

堀川貴司（ほりかわ・たかし）

1962年、大阪府生まれ。東京大学大学院単位取得退学、博士（文学）。
鶴見大学文学部を経て、2010年4月より慶應義塾大学附属研究所斯道文庫教授。専門は日本漢文学・書誌学。著書に『江戸漢詩選5　僧門』（末木文美士との共著、岩波書店、1996）、『瀟湘八景―詩歌と絵画に見る日本化の様相―』（臨川書店、2002）、『詩のかたち・詩のこころ―中世日本漢文学研究―』（若草書房、2006、文学通信、2023補訂版）、『五山文学研究　資料と論考』（笠間書院、2011）、『続 五山文学研究　資料と論考』（笠間書院、2015）がある。

書誌学入門（しょしがくにゅうもん）**―古典籍を見る・知る・読む**

2010年3月29日　初版発行
2024年4月15日　初版第7刷発行

著　者　堀川貴司
発行者　吉田祐輔
発行所　㈱勉誠社
〒101-0061　東京都千代田区神田三崎町2-18-4
TEL：(03)5215-9021(代)　FAX：(03)5215-9025
〈出版詳細情報〉http://www.bensey.co.jp

印刷・製本　太平印刷社

ISBN978-4-585-20001-7　C0500

慶應義塾図書館蔵 論語疏 巻六
慶應義塾大学附属研究所斯道文庫蔵 論語義疏
影印と解題研究

『論語疏』・『論語義疏』の全編をフルカラーで影印。斯界の第一線をリードする研究者による詳細な解題・翻刻・校勘記を備えた決定版。

慶應義塾大学論語疏研究会 編・本体一八〇〇〇円(+税)

図説 書誌学 古典籍を学ぶ

書誌学専門研究所として学界をリードしてきた斯道文庫所蔵の豊富な古典籍の中から、特に書誌学的に重要なものを選出。書誌学の理念・プロセス・技術を学ぶ。

慶應義塾大学附属研究所斯道文庫 編・本体三五〇〇円(+税)

日韓の書誌学と古典籍

韓国古典籍の見方・考え方を学び、韓国国立中央図書館所蔵の日本古典籍を繙くことで、日韓の書物による相互交流の諸相を明らかにする。

大高洋司・陳捷 編・本体二〇〇〇円(+税)

医学・科学・博物 東アジア古典籍の世界

医学・本草学・農学・科学に関する書物を通して、東アジアにおける情報伝達と文化交流の世界を、地域・文理の枠を越えて考究する画期的論集。

陳捷 編・本体一二〇〇〇円(+税)

中近世移行期の文化と古活字版

下村本『平家物語』、「嵯峨本」、そして、古活字版製作をめぐる場と人びとに着目し、日本出版史における古活字版の時代を炙り出す。

高木浩明 著・本体一五〇〇〇円（+税）

書籍文化史料論

チラシやハガキ、版権や価格、貸借に関する文書の断片など、人々の営為の痕跡から、日本の書籍文化の展開を鮮やかに浮かび上がらせた画期的史料論。

鈴木俊幸 著・本体一〇〇〇〇円（+税）

江戸庶民の読書と学び

当時の啓蒙書や教養書、版元・貸本屋の記録など、人びとの読書と学びの痕跡を残す諸資料の博捜により、近世における教養形成・書物流通の実情を描き出す。

長友千代治 著・本体四八〇〇円（+税）

書物学 第1～18巻（以下続刊）

これまでに蓄積されてきた書物をめぐる精緻な書誌学、文献学の富を人間の学に呼び戻し、愛書家とともに、古今東西にわたる書物論議を展開する。

編集部 編・本体各一五〇〇円（+税）・18巻のみ一八〇〇円（+税）